湖南工业大学出版基金资助

循环经济视角下的中国包装产业发展新战略研究

王欢芳　宾　厚　何燕子　著

中国财经出版传媒集团

经济科学出版社
Economic Science Press

图书在版编目（CIP）数据

循环经济视角下的中国包装产业发展新战略研究/
王欢芳等著 . —北京：经济科学出版社，2018.9
ISBN 978 - 7 - 5141 - 9763 - 1

Ⅰ.①循… Ⅱ.①王… Ⅲ.①装潢包装印刷 -
产业发展 - 研究 - 中国 Ⅳ.①F426.84

中国版本图书馆 CIP 数据核字（2018）第 217534 号

责任编辑：申先菊 刘 双
责任校对：王肖楠
责任印制：王世伟

循环经济视角下的中国包装产业发展新战略研究
王欢芳 宾 厚 何燕子 著
经济科学出版社出版、发行 新华书店经销
社址：北京市海淀区阜成路甲 28 号 邮编：100142
总编部电话：010 - 88191217 发行部电话：010 - 88191522
网址：www. esp. com. cn
电子邮件：esp@ esp. com. cn
天猫网店：经济科学出版社旗舰店
网址：http：//jjkxcbs. tmall. com
北京季蜂印刷有限公司印装
710×1000 16 开 15.75 印张 260000 字
2018 年 10 月第 1 版 2018 年 10 月第 1 次印刷
ISBN 978 - 7 - 5141 - 9763 - 1 定价：68.00 元
（图书出现印装问题，本社负责调换。电话：010 - 88191510）
（版权所有 侵权必究 打击盗版 举报热线：010 - 88191661
QQ：2242791300 营销中心电话：010 - 88191537
电子信箱：dbts@ esp. com. cn）

前　　言

在党的十八大、十九大报告相继提出推动生态文明、建设"美丽中国"的背景下，"创新、协调、绿色、开放、共享"的新发展理念在各行业不断地推进和贯彻实施。同时，《中国包装工业发展规划（2016—2020 年）》中提出大力推进包装循环利用的发展战略，"绿色、智能、安全、可持续"的新包装理念在包装产业中不断被推广应用，改善了我国包装生态环境。近几年，包装产业的迅速发展为我国经济持续稳定增长作出了重要贡献。但与此同时，大量的资源消耗和包装废弃物造成的环境问题却日益严重。许多包装企业迫于社会责任和利益相关者压力被动实施绿色包装管理，且大多局限于末端治理，不利于整体包装经济效益的提高。因此，本书以"基于循环经济的中国包装经济发展新战略"为研究主题，综合运用循环经济、协同共生等理论与方法，在分析国内外包装产业循环经济发展的现状、影响因素等基础上，从宏观、中观、微观三个维度和绿色产业价值链的角度制定中国包装经济发展新战略，提出基于循环经济的中国包装产业集群化发展战略、结构优化升级战略、科技创新战略和绿色发展战略，并提出中国包装产业循环发展新战略的实施路径和保障措施，以期实现中国包装产业绿色、智能、安全、可持续的健康发展。

第 1 章，包装产业与循环经济。如何节约资源和保护环境已经成为包装产业发展过程中需要重点关注的问题。在对包装产业和循环经济进行概述的基础上，将循环经济模式嵌入到包装产业的发展中，通过研究包装产业与循环经济之间的要素耦合，发掘我国包装产业可持续发展的新路径。包装产业与循环经济在规模、成本、信息和文化方面的耦合，将带来产业规模效应、降低环境成本、促进信息交流等积极效应，推动包装产业健康可持续发展。

第2章，国外包装产业循环经济发展现状、经验借鉴及发展趋势。本章对以美国、德国、日本等为代表的发达国家包装产业循环经济发展现状、主要经验借鉴，以及发展趋势为研究内容展开。首先，从美国的包装产业与生态环境协调发展、德国的包装物的二元回收体系、日本的资源"循环型社会"等方面对包装产业循环经济发展状况进行剖析；其次，分别阐述了美国的清洁生产促进包装产业循环发展、德国包装废弃物的回收处理与再利用、日本的生产责任制度推动包装产业发展的包装产业循环经济发展的主要经验；最后，研究和分析了美国、德国等发达国家的包装产业循环经济发展趋势。以期为我国开展该领域相关研究提供研究参考，并助力建立现代化的包装循环经济发展体系。

第3章，循环经济对中国包装产业发展的影响。为分析包装产业循环经济效率的具体影响因素，结合循环经济理论，并基于我国包装产业目前的发展现状，对我国包装产业循环经济效率进行评价研究。本章选取4大类12个指标构建了中国包装产业循环经济效率指标体系，以2011—2015年中国包装产业的统计年鉴数据为基础，采用DEA模型计算出我国各省市包装产业循环经济综合效率、规模效率和技术效率，结合Malmquist指数分析包装产业循环经济效率的动态变化趋势。然后，引入Tobit模型回归分析了影响我国包装产业循环经济效率的相关因素。分析结果表明，包装产业循环经济效率受纯技术效率和规模效率的影响，投入产出结构呈现不平衡，Malmquist生产力指数随技术进步指数的变动而变动，制度因素和资源利用率是影响我国包装产业经济效率的主要因素，而能源消耗则阻碍包装产业循环效率的提高。根据我国包装产业循环经济评价研究结果，提出合理配置资源，加快促进包装产业转型升级等一系列关于提升我国包装产业发展水平的建议。

第4章，循环经济视角下的中国包装产业集群协同发展战略。中国包装产业的发展模式较多，其中较为重要的一种是产业集群。产业集群在助力包装产业长期平稳发展以及增强我国竞争力的同时，也面临着资源紧张、环境污染等严峻问题。为促进我国包装产业又好又快发展，在描述中国包装产业集群化发展现状的基础上，分析了中国包装产业集群化发展主要存在的问题，包括产业集群"形聚而神散"、产业结构和增长方式不合理、集群内缺乏技术创新的动力和品牌建设薄弱等。结合包装产业集群的"协同发展、知识链与价值链的融合发展、物联网配套建设"等发展趋势，提出中国包装产业集群化"以价值链、知识链和物联网为媒介"的发展战略，并从宏观、中观与微观层面上提出具体实施路径和措施。

第5章，基于循环经济的中国包装产业结构优化升级战略。互联网与包装业深度融合，包装产业智能化发展和创新发展模式将是我国包装产业转型升级的必然选择。在结合电子商务分析我国包装产业结构的基础上，从我国目前包装产业结构存在的"区域发展失衡、传统产能过剩、新型产能不足"等问题出发，提出"坚持绿色环保理念、坚持转变生产方式、坚持优化供给结构"的包装产业结构调整原则，进而提出了包装产业结构优化升级的三大战略，即创新驱动发展战略、服务型发展战略、包装产业与其他产业关联战略。以期为包装产业的绿色发展、循环发展和产业结构优化升级提供有效的建议。

第6章，中国包装产业科技创新战略。加快推进包装材料、关键设备等方面的研究与创新，加强包装废弃物回收利用技术创新与应用，推动包装产业朝着科技含量高、功能方便快捷、材料绿色环保方向迈进。通过对我国包装产业科技创新现状的描述，进一步分析我国包装产业在科技创新过程中存在的"循环经济在包装产业科技创新中发挥作用较弱、包装产业科技创新核心竞争力较弱、行业性质导致的包装产业创新驱动力不足"等现实问题，使用矩阵方法细化分析得出包装产业科技创新主要受"研发投资、政府政策、基础研究和人才培养"的因素影响，进而提出包装产业"科技协同创新战略、研发人才培养战略与科技创新政策支持战略"。以期不断解决当前制约我国包装产业科技创新发展的障碍，促进科技创新与包装产业的和谐发展。

第7章，中国包装产业绿色发展战略。发展循环经济，促进绿色包装开发，是中国包装产业走可持续发展道路的必然措施。中国绿色包装发展面临"绿色包装概念模糊、发展不平衡、绿色消费需求不足和资金、技术、人才等投入不足"的主要矛盾。对此提出"完善包装回收体系、以经济因素驱动绿色包装的发展和深入开发绿色包装消费"的发展方向，结合生命周期评估体系在包装产业绿色发展系统中的实际应用和包装产业污染废弃物的绿色排放标准要求，从政府、市场、企业的角度提出高效性、创新性和可持续性的包装产业绿色发展战略。以期完善包装产业绿色发展战略，满足国内包装产业的发展需求，提高国内包装产业的国际竞争力。

第8章，中国包装产业循环发展新战略实施。包装产业循环经济是建立在前期包装设计、中期包装材料选取、工艺制作过程，以及末端废弃物处理等全生命周期绿色发展理念的基础上，是一项系统工程。借鉴国外包装产业发达国家的成功经验与国内外学者的前沿理论，结合我国生态文明建设的战略目标以及现阶段中国包装产业发展循环经济的实际需求，要想实现中国包装产业循环可持续发展，需构建以政府为主导、企业为主体、公众共同参与的绿色包装发展体系，使政府推动成为包装产业循环发展的有力保障，企业执行成为包装产业循环发展的动力源泉，企业参与成为包装产业循环发展的坚实后盾。同时，运用经济杠杆调节、确立包装产业立法、加强包装企业生态化创新、营造良好的市场竞争环境等措施，是健全和保障包装产业循环发展的新战略。

本书系统地分析了我国包装产业发展的循环经济理论与实践发展成果，并基于上述理论与成果提出了相应的建议措施。本书集理论性、实践性、知识性、实用性于一体，可供企业、科研院所、大专院校、政府部门等参考借鉴，同时，也给研究我国包装产业发展循环经济的专家学者带来一定的启发。

目　　录

第 1 章

包装产业与循环经济

1.1 包装产业概述

1.1.1 包装产业内涵

1. 包装的定义

科学技术的快速发展使得生产者满足消费者需求的手段更加丰富，供给能力增强，不同企业所提供的同类产品在内在质量上不分上下，激烈的市场竞争促使企业通过提供更具特色的"商品外延"（商品所有权转移而带来的售后服务）来吸引消费者，增加消费者的购买欲望。因此，市场上琳琅满目的商品在满足消费者基本需求的前提下，富有吸引力的包装就成为消费者在同类商品中作出选择的主要动因。

可见，商品的包装在商品所有权向消费者转移这一过程中扮演着相当重要的角色，既然如此重要，那什么是包装？《辞海》中给出了包装的两种解释：一是作为名词，指盛装或者保护商品的容器，即包装物；二是作为动词，指包扎商品的操作活动。一些学者也对包装作出了定义，但，无论是在胡东凡的《商品学概论》中，还是在罗伯特·E·史蒂文斯的《营销规则》中，对商品包装所作出的定义与《辞海》中给出的定义都没有本质上的区别。可以看出，在国内外，无论是营销学还是商品学，对包装的概念持有的观点几乎相同，即可以从动态和静态两个方面理解包装的内涵。动态的包装是指在商品保护、运输、存储等环节对商品的包扎活动；静态的包装是指商品包扎活动所用的材料、容器等物料的总称。

包装起源于原始时代的人类用植物叶子、果壳、兽皮等工具包扎食物、取水等活动，当时的包装仅仅起到容纳物品的作用。当人类社会有了商品交换和贸易活动时，包装已经成为商品不可或缺的一部分。随着现代科学技术的发展，包装也有了完整的知识体系，包括：包装设计、包装材料、包装工程、包装印刷、包装管理等子学科。包装技术的发展丰富了包装的功能，除了存储商品、防止商品损坏之外，包装还提高了商品的使用价值与审美价值，成为促进销售的重要手段。现代包装技术涉及众多领域，横跨机电、材料、印刷、计算机、化工等行业，是一个完整的工业体系，具有结构造型新颖多变、包装工艺先进、包装材料优良、包装印刷精美、包装设备现代化等诸多优点。商品包装已经渗透到日常生产生活的方方面面，不需要包装的商品在现代生活中几乎不存在。一个国家的包装技术水平能够在很大程度上反映这个国家的经济与科技发展实力，是人类科技与文明进步的重要标志之一。

2. 包装的功能

包装的功能主要是对包装物所起到的作用和所带来的效能，商品从初始的生产领域流通到销售领域再到消费者的手中，包装在整个流通链条中起到十分重要的作用。包装的功能主要分为自然功能和社会功能。自然功能指包装对商品的保护作用；社会功能指商品销售的促进作用，即在商品销往消费者的过程中包装起到的媒介作用——吸引消费者、提高销售量、占领更大的市场份额。包装的自然功能与社会功能相辅相成、不可分割，自然功能是社会功能的现实基础，社会功能实现自然功能的价值。对于商品来说，包装的自然功能和社会功能直接决定商品的竞争力。具体来看，包装大致可以具有以下几种功能。

（1）保护功能。这是包装的基础功能和首要功能，包装的最主要任务就是确保产品从出厂至送达消费者手中的过程中保证商品完好无损。

（2）容装功能。生产生活中，许多商品是气态、液态或者粉末状态，如果没有包装，商品无法储存和运输，也就很难实现流转，容装后的商品也便于消费者携带和使用。

（3）美化、介绍功能。包装上的标记、代码、注解等信息不仅有利于对商品进行管理，帮助消费者认识商品，选购商品，而且设计精美、色彩搭配合理的包装更能吸引消费者的眼球，引发消费者的消费欲望，从而促进消费，扩大商品销量，在此过程中包装所起到的宣传作用并不亚于广告的作用。

（4）方便流通和消费者使用。商品在流转的过程中，要经过运输、仓储等环节，如果没有包装，经过多次的搬运和周转很容易损坏商品。如托盘、集装箱等大件运输包装工具在提供搬运、运输便利的同时也能够很好地保护商品免受伤害。

除此之外，包装还有保护商品卫生，防盗、防止串味、防潮和防毒等功能。

3. 包装产业的概念

包装产业是一个综合性的产业，涉及经济、科技、艺术、管理等多个方面，是经济建设中重要的基础性产业部门。包装产业也是一个比较特殊的行业，与众多行业有密切的联系，如机械制造业、物流业、食品行业、材料行业等。不论从所需的资源数量还是资源种类来说，包装产业都属于资源消耗严重的产业部门。因此，如何节约资源和保护环境是包装产业发展过程中需要重点关注的问题。需要用辩证的眼光来看待包装产业发展与环境保护之间的关系：一方面，包装产业是国民经济基础产业，极大地提高了商品经济效益与社会效益，其发展对经济发展的推动作用不容忽视；另一方面，包装产业的发展消耗了大量的资源，并造成了严重的环境污染。经济的发展带动了包装消费的兴起，包装消费的进步也是经济繁荣的映射，包装产业的繁荣，标志着我国经济进入一个新的发展阶段。随着环境保护理念的不断增强，绿色经济成为经济发展的新亮点，绿色包装成为包装产业的发展方向。转变消费者的消费理念，减少商品的过度包装，提倡包装简约化和包装循环使用是减少包装废弃物污染环境的重要举措，这也有利于推动环境保护的良性发展，对于我国的社会经济可持续发展大有裨益。

包装产业包含较多的子产业，世界各国对包装产业有不同的分类标准。世界包装组织（World Packaging Organization，WRO）将包装产业分为纸扎包装、纸板包装、硬塑料包装、柔性塑料包装、金属包装、木质包装六类；中国包装行业将包装产业细分为纸包装制品制造业、塑料包装制品制造业、玻璃包装制品制造业、金属包装制品制造业、竹木包装制品制造业、印刷报专业和包装机械制造业这七大类24个小项。

4. 包装产业发展特征

（1）我国的包装产业发展迅速，现今已成为全球第二大包装大国，与我国经济发展相适应。包装行业属于中游基础行业，得益于近年经济的快速发展，我国包装企业数量迅速增长。根据中国包装联合会的统计，截至目前，我国的包装企业达到30万家，其中，仅有两万多家规模较大的企业，中小型企业在总量中占九成左右，同时，该行业上市公司的营业收入大部分为20亿元左右，与总量为万亿元的包装产业规模比较，体量较小。纵观整个包装行业市场情况，发展特征表明我国的包装产业已经进入成熟期，产业竞争比较激烈。如果将包装产业进行细分，某些细分领域仍然具有较大的市场空间和开发潜力，而且伴随着包装技术的不断发展，未来有更多具有发展前景的细分产业。

（2）我国的包装产业较为集中，主要分布于长三角地区和珠三角地区，该类地区经济发达，建立起的包装产业链足够坚实。2017年，我国的包装产业市场规模接近1.8万亿元，表明我国包装产业规模较大。包装产业的附属性与服务性使得其社会需求量巨大，对包装科技含量的要求也越来越高，包装产业的兴盛意味着区域经济的繁荣，它也逐渐成为对区域经济发展有重要影响的产业。

（3）包装产业对技术创新的要求越来越高，技术创新能力不仅会影响到包装企业、产业的发展，也会影响整个制造业的进步。高端制造业需要包装产业高端化发展，包装没有创新就难以跟上制造业逐渐高端化的步伐。从目前行业发展趋势来看，新技术的运用使云印刷和互联网包装逐渐成为包装印刷行业的主流，互联网技术的普及应用能够有效解决包装产业地域分散的弊端。通过搭建互联网平台，能够将包装产业链条上中下游的企业联系起来，信息化的平台加上大数据技术，为包装产业智能化生产提供了便利，提高信息传输效率，降低成本，能够为顾客提供快速的一体化服务。互联网信息的应用，将为包装产业带来新的发展活力，为行业发展迎来新的动力，使行业公司的竞争也加剧分化。

（4）从全球角度看包装产业的发展，美国前五大包装企业占市场份额超过七成，澳大利亚前两大包装企业占市场份额超过九成，我国台湾前三大包装企业占市场份额超过一半。对比上述发达国家和地区的包装产业经营情况，我国在该方面的集中度远远不足。事实上，包装产业一定程度上是我国文化走出去的载体，我国的包装产业具有十分鲜明的地域民族特色，而且结合丝绸之路经济带和 21 世纪海上丝绸之路发展战略，研究区域文化并将沿线民族文化应用到包装领域，能够提升我国包装的受众面。我国正在从包装大国向包装强国迈进，根据国家相关发展战略，包装产业重点朝绿色包装、智能包装、安全包装等方向发展，促进包装经济发展质的提升，实现行业由大到强的转变。

1.1.2　包装产业在国民经济中的作用和地位

伴随着市场经济体制在我国的确立，包装产业发展壮大，在推动国民经济发展中的作用越来越重要，在国民经济中的地位逐渐突出，成为支柱产业。若要提升我国国民经济发展的速度与质量，包装产业也必须有相应的发展，以保证包装产业发展步调与国民经济发展相一致。包装产业在国名经济中的重要作用主要表现在连接生产、物流与消费环节，帮助实现商品价值与使用价值。

1. 包装与生产

生产是赋予产品价值和使用价值的过程，只有生产才有消费，生产也是满足消费者消费诉求的前提条件。包装与生产有密切的关系，主要表现在以下三个方面。

（1）包装是产品的有机组成部分。传统的概念认为产品是为满足生产生活需要而有目的地生产的物质资料，而现代市场学关于产品的概念更为广泛、内涵更加丰富，认为产品是由产品的核心、形式、外延三个层次的内容构成，是一个整体产品的概念。市场营销学则认为商品包含三个部分：核心产品、形式产品和附加产品。核心产品是产品带给消费者的使用价值或者提供给消费者的实际利益，包括物质与精神利益；形式产品是核心产品实现价值的形式方式，包括产品的品质、样式、特征、商标和包装五个部分；附加产品是指消费者在购买商品时获得的所有服务和利益，包括送货、安装和售后服务等。对于商品的概念不论从广义还是狭义的角度来看，作为市场交换的标的物，是由产品实体和包装两个部分组成，即可以把商品看作产品和包装的合二为一。

事实上，当消费者购买商品时，最直接可观的感受是商品的包装。在商品销售中，如果产品本身的质量是商品的第一生命，那么包装就是商品的第二生命，甚至还有两者相互颠倒的情况。比如，一些高档礼品，包装对销售的促进作用远远大于产品的本身，包装的吸引力决定了消费者的购买行为。因此，产品的质量和包装都在商品的销售过程中起着至关重要的作用，销售者追求的应该是两者的有机结合，只有在包装的烘托下产品才能显得更有价值，而包装依附于产品也才有价值，两者互为依靠。

（2）包装工艺是生产系统的组成部分。现代机械化生产背景下，产品生产环节与包装环节已经实现紧密连接，在高度自动化、系统化的生产模式下，产品制造作业与包装作业必须要完整衔接才能保证全部生产活动按设计的流程进行。特别是在高速的全自动化生产线上，只有实现生产与包装一体化，才能提高效率、降低成本，从而发挥高端生产设备的制造优势。在这个流程中，需要包装的质量、规格达到标准，保持包装供应的持续以满足流水线的作业需要。

（3）包装管理是现代企业管理的重要内容。现代企业管理涉及众多内容，生产管理、财务管理，人力资源管理、仓储管理、质量管理、销售管理等都直接或者间接与包装有关联。比如，企业营销管理必须制定正确的产品包装策略；产品包装要增加产品的成本，这就需要财务部门考虑包装的成本与可以带来的经济效益，作出最优的选择；产品包装环节需要有包装方面的人才，这就需要人力资源管理部门招聘和选拔合适的人才；包装质量也是商品质量的一部分，包装的质量管理需要质量管理部门的监管把控。包装与生产的关系如此密切，需要企业在生产过程中注重对包装的科学管理。

2. 包装与流通

商品流通是指商品从生产领域向消费领域流动的过程。商品的流通过程可以从价值形态转变与位置转移两种角度给予不同的定义。商品通过市场交换引起商品的价值形态的改变和商品所有权的转移称为商流；商品从生产场所流向消费场所这种空间位置的转移被称为物流，这也是狭义的物流的概念。物流过程中包装发挥着重要的作用，因此探索物流就是研究包装与商品流通关系的范围。包装与物流的关系密不可分，主要可以从以下几个方面阐述。

（1）包装对于商品的重要性主要体现在物流环节。在商品流动过程中，原材料、半成品的购进、运输、装卸、存储到商品生产过程中的包装，产成品的配送、销售等这一系列的过程都离不开包装，可以说包装对商品的作用具有全面性，且包装发挥的作用越彻底，能够带给商品的价值就越大。

（2）与商品的生产过程相比，物流过程对包装的要求更高。商品物流过程中，涉及众多环节，面对的环境也更为复杂，销售过程中需要应对的市场竞争也更激烈，对包装的要求也越来越严格。包装不仅需要为商品提供坚固、美观、绿色的保护，还要满足经济、简约、可循环再生等要求，这样才能得到生产者与消费者的认可。包装的重要性在国际贸易中体现得更为明显，产品的同质性使国际市场上产品的激烈竞争演变为包装的竞争。通过新颖的包装形式、前卫的包装理念、绿色环保的包装材质、简约清新的风格等吸引消费者的目光。虽然商品的价值和质量是决定商品销售的核心因素，但是能够取得消费者喜爱的包装无疑对促进商品销售大有裨益。减少在商品包装上的失误是保证商品销售的前提条件之一，因此，在商品销售过程中，对商品包装的检验也很有必要。

（3）包装标准化有利于促进物流的现代化。在商品流通过程中，如果物流条件差，商品物流过程机制设计不合理，无疑会增加商品的成本，降低竞争力。因此，物流过程的现代化对一个地区经济的发展十分重要。现代化的物流系统需要利用高科技实现包装的标准化、实时运输信息化、装卸过程的自动化、检测的数据化等。当然，物流是一个庞大的系统，包含的环节多，环环相扣，涉及领域广，实现现代化需要面对较多的障碍。因此，物流产业链与包装的协同很重要，推动物流过程的现代化与包装的标准化协同发展是促进物流实现服务经济发展的重要内容，物流产业的全过程现代化是未来物流发展的方向之一，解决物流各环节的配合性与协调性需要实行包装的标准化，实现包装的数据化。

3. 包装与消费

经济的发展是生产—分配—交换—消费这四个环节周而复始运动的过程。消费作为最后一个环节，同时也是下一个再生产过程的起始点，在经济发展过程中的作用不言而喻。生产就是为了满足人民群众不断变化的物质文化需求，人们对生产资料、生活资料的需要多种多样，只要对商品有需求，就决定了对包装的需求不会减少。单单就生活资料而言，包装在生产与生活中无处不在，据估计，2017 年我国快递业务量将完成 423 亿件，全国共消耗编织袋超过 320 亿条，塑料袋 90 亿个以上，包装箱 120 亿个，从这庞大的数据可以看出，包装及包装产品在人们生活中极其重要。

在经济社会不断发展、科技水平逐渐进步的今天，消费者对包装的要求还会不断地提高，比如：消费者更希望通过商品的包装就能够准确全面地了解商品的主要信息；包装造型、材料、色彩、工艺能够符合不同年龄、不同职业背景的消费者的爱好，能够与消费者的消费理念、生活方式、使用环境相契合，并且使用方便、快捷；包装毕竟不能取代商品，作为商品的附属品，包装费用需要经济合理，需要与商品的档次相匹配，与产品总成本相一致。总而言之，商品包装需要满足两个方面的需求：一是能够满足实用性这一基础要求；二是能够满足消费者审美、新奇、自尊等心理上的需求。所以，消费需求的多样性也给包装提出了不同的要求，能够恰当地选择包装的材料，具有时代气息的新颖设计定位去迎合消费者的口味对于促进商品销售是很有必要的。

包装产业虽然还不能作为经济发展的支柱产业，不能像汽车、电子、装备工业那样为国民经济发展提供强有力的支撑，但是包装产业与众多产业有密不可分的联系。包装产业作为配套产业，每年都承担着大量的农业、轻工业、食品等行业的产品包装的工作，对国民经济的贡献不可忽视。包装产业现代化进程与其他产业现代化发展关联紧密，包装产业与众多产业的密切相关，很有必要研究包装产业的发展与国民经济发展的机理，对包装产业的长远发展进行宏观指导，保证包装产业能够提供科学化、现代化的配套服务。

1.1.3　我国包装产业发展现状

近年来，我国包装产业的发展速度较快，包装产业在推动经济发展、提高物质生活水平中的重要性愈来愈凸显。包装产业已经成为一个成熟的产业体系，其发展质量的好坏将严重影响其他产业的发展，因此，应该将包装产业列入国民经济发展的规划中。包装产业已经形成较大的规模，囊括了包装设计、材料、机械、印刷、研发等众多领域，成为一个产业链完整，门类齐全的产业体系，是制造业中十分重要的组成部分，需要对其发展进行科学规划与引导。当下，我国有些包装制品产量已经在全球的市场中居于前列，瓦楞纸板、塑料编织袋、金属桶等产品年产量排在全球第二位。但是，我国包装产业规模大，竞争力偏弱是不争的事实，在新技术、新材料、包装工艺等方面仍然有较多的瓶颈需要突破。"十二五"期间，从塑料制品来看，规模以上企业其产量、工业总产值、利润平均增速分别超过 12%、15% 和 18%。从金属包装来看，

2015 年金属包装总量突破 1000 亿元人民币，各项增速平均达到 8% 以上，行业集中度和大企业的门槛都进一步得到提升。

中国产业调研网发布的《2016—2020 年中国包装行业发展状况调研与发展趋势分析报告》指出，到 2020 年中国将会取代美国成为全球最大的包装市场。伴随着科技的发展，覆盖终端数字化和电子阅读反响较好，中国及全球其他国家市场对各纸类产品的需求在不断萎缩，包装纸已经成为需求增长最为旺盛的纸种。当前，包装纸在中国造纸产量中的份额已经达到 55%，而这一比重在 2002 年仅为 39%。在 2009 年，中国包装产业总值超过日本，成为在美国之后的世界第二大包装工业国家，2015 年，中国包装产业的总产值已经达到 11365.48 亿元。

中国包装行业年度运行报告显示，2015 年，我国包装产业规模以上的企业（年主营业务收入 2000 万元及以上全部工业法人企业）达到 7539 家，累计完成的主营业务收入达到 11365.48 亿元，同比增长 4.08%。全国包装行业累计完成利润总额 692.85 亿元，同比增长 6.20%。全国包装行业累计完成利税总额 1040.56 亿元，同比增长 5.75%。从进出口行业数据分析，2015 年，全国包装行业完成累计进出口总额 495.27 亿美元，同比增长 −0.62%。其中，累计出口额 280.98 亿美元，同比增长 4.18%；进口额 131.78 亿美元，同比增长 −8.52%。

从规模上看，我国已经成为全球包装大国，但是从包装产业链上看，在包装制品质量、材料，工艺研发等环节上与发达国家仍存在较大的差距。包装产业中最前沿的包装基础材料、包装机械，尤其食品饮料包装与塑料薄膜等方面的核心先进技术落后于欧美、日本等发达国家。国内包装企业大多规模不大，低水平的产品竞争、包装产品种类少、整体规模小、科技含量低，产品结构不合理、高端包装设备与材料进口依赖严重，缺少科技研发经费投入，创新能力提升缓慢，包装废弃物的利用率较低等问题不断凸显。

我国进入创新驱动战略带动下的高质量经济发展阶段，工业产业发展的成本逐渐提高，这对包装产业来说是个严峻的挑战，同时也是重要的战略发展时期。我国包装产业的发展方向需要向绿色化、科技化发展，绿色包装，循环经济将成为推动包装产业发展的重要动力来源。包装产业的发展要能够满足我国全面进入小康社会的发展需求，要发展成为高科技含量与人文关怀，低环境污染与资源消耗的新型包装产业，如此一来，中国成为世界包装强国便值得期待。

1.2 循环经济概述

1.2.1 循环经济内涵

随着第一台蒸汽机的发明，人类步入工业化社会。人力手工劳动被大量的机器生产所替代，生产力得到了增强，商品市场上可消费的商品种类变得多种多样，经济发展水平在不断提升的同时也推动人们生活质量的提升。科学技术的不断进步推动工业化进程加快，人类在征服自然的道路上越走越远，自然界为人类的发展提供了源源不断的物质与能源，却没有得到人类的珍惜与爱护，资源能源在不断地消耗，环境污染、生态破坏、粮食短缺等一系列人类面临的困境均是自然的无情报复，若是仍然不能认清人与自然的关系，不能做到人与自然和谐共生，环境资源的问题将是人类永恒的困扰。

人类对自然社会的践踏必然引起自然无情的反击，20 世纪 30 年代以来，全球各地发生了多起让人类后悔的污染事件，伦敦的烟雾事件，日本的水俣病事件等震惊人们的同时也引发人类的反思，对环境污染的治理也开始得到人类的重视。但是当时正处于经济社会的快速发展阶段，与经济发展相比，环境污染并没有得到政府与企业的重视，对于环境污染整治，更多的是迫于社会舆论的压力，没有科学的防治环境污染，循环经济的发展理念还没有得到社会的认识与重视。当时奉行的是先发展，后治理的模式，即末端治理。然而，当人们逐渐认识到末端治理会花费巨大的资金与人力之后，并没有有效地解决环境污染与生态破坏的问题，末端治理的模式处于尴尬的位置，受到了人类的质疑。

循环经济理论最先是由美国的经济学家波尔丁于 20 世纪 60 年代提出来的，在此之前，他提出了"宇宙飞船理论"。在波尔丁看来，人类生存的地球与在宇宙中飞行的飞船一样，只有不断地消耗有限的能量以维持运转，而飞船内的燃料资源终将会消耗殆尽，飞船飞行消耗能源所造成的污染对飞船内的乘客会造成伤害，飞船最后也会毁灭。若是要维持飞船的持久飞行，则飞船内的资源能源需要循环使用，废物重新利用，减少污染物的排放，飞船的存在周期才会持久。同样的道理，我们赖以生存的地球虽然拥有富饶的资源能源，但是也会因为人类无休止的开发利用而耗费殆尽，人类面临的资源能源危机将会爆发，改变单一线性的发展模式势在必行。如果在生产的初期，投入资源获得产出后附带的废弃物不是直接丢弃，而是将其作为资源再利用，这种资源循环使用的模式就是循环经济，在波尔丁首次提出循环经济的概念后，其他关于循环经济的研究成果与观点纷纷涌现。

20 世纪 80 年代，发达国家的社会经济发展迅速，同时伴随的环境污染问题使他们不得不重视，在反思过去经济发展方式是否合理后，他们抛弃了过去"先污染，后治理"的末端治理模式，开始重视对生产生活中废弃物的再利用，减少资源的浪费和对环境的伤害。90 年代，召开了全球第一次以环境与发展为主题的峰会，可持续发展的理念首次被提出并得到了认可，各个国家在发展经济时开始采取循环经济模式。循环经济模式在全球范围内已经得到认同，目前已经有少数发达国家如日本、德国等，循环经济运作模式比较成熟，经验比较丰富，获得比较好的效果，循环经济已经成为实现人与自然和谐发展，实现人类可持续发展的重要途径。

对于尚处于社会主义发展初级阶段的我国而言，面临的资源与环境压力较为严重，将对于经济发展方式的优化推动和循环经济的发展作为实现我国经济可持续发展的解决方案，是我国目前最好的发展出路。当前阶段，认清何为循环经济？如何把握循环经济的内涵？如何创新循环经济的发展方式？这些都是对我国发展循环经济具有重要现实意义的问题。目前不少人对循环经济的理解与认识还不够清楚，甚至还存在偏差，必须正确掌握循环经济理论才能够推动循环经济模式在我国顺利开展，推动实施更有针对性的措施，促进循环经济的有效进行。因此，对循环经济的概念与科学内涵需有清晰的定位，以促进循环经济有效展开。

循环经济的概念首先起源于国外，所以对于循环经济的概念，基本采用国外的定义，认为循环经济就是物质闭环流动经济。循环经济在不同国家地区得到不同程度的实践，关于其内涵也大大得到丰富，因此，就循环经济内涵的概括可分为广义与狭义两种视角。

从广义视角上看，它可概括为借鉴自然生态运行的机制与理念来指导人类的生产生活活动，主要为了提高资源能源的使用效率，实现废弃物排放减量化，把对环境的污染降低到最低程度，追求可持续发展。综合来说，广义上是为了保护、优化自然环境，呵护地球的发展模式。循环经济要求在生产生活活动中严格遵守保护生态的理念，运用生态学知识指导生产活动，促进资源高效利用，将污染物的排放减少到最低程度，实现经济发展的同时环境得到保护，生态避免遭受破坏。经济发展、社会进步、环境保护实现平衡是循环经济永恒的追求目标，三者优化组合是循环经济发展的理想状态。

从狭义视角上看，循环经济主要通过减少生产过程中的废弃物排放，并将废弃物再利用来推动生产过程的循环发展，达到环境保护与经济发展双重目标的实现。本质上来说，循环经济属于"废物经济"的范畴。狭义的循环经济主要将视角集中于微观的生产活动中，在生产过程中对不可再生能源的节约化使用、资源的循环使用、废弃物的重复再利用等，这一过程主要借助科学技术的进步作为支撑手段来实现，当然也离不开政策与资金的支持。传统的线性发展模式是"资源投入—产品产出—废物排放"单向运行模式，在此过程存在明显的资源能源浪费的现象，并对环境造成严重的破坏，所以这种线性模式已经遭到抛弃。取而代之地是"资源投入—产品产出—废物排放—再生利用"的模式，该模式是一种循环经济模式，它的贡献在于对生产废弃物的循环利用与无害化处理上。无论是广义还是狭义的循环经济，最根本的追求就是实现物质的循环利用，强调经济活动应该以生态规律作为指导，因此，循环经济本质上就是追求物质资源循环利用的生态经济。

生态学原理与经济学原理的相互融合构成了循环经济的理论基础，循环经济在一定的高度上运用协同作用原理研究生态保护与经济发展的关系，探求自然与社会之间运行规律与关联。社会的发展与生态环境作为一个有机统一体应该实现平衡发展，生态经济所要实现的目标便是社会与自然的协调。循环经济建立在对生态圈运行机制认识的基础之上，恪守生态系统运行的规律，并以此来指导人类经济活动。循环经济良好的开展不仅仅是一两个企业参与就能实现的，实现资源的充分利用，减少废弃物的产生，促进经济生态发展必须推动不同的企业协同发展，进行合理分配，创造一种高效协同合作的产业生态链，使生产投入的要素资源得到合理的配置、高效的利用，促进经济利益与自然效益的最大化。物资与信息等多种生产投入要素得到合理与多级利用，可以在根本上消除资源、环境与发展之间的冲突，实现有限资源的可持续使用，达到经济活动的生态化。

1.2.2　循环经济理论

目前，学术界尚未形成一套完整的循环经济理论体系，人们对循环经济还存在不同的认识，但达成共识的是，循环经济理论主要涉及生态学基础、经济学基础、制度基础和哲学基础四个方面。

1. 物质平衡理论

物质平衡理论作为循环经济的基础理论，主要是指从自然界获取的全部物质在经过生产过程后改变的只是物质的形态，而物质的数量并没有改变，只是部分物质变成了产品，而部分物质变成了废弃物被排放到自然环境中。物质平衡理论说明了污染是不可避免的，通过对环境与经济系统的分析，支出外部不经济是普遍现象，这是从经济学角度解释了环境污染的本质。在生产过程中，物质资源将经历一系列的物理反应与化学反应，而整个过程遵守能量守恒定律。在经过生产与消费之后，产品的物质本身并没有消失，而是从拥有使用价值的物质转变成无用的污染物，产生负面价值效应，仅通过市场交易并不能改变这种现实。在物质平衡的基础上，经济系统与自然环境之间存在着错综复杂的关系，经济系统内部对于自然资源的循环使用，能够保证经济和自然环境良性发展。经济系统保护环境最有效的途径就是提高内部资源的利用率，从而减少外部资源的利用量和污染物排放量，这就是环境效率性经济，即循环经济。

2. 外部性理论

私人产权制度是在市场经济发展过程中所形成的比较完善的产权制度，成为现代公司治理理论中重要的理论之一，但是它在解决经济发展与环境污染之间的矛盾存在着难以克服的局限性，就是由外部经济性所导致的。根据循环经济理论，企业与居民的经济行为不应该仅从本身考虑，还需要从他们的行为对外部环境的作用与影响方面考虑，不止考虑生产过程中人与人之间的关系，还要考虑人与自然环境之间如何共处。

经济外部性是指经济主体（厂商或者个人）的经济行为对外部的个人或者社会造成的影响，其实，厂商和消费者的经济行为均存在外部性，即他们的经济活动不仅会对本身的经济效益产生市场性的影响，还可以通过各种路径对其他的微观经济单位造成非市场性的影响。如果其影响对其他经济单位有利，则产生的影响为外部经济，或正外部性；如果为受影响者带来的影响不利，则被称为外部不经济，或者负外部性。外部经济效果是一个经济主体的行为对其他经济主体利益所带来的效果，而这种效果并不能够用货币衡量，也很难在市场交易中反映出来，当企业或者居民由于外部性而获得利益时，他们并不用为获得的利益而支付报酬；相反，如果因为外部不经济而受损，他们也不能得到他人的补偿。受影响者由于外部经济而得到的利益称为外部收益，因为外部不经济而受到的损失称为外部成本。如果因外部收益而被收取费用或者因为外部成本而得到补偿，则经济学意义上的外部性将不能存在，外部影响就被内在化了。循环经济学研究的重要内容之一就是经济生产活动的外部性，特别是环境污染而导致的外部不经济问题。

3. 可持续发展理论

循环经济的发展在根本上体现地是可持续发展的理念，涉及经济发展、生态保护与人类社会三个方面的协调一致，在发展过程中同时讲究经济效率、生态保护与社会公平，最终实现人与自然的和平相处。循环经济就是在生态经济理念的指导下的可持续发展体系，需要运用科技创新成果以实现人、自然与社会协调的最佳发展模式。可持续发展理论虽然源于环境保护，但是它已经超越了环境保护问题，能够作为一种通用性的理论来指导社会经济发展。因此，要想使社会朝着良性的发展轨道前进，就必须走可持续发展道路，而推行循环经济发展模式，是走可持续发展战略的必然途径。

4. 科学发展观理论

在进入 21 世纪后，为实现惠及大部分人民的更高水平的小康社会，中国提出科学发展观，为经济持续发展提出了有效的思路，成为指导经济社会发展的指导思想，更成为我国循环经济发展的哲学基础。在新经济形势下，科学发展观已上升到新的高度，被赋予新的内涵。发展是全面协调可持续的发展，不能盲目追求经济的快速增长，而忽视社会的全面进步；坚持以人为本的发展观，将实现并维护好广大人民群众的根本利益作为落脚点，在保障人民生活水平得到提高的同时，也要注重素质教育，保证发展的全面性；发展必须兼顾好各方利益，做到统筹协调。处理好个人利益与集体利益、局部利益与整体利益的关系，协调好近期发展与远期目标之间的关系，遵循经济社会发展的客观规律，着力推进、重点突破。循环经济是在传统经济发展模式上的革故鼎新，强调总览全局，实现经济发展与环境保护兼顾。

1.2.3　循环经济发展方向

党的十九大报告作出中国特色社会主义进入新时代的重要判断，我国经济发展进入了新阶段，明显的特征就是我国的经济增长速度由高度增长转变为中低速增长，经济发展追求高质量发展。经济发展不再追求高速度，而追求高质量意味着我国经济结构、社会结构、生活质量等方面在不断地优化改革，经济发展的内涵更加丰富，对经济工作也提出了更高的要求。当前经济发展面临的问题较为突出，去产能、去库存的压力比较大，供给侧结构性改革势在必行，推动中国制造向中国智造转变，由追求速度向追求质量转变，由世界制造大国向制造强国转变。当前，居民消费需求升级与制造业中低端供给之间的矛盾突出，必须大力发展实体经济，提高供给质量，调整经济结构，增强经济发展质量，推进我国经济向全球价值链高端化发展。当前的新经济形势对循环经济的发展也提出了新要求，循环经济发展应以当前的国情为背景，以新时期发展任务为指导，在对发达国家先进经验的吸收前提下，立足当前的实际需求，制定出与我国经济发展形势与战略规划相统一的策略，走出具有中国特色的循环经济发展道路。

1. 制定循环经济发展的国家战略

循环经济与低碳经济的本质都是为了促进生态文明的建设，在推动我国经济朝着可持续发展模式迈进的同时，利用好这两种重要手段极为关键，这是由于它们两者有着相辅相成的联系决定的。建立循环经济和生态经济协调发展机制在我国应对经济发展与环境污染之间的矛盾中作用显著、无可替代，走可持续发展的道路有利于我国经济科学发展，提升国际竞争力，实现惠及更多人民的更高水平的小康社会的奋斗目标。对于促进循环经济的发展应该强调社会经济发展的资源投入产出率，约束碳排放指标，通过政府政策引导与约束企业的经济行为，在企业生产遵循环保理念的前提下，低碳经济的发展才能顺利进行。因此，我国的低碳经济发展战略是在可持续发展的框架之下，将循环经济理念与低碳经济理念融合进工业化与城镇化建设当中。经济发展与环境保护需从长远考虑，既要长远规划又需要在当下做好近期发展战略，紧贴全球发展趋势的同时也要制定符合国情的发展策略，处理好工业化转型阶段的经济与生态之间的关系，将节能减排与环境保护兼顾。循环经济的发展需要多方力量参与，除了地区与地区、产业和产业之间的合作，同一产业中不同企业、同一企业不同部门之间的协作也同样重要，需要引多方力量参与，调动社会各方面的参与积极性。不少发达国家走在循环经济发展的前列，具有很多成功的案例和经验，国际社会应该相互学习交流，共同建设循环经济体制。

2. 建立健全循环经济政策

发达国家最早开始工业化，也最早发展循环经济，总结西方国家发展积累的经验，主要有以下几点：一是重视市场经济的作用，注重对企业的行为正向的激励作用；二是制定多样化的政策手段，推动企业自觉参与循环经济发展，如税收减免、财政补贴、市场操作等方式；三是建立连接合作双方的中间机构，使其能够在制定政策与督促实施过程中，推动政府、行业协会、高校、媒体等多方参与合作；四是注重理念与政策的宣传工作，向企业决策者与人民群众普及相关知识，强调进行循环经济的必要性，转变他们的观念。

循环经济模式在我国已有实施，在节能减排、低碳发展、淘汰落后产能等方面也制定了不少的政策，取得了一定的成就，但是总体来看仍然存在比较突出的问题。循环经济的整体发展质量并不高，主要以政府政策推动为主，以市场机制为基础的调节机制尚未有效形成。在循环经济政策制定方面还存在以下问题：第一，对循环经济的层次定位模糊，缺乏系统规划与思考，不同层面的政策没有协同，甚至不同政策相互冲突，无法形成强作用力；第二，市场主导的地位没有得到发挥，更多的是靠政府政策的推动；第三，多是宏观层面上的规划，微观层面的政策极少，缺乏很强的可操作性，难以得到良好的执行效果。综上所述，建立健全循环经济发展机制，需要落到实处，政策定位准确，需要良好的系统规划，兼顾循环经济与低碳经济的共性技术开发。

为了更好地实施循环经济，国家需要对现存的循环经济体系进行完善，其中可以采取的具体措施是建立起从上至下宏观政策指导、微观主体执行的政策导向体系。宏观经济政策主要发挥导向作用；中观政策注重协调机制，包括不同区域，不同产业、企业，不同部门之间的责任与利益的协调；微观层面的政策强调可操作性，注重细节的把握；只有整个政策体系上下衔接，合理布局，突出重点，才是一个完善与合理的政策体系。循环经济的长效开展不能只依靠政策手段干预，应该逐渐引导，国家负责规划与引导，制定行业标准，建立以市场经济为主导的体制机制，同时鼓励非政府组织参与其中，形成横向的政策体系，这些政策需要做到相互衔接、配套开展，不仅在内容上互为补充，还要彼此克服单个政策的局限性与孤立性，最终形成协调一致，执行有力的循环经济政策体系。

循环经济的实施离不开政府政策的约束。长远的循环经济发展规划对于循环经济的实施至关重要，通过制定指导目录与各产业的约束性指标，建立科学的循环经济评价指标体系，对企业、居民在资源节约与生产生活低碳化方面给予政策引导。对区域、产业与企业循环经济实施进行考核，明确相互责任，加大政策的约束力度。

政府的财政税收激励政策对企业的经济行为具有良好的调节作用，完善财税政策能够为企业积极主动参与节能减排，实施循环经济发展模式提供一个良好的宏观环境，企业的环保行为起到鼓动的效果。资源环境的负外部性与企业的经济行为密切关联，如果能够提高企业的资源利用税率，或者对企业环境污染行为征污染税能够有效避免企业对环境破坏的行为。相反，对企业淘汰落后生产设备，积极实行节能减排，可以实行税收减免，对生产过程中高污染的产品收取进口关税，将资源与环境保护纳入财政支出范围，加大对环保领域财政支出力度。

我国地域辽阔，各地产业状况与优势差别较大，制定循环经济发展规划时也应当因地制宜。我国东部地区经济发展起步较早，经济基础好，资金与人力优势明显，应该发展高技术产业和现代服务业，优化低碳发展的产业政策；中西部地区工业基础相对薄弱，且受产业转移的影响，多为中低端制造业，产业中落后部分应当淘汰和更新，促进制造业转型升级，合理充分地利用土地，全面发展现代农业，推动循环经济达到新的增长点。此外，针对具有战略性的产业和重点扶持的产业，应该在国家发展规划的前提下，有针对性地给予重点政策扶持，包括淘汰落后产能，支持新能源产业发展等。

循环经济政策的实施效果最终需要落实到微观层面。不管宏观层面政策还是微观层面政策，实现程度与效果显著与否都需要落脚于企业在生产过程中成本与效益的比重。科学合理的微观政策工具能促进企业自觉的落实循环经济，只有微观政策得到有效的落实，宏观政策的效果才能显现。当前阶段。我国关于循环经济微观层面的政策制定环节还比较薄弱，需要对发达国家经验进行学习利用，进而创新出符合中国国情的政府指导措施。强化企业家的责任意识，帮助他们树立正确社会责任观，自觉建立运行有效的循环经济生产机制。

3. 加快法制建设，完善执行机制

制定循环经济发展战略的目的是调整资源与环境这两个公共产品之间的关系，发挥政府的宏观调控职能，对企业污染环境的经济行为进行干预。循环经济的出现是由于在人类社会发展过程中对自然资源毫无节制地开发，生态环境恶化带给人类社会伤害后人类的深刻反思与觉醒，必须有组织、有规划地使用资源，对生产行为进行有效的约束。因此，推动循环经济的有效实施必须做好制度创新与建立健全政策法规体系。政府需要行使管理职能，在可持续发展理念的指导下，建立一套科学的法律体系，保障循环经济的发展。

当前我国已经颁布实施多部关于循环经济的法律，如《中华人民共和国循环经济促进法》和《中华人民共和国清洁生产促进法》，此外还有关于节能减排和环境保护的法律，如《中华人民共和国节约能源法》《中华人民共和国可再生能源法》《中华人民共和国环境保护法》《中华人民共和国大气污染防治法》的相关法律，目的就是以法律形式保障我国经济生产中节能减排，循环经济工作的开展。其中很多法律是在总结发达国家实施经验的基础上结合国内的实际情况而制定的，为循环经济的发展创建了一个法律制度环境。有了这些法律的存在，对国内企业开展节约资源、控制污染物排放起到了约束作用。但是，这些法律还不能完全满足经济发展新形势的需要，很多法律知识阶段性的成果，有些不仅需要调整重新制定还缺乏可执行性，还尚未构成一套体系完善的循环—低碳经济法律体系。因此，加快循环经济法律体系的建设，还需从立法和执行层面入手。

在立法层面上，首先，需要制定能够体现我国循环经济总体发展规划的基本法律，以明确我国循环经济发展总的目标与任务、指导思想、基本原则等内容，建立长期的循环经济发展体制；此外，建立健全能源法律体系，制定能源发展中长期规划，观察各时期不同的环境变化，及时修订《中华人民共和国矿产资源法》《中华人民共和国电力法》等资源能源相关法律条文；最后，抓紧制定节约电力、石油等能源，推荐循环使用废弃物等相关法律条文，构建出一套完整的法律体系为低碳经济的推行提供保障。

在执行层面上，在建立基本法律的基础之上，逐步细化与之配套的实施细则，强调可操作性，要将立法理念与原则落实到具体行为上来。立法完备，执

行有力的循环经济法律制度体系能够保障循环经济有效实行。落实循环经济法律配套实施细则，对提升循环经济发展效率有重要的作用。例如，对地方政府的考核，以"绿色 GDP"为主要考核依据，对矿产开发企业制定强有力的约束政策，对高耗能、高污染的企业征收高额外税收或者进行整改甚至关停，对积极投身环境保护的企业给予税收减免或者其他奖励措施等。此外，还要针对不同行业的特征，采取不同的管制措施，制定各行业的能源利用战略，严控能源过度消耗，根据技术进步不断修订标准，争取将产品的能源消耗减少到最低程度。

4. 强化技术创新体系建设

循环经济发展需要有技术基础予以支撑，能够掌握先进的循环技术，能够显著增强一国竞争实力。目前我国的工业技术尚未达到十分先进的水平，不少产业还严重依赖于资源能源投入，因此，发展节能减排技术、提高对资源能源的利用效率是现阶段发展的重点。建立我国的循环经济技术发展体系对于我国经济的可持续发展，节约资源能源，减少对生态环境的破坏具有十分重要的现实意义。建立我国特色循环经济体系需要做到以下几点：第一，需要加大科学技术创新投入力度，增强自主技术创新能力，针对重点科技项目组织攻关，对循环经济—低碳经济共性技术与关键技术进行重点突破；第二，循环技术的创新需要以现有技术与产品平台为依托，构建"官产学研"的技术创新体系，政府应当发挥引导作用，企业作为技术创新主体、高等院校与科研院所共同参与组建技术创新联盟，以降低技术创新与合作的风险；第三，技术创新成果需要转化为现实的生产力，创造一个有利于技术推广的体制与环境，加快节能减排与资源循环利用技术的转化与应用；第四，我国在循环经济发展方面拥有多年经验的积累，技术体系比较完善，因此需要加强与发达国家的技术交流与合作，引进国外的先进技术，做好技术引进，充分利用好我国的节能减排市场。

5. 推动全民参与的循环经济协调发展模式建设

循环经济的发展不仅涉及技术创新，还需要法制、社会、文化环境的配合。循环经济需要全民的参与才能够得到有效实行，鼓励全民参与需要做到以下几点：一是政府发挥组织牵头的作用，组织企业参与，在技术与管理层面制定一套循环经济发展模式，指导循环经济发展的实践。一套标准体系包括技术评定标准、环境监测标准、环保行业准入门槛、污染控制标准等认证工作和环境管理体系认证。对难以达到标准的企业应当执行严格的市场退出机制，对为市场提供达标产品的企业给予补贴，促进形成循环经济发展的生产生活与消费方式。

二是循环经济发展应当建立实施体系，各级政府应当组织成立循环经济发展领导小组，负责循环经济的发展规划与法规政策的制定工作，协调各自区域内的循环经济发展协调工作；还可以成立区域循环经济发展的督促中心，负责与相关科研机构的技术创新合作，搭建循环经济发展平台。三是建立环境污染检查举报制度，通过制定相关政策强调企业家的社会责任意识，加强环保绿色教育宣传，鼓励民众形成节约资源、绿色消费的生活行为，形成自上而下的循环经济发展体系。

1.3 循环经济与包装产业耦合发展

1.3.1 包装产业亟须引入循环经济

商品经济的发展，消费理念的日趋多样化，不少商品在销售竞争中出现过度包装的问题，特别是食品、酒类或者一些节日礼品等过度包装的现象十分严重，甚至商品包装的成本已经远远超过商品本身的价值。商品包装以求多，求大等不良现象屡见不鲜，造成了严重的资源浪费和环境污染，消费者购买价格上升，消费满意度下降。伴随着我国工业化进程的加快，收入的增加，消费能力的增强，对资源的需求更加旺盛，资源的供需矛盾日益严重。因此，需要有长远的战略性眼光，凸显出资源节约和环境保护的重要地位，加快转变经济发展方式，提高资源利用率，发展循环经济推动经济社会的可持续发展。

传统的包装产业体系主要包括纸包装、塑料包装、玻璃包装和金属包装等，涵盖的包装产品种类丰富，生产与使用量巨大，存在的浪费现象也十分严重，对环境造成的污染不言而喻，尤其很多包装如果不及时回收利用，就不再具有再次使用的价值，资源白白浪费的同时也造成了环境污染。

当前，我国很多企业的产品包装策略还没有走绿色包装之路，各种产品一味地追求层次高档、用料过度、设计复杂，包装的功能严重过剩，产品包装脱离实际需求，追求厚、大、重，比如，欧美发达国家的包装多以三瓦纸为主要包装材料，而我国还是以五瓦纸为主。因此，政府部门需要从源头采取措施，控制过度包装的问题，加大包装废弃物回收力度，从生产者和消费者两端入手，制定法规政策，解决过度包装的问题。对于过度包装的问题研究在我国起步比较晚，研究成果相对比较少。可以借鉴我国的一些先进治理理念、法规政策体系的制定等，结合我国包装产业和市场发展现状，找出治理的对策与方法，大力提倡"适度包装""绿色包装"，把循环经济的理念融入包装产业发展中，建设包装产业集约化发展体系，加快推进节约型社会建设。

我国人口众多，经济总量大，包装市场需求旺盛，近几年包装产业取得了快速得发展，在包装产业发展过程中，存在的问题还是比较明显的，产业结构趋同，技术水平不高，回收利用率低。过去的包装企业粗放式发展方式对生态环境造成了严重的伤害，比如产品印刷过程中产生的汞、铅等重金属，VOC（Volatile Organic Compounds，挥发性有机化合物）气体对人与环境十分有害，仅仅通过对污染的末端治理难以达到环境保护的要求。考虑包装产业的长远发展，需要通过发展循环经济来缓解包装经济发展与资源节约之间的矛盾，对当前包装产业存在的问题还需有清晰的认识，主要存在以下问题。

1. 资源消耗量大

在工业化发展初期，我国的经济增长更多地依赖对资源的大量投入，加之技术水平较低，资源能源的使用率不高，存在的资源浪费现象比较严重，对生态环境造成了严重的破坏。我国的能源利用率仅为 33%，与发达国家相比，低 10%。其中煤炭的消耗量在世界总煤炭消耗量的占比达到 30%，但是，创造的 GDP 还不到世界经济总产值的 4%，每万元 GDP 消耗的钢材、铜、铅等资源都远远地高于世界平均水平；单位工业产值排放废水与其他废弃物也是发达国家的数倍。根据相关新闻报道，每年生产衬衫的包装纸盒耗费用纸量达到24 万吨，相当于砍伐 168 万棵碗口粗的树木，如果算上所有商品的纸包装用量所需要的木材，那绝对是一个惊人的数目。根据我国塑料再生利用专业委员会的资料报告，发现我国居民对塑料袋的使用量可以达到每天 30 亿个的数量。每年全国零售业消耗的以塑料购物袋为主的包装袋价值高达 50 亿元人民币。随着我国电子商务产业的崛起，快递包装产生的垃圾十分惊人，2017 年，我国快递运单已超过 400 亿件，耗费编织袋超过 320 亿条，塑料袋将近 100 亿个，胶带使用了 190 亿米。

2. 包装浪费严重

目前，我国商品市场上过度包装的现象仍然很严重，用"两斤笋三斤壳"形容一点都不为过。每年中秋节的月饼市场过度包装的现象尤为典型，因为华丽包装的月饼价格可能抬高十几倍，精美的外表与内在形成了强烈的反差，给消费者的消费体验大打折扣。当然，月饼更多的是作为赠送亲朋好友的礼物，需要讲究包装，但是需要适度。中国人"好面子"的思想更在意精美的包装才能送得出手，这也为商家带去了丰厚的利润。当然，像月饼这样存在过度包装问题的产品多的是，解决此类问题不能单从企业入手，应该追根溯源，从源头治理，引导消费者树立正确的消费观念，追求求实消费，绿色消费，同时也要通过立法限制过度包装的问题。

3. 环境污染严重

包装产业的发展，包装制品数量的增多，对环境造成的污染也越来越严重。虽然我国的人均包装材料消耗量不高，但是因为人口众多，消耗总量还是十分巨大的。包装对环境的污染主要体现在两方面：一是包装工业对环境的污染，包装工业生产过程中的部分原料经过加工成了边角料，残次品等被当作废物丢弃，造成环境污染；在包装制品的加工过程中，排放的废气、废水、废渣、粉尘等有害物质，同样对环境造成了严重的破坏；二是包装物经过使用后，如果没有得到有效的回收利用，同样对环境造成污染，包装废弃物已经成为目前世界环境污染的主要问题之一，随着近些年中国外卖市场的火爆和网络购物的兴起，快递包装物和外卖塑料餐盒使用量巨大，这些往往是由不可降解的塑料制成，经过很多年而不腐烂，造成的污染成为社会的公害。

4. 法律和政策体系有待进一步完善

我国循环经济的发展还处于初级阶段，在提升资源利用效率法规政策制定方面还没有成熟的体系，经济发展与环境污染、资源浪费的矛盾还没有得到有效的解决。当前，循环经济领域的法律只有《中华人民共和国清洁生产促进法》，缺少对企业生产责任落实与环保义务承担的具体法律。在包装领域，被人诟病的过度包装问题已经成为老话题，解决这个问题就需要出台国家包装标准。在商品生产与消费过程中，产品的包装多是以企业为标准，国家并没有对包装进行严格的规范与要求，企业拥有较大的自主权，而商品市场的激烈竞争使得企业不得不在产品包装上花心思，以提高对消费者的吸引力，促进销售；或者企业为了降低包装成本，使用对环境污染严重的包装材料等，解决这样的问题，只有通过国家市场监督管理总局出台包装标准，或者进行立法约束。企业必须根据法律来制定商品包装策略，选择包装材料，防止过度包装及包装材料不合格造成环境污染等问题。

5. 包装废弃物的回收利用率低

我国的包装产业与发达国家相比，起步比较晚，技术水平、资源消耗、回收利用率等尚存在较大的差距。我国城市化速度的加快，城市人口急剧增加，城市垃圾以每年 10% 左右的速度在递增，垃圾处理问题变得十分棘手。而快递业的发展使快递包装废弃物处理成为难题，据统计，深圳市 2016 年的快递业务量达到 20.5 亿件，在全国排名第三位，每年可产生的包装废弃物达到 24.16 万吨，快递包装废弃物已占城市固体废弃物比重的 40%。包装废弃物在不断大量产生的同时，我国的废物回收利用技术比较落后，废物回收制度体系不够健全，导致包装废弃物整体回收率偏低，这些再生资源白白浪费，同时也污染了环境。我国每年有将近 3000 万立方米的木材用于各种包装。德国、日本这些发达国家在包装废弃物回收上拥有规模化、产业化的体系，而我们国家对包装废弃尚未有专项回收分类，也没有形成规模化。我国包装废弃物的总体回收率还不到 20%，远远没有达到应有的规模，大量资源浪费，实在可惜。

当前，我国面临的资源与环境压力日益剧增，循环经济已经是今后发展的必由之路。转变之前只关注经济发展的理念，将生态环境保护放在重要的战略位置，是我国作出的重大战略决定。包装产品的使用周期短，使用量巨大，如果回收利用率不高，则对环境的污染将十分严重，因此，对包装产业发展循环经济十分必要。

1.3.2 包装产业与循环经济耦合共生

耦合是物理学上的概念，是指两个及以上的子系统通过各种相互作用影响而联结起来的现象，是各子系统间相互依赖、协调、促进的动态关联。在不同系统中，各自耦合子系统产生相互影响和作用的现象称为耦合关系。本章节采用"耦合"是指彼此之间互相影响、密切配合。包装产业集群与循环经济的耦合是指在包装产业发展中引入循环经济模式，找出两者耦合元素，推动两者相互促进。循环经济则以 3R 为原则，要求形成"资源—产品—再生资源—再生产品"的生态循环产业链。只有包装产业与循环经济耦合发展，才能推动包装产业创新发展的新格局。通过推动包装产业与循环经济在规模、成本、信息和文化四个方面的耦合，为包装产业创造新的发展动力和活力，将有利于包装产业长远发展。

1. 规模耦合

包装产业发展带来的规模经济以及各种正外部性是其优势所在。将循环经济发展模式引入包装产业中，可以形成处理企业生产排出的废弃物处理的规模经济，为包装产业发展带来各种正效应。如果某一包装企业单独发展循环经济模式，其处理生产废弃物的边际成本很高，而且可能受到技术限制，难以有效开展。如果形成包装产业集群，群内包装企业数量众多，需要处理的废物也较多，集群内企业可以共同出资，建立共用的废物处理系统，将集群内各企业的废物集中处理，可以有效降低各包装企业的环境成本。而且包装产业集群内的包装企业一般排放的废物在物理和化学上具有相近或相同的性质，提高了集群规模化处理废物的可行性，也为废物再利用提供了便利。

2. 成本耦合

单独的包装企业往往受到规模、技术等多种原因的限制，难以在企业内部建立废物循环利用系统。单个包装企业产生的废弃数量有限，一般很难达到规模化处理的要求，而且建立废物循环利用系统，处理少量废弃物的成本远远高于所带来的效益，规模较小的企业难以有足够的财力支持，同时企业往往在个别生产环节或技术上拥有比较优势并以此打造企业核心产业链，而建立循环系统要求企业延长产业链，意味着要求企业协同发展自己并不擅长的领域，从而削弱企业核心竞争力，而且过度延长产业链可能会带来经营风险，降低企业的效益。因此，单个包装企业缺少单独建设循环经济体系的积极性，只有通过建设包装产业集群才能够降低集群内企业发展循环经济的成本。在包装产业集群内，各个企业将生产废物运送到废物处理厂集中处理，可以高效快捷地实现生项建议指出,从 1995 年开始消费品禁止使用不具回收性包装材料。美国纸业协会最新的统计数据表明,与 2015 年 3 月相比,美国 2016 年 3 月的印刷书写纸出货量增长了 10%。此外,美国印刷书写纸的采购量下降了 2%,印刷书写纸的总库存水平比 2016 年 3 月下降了 5%。这份报告中的其他重要信息还包括:美国 2016 全年的印刷图书采用网络售卖和按需印刷的方式,实现了产量 5% 的升幅。最新的《美国印刷书刊出版年度报告》表明,虽面临电子书籍的激烈竞争,美国印刷书的总销售量依然上升了 5%。鲍克公司负责出版服务的副总裁提出印刷生产仍然充满活力,并将在市场上创造更多价值。除此之外,美国 10 家知名品牌企业组建了绿色包装联盟。该联盟致力于促成包装经济发展和环保间的平衡,其所含的 10 家企业分别涵盖品牌企业、原材料供应以及包装公司。

2.1.2 德国:包装物的二元回收体系

20 世纪 70 年代德国就开始关注日益增加的包装垃圾,通过加强包装材料循环使用的立法,以此来改变单一化的末端处理方法,使其朝着资源化、无害化等多样化处理方式发展。

1. 德国二元回收体系的背景

1972 年,德国包装垃圾处理立法的良好开端始于《废弃物处理法》的施行。该法首次提出并阐释了包装垃圾无污染化和破坏环境者罚金制。

1975 年,由德国实行的首个包装垃圾处理规划阐释了包装垃圾处理须依次遵从以下四个流程,分别是预防、降低、重复以及循环使用。1986 年的《废弃物限制处理法》的颁布,提出优先预防与包装废弃物加工后循环利用的概念,同时第一次规定了产品供应商的职责,突出了包装垃圾源头削减处理的重要性。在 1996 年,《封闭式物质循环和废弃物管理法》着重强调了循环经济视角下包装材料的立法以及先源头削减、再重复使用、后终端处理这一包装垃圾处理顺序。此外,该立法强调实行生产全过程的供应商责任制,践行于"包装废弃物定义"等相关法律条款中。1991 年实行的《包装条例》为日后二元回收体系产生做了铺垫。1998 年,《包装条例》的修订版开始生效,提出了包装垃圾处理须符合一定的优先顺序:第一,加强包装垃圾源头控制;第二,倡导包装垃圾再生产化，优化循环利用与回收方式；第三，焚烧或者填埋具有循环利用与可回收等特征的包装垃圾。规定供应商与销售者负有产品包装材料回收责任和义务是《包装条例》的关键内容。供应商与销售者希望凭依包装垃圾处理制度来摆脱复杂无趣的循环回收利用义务，为了解决此问题，德国二元回收体系诞生了。全球首个生态包装标志"绿点"由德国创设出来，目的是促进绿色包装业的兴盛。随后德国政府又推出"蓝天使"绿色环保标识，该标识旨在表明产品或包装的绿色属性以及包装垃圾的可回收性。该做法充分体现了保护生态的发展要求。

2. 包装二元回收体系的产生

德国的二元回收体系要求生产商与销售商有义务与责任去回收产品的包装材料。"二元回收体系"另有"DSD 组织"以及"德国绿点系统"等称号。DSD 组织在成立早期具有清晰的任务目标、单一的行动目的等特征。成功实现回收、分类、处理和重复利用包装垃圾是其任务，有资格享用免税政策是其目的。在各包装材料供应商和分销商的大力支持下，DSD 自创建以来，无论是组织规模还是影响都得到了极大的提升。截至目前，整个德国 DSD 公司提供授权的绿点标志用户使用总量已有 18000 人，同时其包装材料回收网络体系顺利实现境内全覆盖。由于其独特的运营模式即同与其有相关利益的当地政府部门、供应商、销售商以及分类、回收、再生公司等签订合作合同，进而达到优化整合资源的目的。DSD 以最小的人力成本成功做到高效率监督并控制整个德国境内包装垃圾处理体系的循环利用和正常运营。德国 DSD 模式如图 2-1 所示。

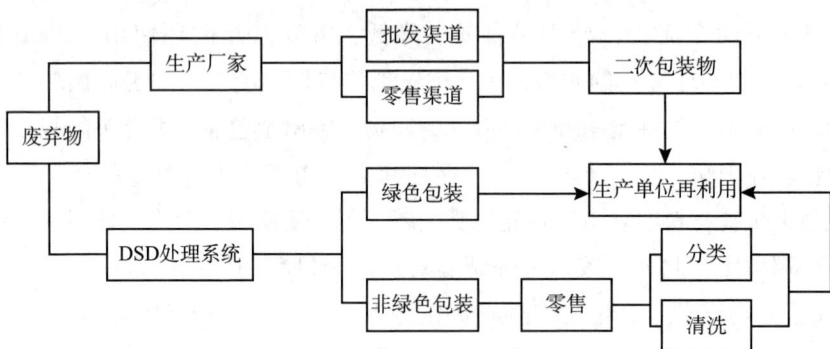

图 2-1　德国 DSD 模式

第 2 章

国外包装产业循环经济发展现状、经验借鉴及发展趋势

包装产业循环经济在国外发展相对成熟，许多国外包装企业已经开始运用循环经济的思想，进行有益的探索，并且取得了一些成功的经验。

2.1 国外包装产业循环经济发展现状

国外学者对绿色包装研究涉足较早，并认为环境保护和经济发展间存在显著负相关性，为了实现两者的平衡，倡导发展的可持续性。绿色包装概念诞生于 1987 年由世界环境与发展委员会（World Commission on Environment and Development，WCED）发布的《我们共同的未来》报告。设置标识、发展新技术、相关立法，以及建立环境管理系统等是当前西方发达经济体关于绿色包装的主要研究点。美国、德国、日本通过立法、政策制定和规模经济等方法，通过回收利用再生资源不仅节约了资源，而且减少了部分生产流程。这样不仅大大降低了生产能耗，而且达到了节能和环保的目标。我国可以通过借鉴国内外经验，倡导建立现代化循环经济体系，大力发展循环经济。

2.1.1 美国：包装产业与生态环境协调发展

1. 包装产业与生态环境协调发展背景

近年来，不断上升的包装垃圾总量与环境保护间的冲突日益突出，美国政

府对此深感忧虑。面对资源的有限性和环境污染的持续性现实，美国提倡包装产业与生态环境协调发展。针对这一目标，美国政府提出了"包装绿色化"的三点原则：一是无害化原则；二是生态化原则；三是节能化原则。目前，包装材料的再生、回收、利用已在美国取得一些成就，美国实行包装垃圾处理收费制，提倡循环利用。一些州政府对当地产生的包装垃圾实行法律性强制回收，同时一场名为"保护美国的美丽"的环保运动在其他州陆续进行。1985—1989 年，美国政府施行了以减量、回收、循环使用为目的的包装与环保发展总规划。1991—2000 年美国包装行业提出了两种发展建议：遵行原材料下降比为 15%；包装制品的可回收定额比应大于 25%。包装行业皆认同上述两种发展建议，较多专家指出原料用量的缩减是未来包装产业发展的主要趋势。截至目前，这两种发展方案已得到 37 个州的立法支持，并分别对包装垃圾回收额作了规定。

美国《包装文摘》指出，政府应在绿色包装的发展中发挥一定的积极作用，如积极施行税收减免政策和降低税收比。本着促进与保障该法的顺利施行的原则，佛罗里达州的政府部门对生产包装容器的厂商主体作出了承诺，即一旦满足相关回收再利用标准将免收包装废弃物税。依据由美国环保局公布的各年各材料的回收状况，免除预收费的基准为回收量达到 50% 以上，以此来激励各生产者保证产品 50% 以上的回收率。当前，美国各年度包装纸盒的回收总量可达 4000 万吨，且该回收材料经过化学方式处理之后仍可循环利用。

2. 包装产业与生态环境协调发展的法律规定

美国早在 1960 年就将如何在发展包装产业同时努力实现环境伤害的最小化纳入考虑中，如一些州政府开始建立并加强关于回收包装废弃物的立法。1970 年美国建立了资源回收体系，但由于联邦政府和各州政府间的界限，使得联邦政府对包装废弃物问题的看法无法以强制性形式要求各州贯彻落实，基于此，总政策于 20 世纪 80 年代末问世。此外，国会议员提出从减少包装的来源和焚烧以及提高对其的回收、再利用来应对现实性问题，此举得到了各州的大力响应。1993 年加利福尼亚州"饮料容器赎金制"的推行对硬塑料容器的循环使用作了相应规定，即须满足原料用量降低 10% 或者包装材料可回收率达 25%。

北卡罗来纳州 1988 年相关法律规定，食品包装行业截至 1997 年，如果不能实现包装材料 25% 的可回收率，就无法扩大再生产。康涅狄格州 HB51917

3. 二元回收体系的实施

（1）DSD 与地方政府。包装废弃物的分类回收处理方法很早便应用于德国。德国的公共日常生活废弃物循环利用系统在 DSD 成立前就已存在。二元回收体系是指与此系统并行但只回收与循环使用包装垃圾的系统。在完善的包装法律法规、不断提升的回收指标和实践经验的助力下，DSD 组织与各州订立合约，大力整合并所有化现存的包装垃圾回收体系，以此建立高效的生态循环体系。公共回收系统负责家庭、生物垃圾，DSD 负责轻包装垃圾，这已经成为德国不言而喻的事情。包装和报纸二者在所收集的废纸中占比为 1∶3，故相应财政责任也按照此比例由当地政府部门和 DSD 组织分担。DSD 组织每年须向各州政府部门表明包装垃圾回收总量以及完成《包装条例》中严明规定的各回收指标，在完成过程中，16 个州政府共同负责监督。作为回报，政府部门要为 DSD 组织持续分享宝贵的信息资源。DSD 自身的顺利发展和运营与有利的政策发展环境有很大联系，信息资源分享有助于 DSD 根据政策环境变化适时制定新的战略发展规划，也有利于在一定程度上保障政府部门决策的准确性和有效性，从而实现二者发展的双赢。

（2）DSD 与上游企业。DSD 和上游公司如收集、分类厂家等订立委托代理协议并完成相应费用支付，由其全权负责包装材料回收循环利用链各环节的操作流程，相应 DSD 负责监督、协调与管理。除此之外，DSD 组织仍积极投入资金进行科学技术培育和改造，通过建设或扶持某些分拣与再生公司来促进材料的循环使用发展。与此同时，包装废弃塑料制品重复使用与科技研发创造也是 DSD 的重点支持对象。DSD 组织采用和上游公司高效整合的方式来优化资源配置，既推动包装资源循环利用取得技术进步，同时也促使其在技术创新的过程中获得收益。

（3）DSD 与下游企业。DSD 组织是通过授权使用其注册专有绿点标志的方式来完成生产商与某些利益相关者间的协作。DSD 最初是由 95 家分别涉足包装、灌装等领域的企业组成，截至 2002 年，DSD 组织已有 563 名会员。DSD 组织绿点标志的使用者分会员和非会员两种身份。鉴于此，DSD 特别强调其运营过程中的非营利性，以此来调和下游公司间权益并实现会员和非会员统一对待标准。DSD 要求实现收支平衡，实现收支平衡的方式是调整绿点标志使用费用，而人们总是凭借经验来订立绿点标志的使用价目表。故加快价目表的更新效率显得十分必要。1992 年第一份价目表的计价标准是体积和重量，未区分包装材料；1993 年通过新增区分材料类别方式对其进行了修正；自 2005 年 1 月 1 日起，价目表对体积计价不再做要求并且逐年调低各材料绿点标志使用费。1997—2007 年，DSD 组织绿点使用费的变化过程，即平均下降了 35%，也是逐步上升的材料分辨度与不断调低的费用诠释之路。完成上游公司回收处理费的支付和保障日常运营是绿点使用费的主要组成部分，相应下游公司承担生产者责任主要通过向 DSD 组织付费来实现。纵观整个运营过程，DSD 组织与其上下游企业如生产者等订立协议来实现对资源的最大化整合利用，进而建立一个开放、流通的循环路径，并凭借指引和监督该路径做到循环使用包装垃圾。

2.1.3　日本：包装资源循环利用的法制化管理

1. 立法的背景

1960 年，为了改善经济快速发展所带来的生态污染问题，日本于 1967 年出台了《公害对策基本法》，随后又于 1970 年施行了《废弃物处理法》，第一次对排放废弃物的处理责任与基准进行了明确；1976 年、1979 年先后两次对《废弃物处理法》进行了修订，第一次修订规定了工业废弃物处理责任的方式，第二次则增补了如何解决非法丢弃包装废弃物等内容；随后几年，日本政府陆续颁布了《再生资源利用促进法》《容器包装循环再利用促进法》以及《能源保护和促进回收法》等。其中《能源保护和促进回收法》规定生产商生产的产品必须是可回收的且包装废弃物回收应具有选择性。该法自颁布以来取得了良好的实施效果，如回收利用了 97% 的玻璃酒瓶与 81% 的米酒瓶。日本在学习欧洲"污染者付款"的基础上提出了消费者分类，采用了由市政府收集以及私企再处理的包装废弃物回收率提升方法。《循环型社会形成推进基本法》阐释了"循环资源"的定义，即无论其价值存在与否，循环资源是指废弃物等排放物中有用的、能加以重复使用的东西。随着该法的不断推进，对废弃物的分类也更加细化，它被分为"一般废弃物"与"产业废弃物"两种。具体来说，一般废弃物包括生活垃圾等；产业废弃物涵盖纸屑、废橡胶、玻璃及陶瓷等 19 种。日本完善的法律体系见表 2 – 1。

表 2 - 1　　　　　　　　　　　　　　日本完善的法律体系

第一层次	基本法	如《循环型社会形成推进基本法》
第二层次	综合性法律	如《废弃物处理法》和《促进资源有效利用法》
第三层次	具体废弃物循环利用的法律	如《容器和包装物循环利用法》

2. 法制化的管理

第二次世界大战以后，日本采用定期预测资源与环境制约，并以及时公布的方式来告知并提醒国民重视生态环境保护。如日本 2007 年预估至 2050 年，其对石油的需求量将大于蕴藏量，其中铜的开采年限仅为 30 年，石油、天然气仅为 40 年。日本现有包装垃圾处理厂的处理能力已对经济社会进步造成了限制，填埋包装工业废弃物可利用 6.1 年，填埋一般废弃物也仅可使用 13.2 年。在日本中央、地方政府长期宣传、教育国民的基础上，日本国民对积极使社会朝着可持续、绿色方向发展已达成共识。在日本，分类以及定期处理包装垃圾也已众所周知。另外，在处理过程中，对废弃物的处理首先遵循源头抑制的方式，进而鼓励循环使用。包装废弃物的处理程序主要包括收集、搬运、中期处理（焚烧、粉碎等处理或再生）、最终处理（填埋处理）。日本大力推广与普及焚烧处理和填埋处理技术，以期实现废弃物减量化以及环境卫生保护的目标。日本本着减少包装废弃物最终填埋次数的目标，提出了回收利用、减量控制、循环再利用的"3R"原则。资料显示，日本每年的工业垃圾中真正需要燃烧或填埋等处理的占其总量的 11%；生活垃圾中需最终处理的也只占其总量的 20%。废弃物回收、拆解、利用，以及无害化处理系统共同构成了日本的资源再生系统。一是源头抑制，即多途径减少包装废弃物的排放量，如集约商品的包装等；二是再使用，即提高物品的使用率；三是再生利用，即把包装废弃物当作包装原料重新生产使用；四是热回收，即焚烧垃圾；五是最终处理，即卫生填埋焚烧灰与极少部分垃圾。以东京为例，相关数据表明，其 2002 年包装垃圾总排放量为 485 万吨，最终处理量为 96 万吨，其中直接最终处理的包装垃圾量约 1 万吨，垃圾处理设施排出的焚烧灰等处理残渣约 95 万吨，垃圾的无害化处理率已达 99.7%。

此外，日本积极加强并完善立法机制，规范资源"循环型社会"的管理，如从《促进循环社会形成基本法》出发，同时施行了两部综合性立法，从而等法律的出台。

2. 包装废弃物的再利用

1996 年德国实施了《电子电器产品废弃物处理办法》，强制性地规范了供应链中的生产制造商、经销商及零售商等各个参与者要负责回收和再利用生产过程中用到的所有电子产品及零件，此项法规的制定目的在于保护生态环境。德国实行的法律中详细地规定了生产者回收利用中的责任和义务，用机制来保障措施切实实行。不仅是用法律来规范，还通过宣传手段或是一些可行的包装销售建议来提高人们的环保意识，德国还倡导市民和生产者使用可二次利用的包装盒和包装袋，严厉控制使用不可分解的塑料包装制品。

2.2.3　日本：生产责任制度推动包装产业发展

1. 生产责任制度的内涵

生产责任制度最初是由瑞典隆德大学的经济学者托马斯·林赫斯特提出的，这是循环经济中较为兴盛的一种制度，目的在于通过产品回收、重复使用以及最后处理来减少对环境的伤害。2000 年，托马斯·林赫斯特教授对这一制度进行了进一步修订：生产责任制度采用将生产者责任拓展至产品全生命周期的各环节中的方式，促使产品全生命周期朝着益于生态保护方向发展，其中突出产品回收、再循环以及最终处理环节。循环经济发展中重要的一项制度就是生产责任延伸制度，将生产者对产品承担的责任覆盖到各个环节，同时也要求政府及消费者承担相对应的责任。生产责任制度施行之后，效仿的国家越来越多，作为其中之一的日本也进行了立法。为了推动这一制度的建立和不断发展，日本颁布了《关于原料包装容器的法》《关于废止的生产责任令》等法令，鼓励并规范企业生产环保型产品。日本在制定推行相关法令的基础上渐进推行生产责任制度，最终形成一个兼具完整性和有效性的制度体系。之后修订的法令中又规定了生产者的责任和义务，明确指出在生产制造或销售过程中产生的废弃物应得到合理的循环使用。总之，生产责任制度突出了在产品制造的全过程中生产者应积极发挥主导作用，对产品从生产、销售及最后消费过程中产生的废弃物的回收、再利用和最终处理承担责任。

表 2 - 1   日本完善的法律体系

第一层次	基本法	如《循环型社会形成推进基本法》
第二层次	综合性法律	如《废弃物处理法》和《促进资源有效利用法》
第三层次	具体废弃物循环利用的法律	如《容器和包装物循环利用法》

2. 法制化的管理

第二次世界大战以后，日本采用定期预测资源与环境制约，并以及时公布的方式来告知并提醒国民重视生态环境保护。如日本 2007 年预估至 2050 年，其对石油的需求量将大于蕴藏量，其中铜的开采年限仅为 30 年，石油、天然气仅为 40 年。日本现有包装垃圾处理厂的处理能力已对经济社会进步造成了限制，填埋包装工业废弃物可利用 6.1 年，填埋一般废弃物也仅可使用 13.2 年。在日本中央、地方政府长期宣传、教育国民的基础上，日本国民对积极使社会朝着可持续、绿色方向发展已达成共识。在日本，分类以及定期处理包装垃圾也已众所周知。另外，在处理过程中，对废弃物的处理首先遵循源头抑制的方式，进而鼓励循环使用。包装废弃物的处理程序主要包括收集、搬运、中期处理（焚烧、粉碎等处理或再生）、最终处理（填埋处理）。日本大力推广与普及焚烧处理和填埋处理技术，以期实现废弃物减量化以及环境卫生保护的目标。日本本着减少包装废弃物最终填埋次数的目标，提出了回收利用、减量控制、循环再利用的“3R”原则。资料显示，日本每年的工业垃圾中真正需要燃烧或填埋等处理的占其总量的 11%；生活垃圾中需最终处理的也只占其总量的 20%。废弃物回收、拆解、利用，以及无害化处理系统共同构成了日本的资源再生系统。一是源头抑制，即多途径减少包装废弃物的排放量，如集约商品的包装等；二是再使用，即提高物品的使用率；三是再生利用，即把包装废弃物当作包装原料重新生产使用；四是热回收，即焚烧垃圾；五是最终处理，即卫生填埋焚烧灰与极少部分垃圾。以东京为例，相关数据表明，其 2002 年包装垃圾总排放量为 485 万吨，最终处理量为 96 万吨，其中直接最终处理的包装垃圾量约 1 万吨，垃圾处理设施排出的焚烧灰等处理残渣约 95 万吨，垃圾的无害化处理率已达 99.7%。

此外，日本积极加强并完善立法机制，规范资源“循环型社会”的管理，如从《促进循环社会形成基本法》出发，同时施行了两部综合性立法，从而建立了相对较完善的循环经济促进法。

2.2 国外主要经验借鉴

西方发达经济体不断加强环保和资源立法并完善相关法律法规，以此来建设一个绿色、低碳、和谐的社会经济发展体系。随着经济发展伴随科学技术的不断进步，循环经济的发展已收获了大量的发展经验，无论是较早的节能减排小目标还是现在的构建绿色生态社会体的大构想，凡此种种皆值得我们去学习和思考。

2.2.1 美国：清洁生产促进包装产业循环发展

1. 成本和收益平衡的清洁生产制度

美国的清洁生产制度认为各个产品都有它们各自合适的清洁生产模式。美国与欧洲国家相比较来说，美国较看重成本和收益的均衡而欧洲国家则是倾向于采取预防为主的手段。并且，美国认为仅仅依靠国家的强制力量是不可能的，因而利用了市场的推动力去促进清洁生产制度的实施。清洁生产制度若是想要在企业中得到推广和实施，首先得让这些企业在废弃物的回收和再利用中得到一定的收益，其次再是采取立法手段。现实及历史因素使得美国长期缺乏一部带有全国性和规范性的关于清洁生产制度的法律法规，同时各地、州也是一样。但在发展的过程中，国家发现了此问题并于1976年开始制定《资源保护和回收法》，1984年又对其进行了修订完善，这在一定程度上都体现着清洁生产制度的要求和规范。

2. 清洁生产制度的实施

清洁生产制度是有关清洁生产的目的、任务、适用范围、具体内容、推行实施、评价方法、鼓励措施和管理体制等一系列法律规范的总称，这是美国为了使其规定更加具有实用性而设立的制度。可以从以下三个方面来简述这项制度。

（1）明确各个参与者的责任及承担责任的方式，其对象有生产链上的参与者如：生产者、销售者和消费者。

（2）覆盖范围较广，囊括了产品设计、生产、流通、回收和再利用等环节。与此同时，用法律手段明确政府在此项制度中应当履行的职责和需要承担的后果。

（3）在具体的实施运行中，完善与其配套的法律法规，制定了可行的激励措施，切实推动清洁生产制度的落实。

2.2.2　德国：包装废弃物的回收处理与再利用

1. 包装废弃物的回收处理法律体系

《废弃物处理法》虽于 1972 年在德国制定施行，但该法仍存在一些需要改进之处。比如该法的存在价值仅为了处理生产与消费过程中产生的包装废弃物，而未涉及优化末端处理环境问题的方式。而在 1986 年，德国将《废弃物处理法》重新修订为《废弃物限制处理法》，突出包装废弃物处理的首要标准是优化包装源头，规定将重复使用的包装系统与节约资源的工艺技术践行于全生产过程中。由此能看出，德国已将包装废弃物处理过程中的重点由强调生产者责任转向改善其处理方式。

《包装废弃物处理法》于 1991 年提出，并先后经 2001 年和 2002 年两次修订。该法提出包装商品要本着节约和循环使用的原则，从而为保护环境作出微薄贡献。

1992 年《废旧车辆限制条例》规定了汽车生产商负有义务回收报废车辆。

1994 年《循环经济和废物处置法》的颁布突出了以下几点意义：第一，该法以节约资源和能源，改进包装废弃物处理方式，促进经济循环发展为准绳；第二，规定了包装废弃物生产者、持有者以及处理者的原则与义务；第三，清晰详细地规定了研发、生产加工与产品经营者都应承担发展循环经济的包装产品责任；第四，强调了利用与处置包装废弃物须以主管部门的监测为前提。除此之外，该立法还明确、严格地规定了公众、包装废弃物生产者的义务等。

随后，各行业的体系化的法律法规逐步被制定与完善，如《包装法令》

等法律的出台。

2. 包装废弃物的再利用

1996 年德国实施了《电子电器产品废弃物处理办法》，强制性地规范了供应链中的生产制造商、经销商及零售商等各个参与者要负责回收和再利用生产过程中用到的所有电子产品及零件，此项法规的制定目的在于保护生态环境。德国实行的法律中详细地规定了生产者回收利用中的责任和义务，用机制来保障措施切实实行。不仅是用法律来规范，还通过宣传手段或是一些可行的包装销售建议来提高人们的环保意识，德国还倡导市民和生产者使用可二次利用的包装盒和包装袋，严厉控制使用不可分解的塑料包装制品。

2.2.3 日本：生产责任制度推动包装产业发展

1. 生产责任制度的内涵

生产责任制度最初是由瑞典隆德大学的经济学者托马斯·林赫斯特提出的，这是循环经济中较为兴盛的一种制度，目的在于通过产品回收、重复使用以及最后处理来减少对环境的伤害。2000 年，托马斯·林赫斯特教授对这一制度进行了进一步修订：生产责任制度采用将生产者责任拓展至产品全生命周期的各环节中的方式，促使产品全生命周期朝着益于生态保护方向发展，其中突出产品回收、再循环以及最终处理环节。循环经济发展中重要的一项制度就是生产责任延伸制度，将生产者对产品承担的责任覆盖到各个环节，同时也要求政府及消费者承担相对应的责任。生产责任制度施行之后，效仿的国家越来越多，作为其中之一的日本也进行了立法。为了推动这一制度的建立和不断发展，日本颁布了《关于原料包装容器的法》《关于废止的生产责任令》等法令，鼓励并规范企业生产环保型产品。日本在制定推行相关法令的基础上渐进推行生产责任制度，最终形成一个兼具完整性和有效性的制度体系。之后修订的法令中又规定了生产者的责任和义务，明确指出在生产制造或销售过程中产生的废弃物应得到合理的循环使用。总之，生产责任制度突出了在产品制造的全过程中生产者应积极发挥主导作用，对产品从生产、销售及最后消费过程中产生的废弃物的回收、再利用和最终处理承担责任。

2. 日本生产责任制度的运行

1940—1950 年，日本的环境问题引起了社会的关注。作为世界八大公害中的频发国，日本在进行深刻反思的同时，也十分重视生产责任制度的推行和发展。现今，日本在生产责任制方面的研究和颁布的法令均居于世界前列。日本关于生产责任制度颁布的法令有：《包装容器的分类收集和循环利用》《资源有效利用促进法》《家电再生利用法》《报废汽车再生利用法》等。这些法令构建了一套较为完善的生产责任制度法律体系。日本不仅规定了在产品失去其使用价值成为废弃物后，生产者仍需对其处理履行一定责任，也对初始产品设计以及原料选购作了相关要求。以上这些举措皆为产品废弃之后的回收利用和循环利用提供了便利。

发展循环经济是可持续发展的唯一选择，而绿色循环的技术则是最大的支撑，政府在发展中应给予大力的政策和资金支持。具体的措施有：制定符合时代和社会发展的政策；加大对高新技术产业的投入，改变传统经济发展模式；组织学习推广先进企业已实施的循环经济模式等。

我国也在建立环境管理体系认证，要求企业环境要进行公示，目的是通过这样的方式来引导企业关注环境保护。山东鲁北化工股份有限公司凭借石膏制硫酸联产水泥技术，成功开发出我国第一套磷铵配套硫酸、水泥生产装置。利用生产磷铵排放的磷石膏废渣制造硫酸并联产水泥，硫酸又返用于生产磷铵，这样的生产工艺流程不仅高效循环使用了资源，生产成本也得到节约。

生产责任制度是面对日益恶化的环境问题所采用的新型环境政策，通过各个国家对此项制度的应用和发展可以认识到生产责任制度的优劣。然而，不同的国家应该根据国家的特性，如文化、技术、经济等来采取更加个性化的措施，不能盲目地跟从，也不可盲目地拒绝。

日本运行生产责任制度的主要方式有：第一，生产责任制度多采用消费者付费制度。规定生产者可通过转嫁给消费者方式来处理应承担的包装废弃物费用。第二，回收系统方面，企业应当树立自己的品牌。第三，大力支持与鼓励生产者创建废弃物回收系统与循环利用工厂来推动循环经济建设。另外，日本的个体机制运行方式有三种：自愿方式、强制性实施方式和经济手段。自愿方式是指生产者自愿地采取措施减少产品生产对环境造成的影响，这一过程不受法律的监督；强制性实施方式显而易见就是采取法律或是政府的力量对生产者的责任进行强制性的规定；经济手段则是通过税收、罚金、抵押金制度等手段来推行生产责任制度。在强制性的基础上也鼓励各法律主体参与保护环境，通过绿色采购和消费观念的转变，展现政府和公众的在促进生产责任制度发展上的推动作用。

综上研究可以发现，国外的生产责任制度的成功实行是通过不同的利益群体采取有效的机制实现的，而不仅仅是靠单一的主体。从日本的经验可以发现，充分地尊重生产者、消费者和政府的作用，可以带动他们的积极性以主动承担责任，而不是一味地规定生产者的责任和义务，忽视了其他法律主体的责任。在具体实施过程中，还需要根据产品的不同特性来制定不同的实施措施。

总而言之，借鉴发达国家"经济靠市场，环保靠政府"的宏观管理方式，中国发展绿色包装不仅需要提供相关法律法规保障，也需要制定绿色包装经济的各项指标和标准。我国在原料选择和生产环节要扭转高消耗、高污染的经济发展方式，淘汰落后的包装生产工艺和设备；在输出端，应该重视包装废弃物的回收利用，抓好资源再生产工作。因此，只有政府、企业、消费者协同参与，循环经济下绿色包装发展模式才会实现合理利用资源的目标，而且也会取得良好的经济效益。尽管对部分发达国家包装产业的实践特点和经验进行了总结分析，但在基于循环经济来分析我国的绿色包装方面还有待进一步研究。

2.3 国外包装产业循环发展趋势

2.3.1 美国：创意创新引领包装产业发展

1. 大力开发绿色包装新材料、新功能

回收材料的循环生产和新材料的开发利用对于新的环保包装材料的开发具有至关重要的意义。再生材料的研究开发和创意性设计在未来的设计领域中将具有极为重要的地位。快速发展的工业技术和设计师迸发出的极富创造性的设计理念极大地丰富了传统意义上的再生纸产品、再生玻璃制品、再生金属制品、再生塑料制品的种类。同时，更让人惊叹的是，一些绿色天然的农业作物经过科学家的研究开发竟然能变废为宝，成为新兴绿色环保的包装材料，如富含植物纤维的玉米、土豆等粮食作物被称为炙手可热的包装原材料，麻作物、农作物茎叶等亦是如此。除了对新材料领域的探索外，设计师也一直企图打破传统的包装设计理念，从而实现一种更为安全、绿色环保的包装设计。新时代的设计师理所应当肩负起突破传统包装功能结构的使命，力图打破包装材料高能耗、低回收率、低安全标准和使用不便的瓶颈，而兼具绿色安全且别具一格的包装设计又离不开设计师打破常规、发散性的思维理念。包装材料的选取、结构改良一定程度上有助于降低其消耗定额、优化生产工序、提升包装安全性等。但设计开发中的创新性一直是实现包装系统"绿色"化的重要环节，培育创新思维永远都是所有国家要重视的事情。美国一向以创新闻名于世，其在包装设计领域的创新也走在世界的前沿，正是因为美国包装设计师对包装设计领域不懈地探索，"绿色化"和"现代化"才能成为美国包装业的代名词。美国包装设计教育极为重视学员创新性、发散性思维的培养，鼓励人们在实践的探索中培养自身的创新科学精神。在美国，无论是政府组织还是民间团体都热衷于举办以创新为背景的活动和比赛，着力培养参赛者的多元思维方式和艺术创新能力。创新理念成为了一个上至总统下至民众都普遍重视的理念，也成为了推动美国现代包装设计走向"绿色化"的不竭动力。

2. 重视绿色包装的创新设计

绿色包装设计强调的是无论在狭义的产品设计或是广义的产品全生命周期阶段都应将资源与环境纳入考量中。制造产品不仅要考虑生产效应也要兼顾环境效应，产品完工后检验的各项指标均应符合相关绿色环保标准。

绿色包装设计充分实现了节能减排的目标，且使包装废弃物经回收后得以再生循环或重新利用。因此，美国包装制造行业在包装设计的过程中充分考虑到环保的因素，通过选择符合绿色标准的包装材料，执行绿色包装设计。

绿色包装在很大程度上依赖于包装物的绿色设计，经精心设计后的包装物不仅降低了包装材料的消耗成本，还节省了包装原本所占用的空间。但是，在包装设计环节尤为要注意以下关键点。

（1）包装形状的再设计。产品的运输流程对包装形状的设计有着极为严苛的要求。例如，方形包装相较于圆形包装而言更便于运输；而常用于包装披萨的八角形的盒子比常见的方盒子节约了 10% 以上的包装材料。

（2）包装材料结构的可拆卸性设计。设计可拆卸性包装结构大大提高了包装回收的效率，不仅极大地有效降低回收过程中消耗的成本，还能最大限度地提高材料再次利用的价值。

（3）包装材料趋于多功能化的设计。经过多功能化设计后的包装物在实现其一大功能后仍然可实现其另一功能，这样可大大提高包装物的使用价值，避免一次性使用造成浪费。例如某公司设计的键盘的外包装除了满足包装用途之外还能用作键盘的防尘罩。

产品结构的改善使其满足包装设计时尚美观的要求、简化包装以达到降低成本和保护环境的目的、提高产品的结构抗压强度或降低产品的重量所带来的运输成本。对于从事产品包装的设计师而言，树立"绿色、安全、环保"的包装物的研发和设计理念，是绿色包装系统至关重要的环节，在整个绿色包装系统中处于核心的地位。

包装设计是一个造物过程，设计师对于产品的设计理念直接关乎到产品包装的属性和特点是否能够符合绿色环保的要求，包装业的长久发展依赖于对包装设计师的专业技能和环保理念的培养。因此，绿色、环保、安全的理念成为每个包装设计师所必备的素养和设计灵感的来源。包装设计师肩负着包装行业向绿色环保方向转型的艰巨使命，由此各艺术设计院校强调包装设计专业的学生树立起环保和节能思想。美国强调培养兼具艺术创造力和环保理念的未来包装设计师，而不是社会发展垃圾的制造者。

包装业的发展是一项系统化的工程，从包装产品的设计、投入使用、废弃到循环使用，都要根据每一个环节对生态环境所产生的正面或负面的影响做深入评估，以寻找最佳的包装设计方案。包装体系的完善需要从创新设计、制度建设、节能环保意识培养等多方面入手，将包装体系始终建立在一个"生物链"的生态体系中。但从目前的状况来看，社会依旧缺乏足够强的能力去构建长效循环运行的绿色包装体系。依照传统的观念，我们可以从包装的材料选取和开发设计上实现"绿色包装"的目的。如今，随着包装材料研发技术的不断提高，研发成果中有一些是可降解的绿色环保材料，一些有着绿色环保意识的企业为了响应环保的号召已经逐步淘汰危害环境的、不可降解的包装材料转而使用绿色环保的可降解包装材料，但同时受到可降解材料带来的高成本的约束，因此，目前而言，可降解材料的应用范围依然很有限。我国相当多的中小型包装企业由于受到资金、人才、信息等方面的束缚，自主创新能力十分薄弱，既无法提升其研发水平，又不能很好地适应"绿色"包装工程这一不可逆转趋势的要求，长此以往，必将在这一场全球范围内的"绿色革命"中被淘汰出局。

经过"绿色"研发设计的包装材料不仅可以大大减少包装材料的消耗定额，同时还有利于提升包装材料的可降解性和循环利用程度，减少包装废弃物对环境产生的负面影响。因此，提升包装产品的绿色化研发技术是许多包装设计者共同努力的方向，高性能、多功能、绿色环保的包装材料如具有较强的保鲜能力、耐高低温、高抗压能力等功能的包装材料必定会受到众多市场消费者的青睐。在这种绿色包装趋势的推动之下，许多传统的包装产品逐步会被新型绿色包装材料所替代，绿色包装材料所拥有的材料消耗成本少、可循环使用、容易降解、节能环保等优良性能是过去的包装材料所不能相比的。

2.3.2　德国：以资源整合为核心推动包装产业

1. 德国二元回收体系促进资源整合

在对包装废弃物的分类整理和回收利用方面，德国有着丰富的理论基础和实践经验，而这方面的经验又正好是我们国家目前所缺乏的。德国在对垃圾进行合理分类方面有自己独特的经验：象征着生命的绿色垃圾箱通常是用来装一些例如树叶、树枝等可回收的生物垃圾；在居住生活中产生的生活垃圾通常是最难以清理的，倾倒这一类垃圾往往需要支付清理费；向用于放置废弃的包装物的黄色垃圾箱倾倒垃圾不需要支付清理费。在这样的激励机制下，尽量减少黑色垃圾的产生，尽量回收绿色垃圾就成了顺理成章的事情。其次，由于德国二元回收体系（DSD）的产生，一次性销售包装废弃物不再像过去一样被随意丢弃，而是得以科学地被回收利用。DSD 的运作模式和经验，对于提升德国的固废管理工作效率有着重大的意义。虽然德国对 DSD 评价不一，但总而言之，我们依然不能忽视 DSD 产生的重大意义。它的高效运作为包装废弃物的回收与循环再生提供了保障，这符合 DSD 的创建初衷。同时，DSD 的高效运作离不开资源的有效整合。一方面，DSD 充分利用与其有相关利益的群体的各种资源，如与地方政府开展合作、与上下游企业签订协议等，成功整合了回收体系；另一方面，对于市场蓝海，DSD 大力加强技术革新并利用行业扶植的资金投入来开发市场蓝海，这极大增强了包装废弃物的可持续利用能力。DSD 的建立离不开德国废弃物管理立体化的立法以及其提供的制度保障作用。1986 年德国环境部施行了《垃圾法》，旨在从源头上减少垃圾总量，提升包装废弃物的循环使用率。1990 年 DSD 组织成立，其目的在于收集销售与消费后的商品包装。DSD 为我国开展固体废弃物管理工作带来了完善立法体系与优化整合资源等有益启示。

2. 两种收费制度监督资源的有效整合

绿点组织在德国的成功应用与两种收费制度的有效监督管理有很大关系。德国政府制定并强制执行了两种收费制度，即分别是对生产企业未完成回收指标以及老百姓倾倒的生活垃圾需加工分类进行收费的制度，这一做法使一个全新的垃圾回收循环利用产业在德国被开发。相关统计数据表明，绿点系统创建后，包装垃圾的回收率从 1990 年的 13% 提升至 2008 年的 55%，言外之意就是德国可回收再利用 50% 以上是包装垃圾。即便如此，与《废弃物分类包装条例》的规定要求仍有差距，该条例旨在提高循环利用的食品包装比例至 72%，并尽量缩减一次性包装份额。现今，德国已建立了包装废弃物处理系统。"绿点"包装回收标志权的取得与相应支付额的多少是由包装材料的类型与重量决定的，不属于 DSD 成员的企业须严格执行包装法规中相应经济法规，这意味着成本的进一步增加。国外进口商可通过向 DSD 付费的方式来申请使用"绿点"包装材料类型。DSD 组织采用在城市范围内放置黄色圆桶的形式来收集带有 DSD 商标与"绿点"标志的包装垃圾。

合理利用包装废弃物的一个关键部分就是建立和发展其回收体系。就目前而言，我国仍缺乏相对完善的包装垃圾处理制度，甚至很难找到一套具有真正意义的包装垃圾循环使用系统。由此可知晓，建立起符合我国国情的包装废弃物回收体系具有紧迫性，可从下列方面对包装废弃物回收体系进行完善。

（1）加快建设包装废弃物回收体系。科学规划包装废弃物回收体系，整顿与规范回收市场，尽可能分类处理生活垃圾，进而提高无害化处理包装废弃物的水平。

（2）加快提升包装废弃物回收体系的法律化、标准化。通过立法明确相关法律义务，即包括生产者等利益相关者对回收、处理与循环使用包装废弃物负有的义务。同时为降低包装废弃物对环境产生的影响，须制定适合各行业的生产责任评价体系以及包装废弃物排放与污染控制标准。

（3）鼓励建立各类回收模式。第一阶段，加强政策引导与扶持，使较有实力的公司自行回收处理包装废弃物。第二阶段，推行生产责任制度，受技术与资金约束的中小企业可采用委托代理的方式实现对包装废弃物的回收处理。第三阶段，大力开发建设静脉产业。运用新技术将包装生产与消费过程中产生的废弃物转化为可循环使用的资源与产品，最终达成重复利用和资源化的目标。

（4）编制强制回收产品的目录，按规定回收已列入强制回收目录的产品，同时也禁止在市场上流通与销售没有建立相应回收体系的包装产品。此外，研究认为：消费者角色在绿色包装发展模式中是复杂且富含潜在意义的。消费者选购产品时应以是否符合环保要求为标准，进而鼓励包装产品生产者适时调整产品开发方向。

我国应遵循以下消费原则。

（1）消费者树立正确的消费观，在追求一定的生活水准的同时注重资源节约、环境保护，促进可持续消费的实现。

（2）倡导购物时选择环保健康的绿色产品。

（3）坚持垃圾在消费过程中处理的"3E"和"3R"原则，即经济实惠（Economic）、生态效益（Ecological）、符合平等（Equitable）、减少非必要的消费（Reduce）、重复循环利用（Recycle），以及再生利用（Reuse）。值得强调的是：对一些可直接循环利用的包装，如饮料瓶等，可采取押金模式驱动包装物的合理使用。这类易回收且不需要很大回收成本的包装产品，通过制定押金制度就可以提高包装物的合理利用率。

2.3.3　美国："互联网＋"推进包装产业转型升级

美国经济一直以来都发展迅速，但是在发展经济的过程中，其所需的资源却十分有限，因此部分资源必须依赖海外进口。除此之外，美国经济的发展还受到生态环境的影响。因此，他们具有很强的危机感，近些年来不断地推动"互联网＋"模式的发展。此项计划也推动移动互联网、云计算、大数据、物联网等与现代制造业结合起来，促进电子商务、工业互联网和互联网金融健康发展。美国包装行业也在此时融入云计算、大数据技术，实现"互联网＋包装"的发展模式。

1. "互联网+包装"的基本内涵

"互联网+包装"不是二者的简单结合，而是一种包装行业和互联网深度融合发展以促进经济增长的新形式，即充分发挥了互联网的优化与集成作用，不断提升包装企业生产力与创新力，促成基于互联网的包装产业新模式形成。对于包装行业，融入云计算、大数据技术实现"互联网+包装"的发展模式，可以实现资源的优化配置，如包装的制造、供应、设计环节与客户订单高效精准匹配，进而让消费者享受到具有便利、平价特征的一体化优质服务。包装行业和互联网的高度融合，为包装产业的发展提供了便利的环境。

2. "互联网+包装"的发展趋势

当前，美国各包装企业仍积极论证和探索"互联网+包装"领域，尤以即将破产的传统包装企业为代表。面对"互联网+"的发展趋势，美国的包装公司和互联网之间的结合越来越紧密，"互联网+"的初期形态具备使包装形成区别于传统公司的转型和升级方式。此外，"互联网+"可以增生互联网创业孵化项目，实现产业转型的人力、物力、财力零投入。美国包装企业将运用"互联网+包装"实现包装产业的转型升级：一是跨领域融合。"互联网+包装"就是包装产业跨领域，重塑融合其他产业。二是创新驱动。随着当今经济的发展，包装产业须大力实行创新驱动发展战略，积极发挥互联网思维来谋求自身发展。三是结构重组。不断更迭的信息革命等使现存的经济结构等各个方面发生了重大变化，由此带来的话语权也在持续改变。四是人权为先。尽可能地尊重人权，注重人的创造性培养是互联网的根本力量来源。五是生态共享。对于"互联网+包装"，最重要的一个特征就是生态，而生态就是一个开放系统。促进"互联网+包装"的发展，需要把以前制约创新的步骤去掉，将包装产业以往的孤岛式创新统一起来。即每个社会体系和商业发展阶段都要有自己的发展常态和趋向。"互联网+包装"的未来是创新利用"互联网+"模式和对传统企业的"摒弃和吸收"这一发展趋势，在未来的很长一段时期内，"互联网+"将持续推动包装企业的发展。现今，每个行业都在采用互联网，互联网和包装产业有着相辅相成的关系，并共同影响着全行业的发展。互联网行业要积极响应国家发展实体经济的号召，实现包装产业结构优化升级。

虽然中国包装行业市场分量很大，并且处于不断发展壮大期间，但相比于国外优秀企业来说，其整合度还不够，分布也较为分散。一方面，由于近年来国内企业开始严格控制包装成本，包装行业的利润逐渐下降；另一方面，人们的消费层次不断升级，促使产品包装也要顺应趋势进行优化。所以，我国包装企业正面临着较大的挑战，如果要想把握好时代发展的机遇，就需要积极进行产业转型升级。

本 章 小 结

循环经济作为一种以资源的高效、循环利用为核心，以"减量化、再利用、资源化"为原则的经济新发展模式，是坚持走绿色发展道路的正确选择。实现包装产业发展和生态保护的和谐是各国统一的目标。本章以西方发达经济体美国、德国、日本为例，主要围绕了解和学习其包装产业循环发展的现状、经验及未来趋势展开，继而为我国包装产业循环发展新战略的提出提供相应的借鉴，助力包装产业可持续发展，从而更好地发挥对经济发展的推动作用。

第 3 章

循环经济对中国包装产业发展的影响

随着我国工业化和城市化进程的加快，作为生产性服务业之一的包装产业也得到了迅猛的发展。2016 年我国包装工业总产值达 1.7 万亿元，年均增速6%。但是，我国的包装多属一次性使用且加工粗放型，其包装回收率不容乐观。在电子商务和物流产业迅速发展的大背景下，快递包装回收率却不足20%，包装废弃物造成了资源消耗、环境污染和生态破坏等问题。循环经济的核心是对资源进行回收利用，其目标是对资源进行高效与循环利用，并且循环经济将作为减少资源浪费的一种全新经济模式。包装工业的各类产品在废弃后大部分可以进行回收、加工处理、循环利用或制成新产品，从而达到经济效益与环境效益的双赢。同时包装产业在生产过程中需消耗大量资源，产出产品的同时会产生废弃物。可见，包装产业发展循环经济是必要且可行的。故需对包装产业的循环经济效率进行评价，以了解包装产业循环经济的情况，以期更好地加快我国包装产业循环经济发展的步伐，减少资源的浪费和环境污染。

3.1 包装产业循环经济评价研究

3.1.1 包装产业循环经济研究背景

1. 我国包装产业发展概况

自 1978 年以来我国经济高速增长，网购的普及以及快递行业的迅猛发展使得我国的包装产业的产值也随之显著增长。其 2009 年包装工业总产值成功赶超日本，成为除美国以外世界第二大包装市场，预计中国将在 2020 年取代美国成为全球最大的包装市场。随着我国包装产业在国民经济中的地位越来越重要，与其发展相关的资源、能源和环境问题也日益突出。包装产品从生产、消费到废弃是一个不断消耗资源的过程，环境的污染、生态环境的恶化，以及资源的粗糙浪费都来自于这一过程，如果任其无原则地消耗，将严重影响到社会资源的可持续发展。因此包装产业实现绿色生产制造、提高资源利用率，是其可持续发展的关键。

2. 包装产业存在的问题

（1）环境形势日益严峻。很长一段时间内，我国环境污染主要来自于水质、海洋湖泊，以及空气的污染，而随着经济快速发展，包装废弃物未有效的回收利用，废弃现象严重，使其成为第四大污染源。包装废弃物占据了大量的土地，每堆积 1×10^4 t 包装废弃物，约占地 1 亩。截至目前，全国垃圾总量已达 2.5 亿吨，并且每年还以 8% 的速度加速增长，历年累积的垃圾量已超过 80 亿吨，占用了约 200 多万亩土地。现今可用于垃圾填埋处理的土地越来越少，但是包装废弃物却日益增多，有限的土地无法容纳众多的包装废弃物，很多城市只能被垃圾山包围。同时，塑料包装废弃物会破坏土壤的生态平衡，无法自行降解的包装物会污染土地从而使农作物减产。当每公顷土地残留塑料制品达到 58.47kg 时，可使各类农作物减产 10%。

（2）低技术含量导致消耗大、利润薄。我国包装产业主要靠总量达到生产大国地位，但距离包装产业强国还有很大差距。大多数包装企业还是以劳动密集型为主，包装产品的科技含量低、利润小，高技术含量的包装制品仍然依赖进口。我国大多数包装企业产品的利润普遍在 8 元/平方米左右，这一数据可以证实我国的包装业总产值是以数量达到的。在包装产业迅猛发展但装备技术含量低的情况下，我国包装产业在生产过程中的资源消耗已达到美国的 4.3 倍，日本的 11.5 倍，是世界平均消耗水平的 2 倍。可见，在资源的有效利用上我国与发达国家的差距巨大。

（3）包装废弃物循环利用率低。随着电子商务的发展，我国的快递行业业务量居世界第一，包装业也随之迅猛发展。2015 年使用了 30 多亿条编织袋、99.22 亿个包装箱、169.85 亿米胶带，2018 年预估会有 500 亿个包装快递包裹。在包装产业需求量增长的同时，包装废弃物的产生量也是惊人的。我国的包装回收利用率不足20%，包装废弃物仍以每年9%左右的速度在增长。目前对包装垃圾处理的方法主要有焚烧和填埋。然而，焚烧会产生有毒气体，造成大气污染；填埋会使无法降解的包装垃圾污染土地。更重要的是，包装生产过程中已消耗大量资源，废弃后的焚烧填埋处理不仅浪费了资源，而且也间接增加了包装成本。

（4）自然资源被包装材料过度消耗。具有透明、防水防潮性等优良特点，使得塑料成为重要的包装材料，在所有包装材料中占比超过30%。总体而言，塑料包装的产量仅次于纸包装，并且塑料的原材料主要是石油加工提炼的副产物。同时，石油又是不可再生资源，由于塑料的生产依赖着石油资源，塑料制品产量增大，则石油资源消耗量就大。另外，纸包装是占比最大的包装材料，而其原材料是树木，大量生产势必会造成森林砍伐的大量增加，并且每17棵树只能生产1吨纸。而我国人口众多，包装用纸需求量大，平均每年用量超过5000万吨，这样一来，必将对生态造成破坏，致使生活环境恶化。

（5）进一步完善包装回收法规。我国虽然对包装回收有相关规定，例如《清洁生产促进法》和《固体废弃物污染环境防治法》的存在，但还没有形成完善的法规体系，也没有采取相应的措施，从而导致责任分配不清、奖罚不到位、回收效率低等问题。我国可借鉴发达国家的成功经验，完善包装废弃物回收工作的法规，采取有效的配套措施，提高包装废弃物回收效率，促进可持续发展，保护生态环境。

3. 循环经济发展现状

循环经济发端于生态经济，1966年美国经济学家肯尼思·鲍尔丁开创性地提出生态经济与协调发展的相关理论。他指出生态系统的状态不同，对自然资源的需求也不一样，增长型与稳定型的生态系统对自然资源的需求与供给势必构成相对矛盾。1992年《里约环境与发展宣言》在联合国得到通过，这标志着可持续发展战略正式得到了国际社会的关注和认可。循环经济在全世界倡导清洁生产，自20世纪90年代循环经济的概念引入我国后，学者们便开始研究循环经济的具体实施。循环经济是一种资源再生的经济可持续发展模式，其特征是低开采、高利用、低排放。所有资源的节约利用都以循环经济的发展体系为依据，并对经济发展的可持续性产生深远影响，将决定经济发展的质量与效率。循环经济总结起来就是"3R 原则"：①减量化原则（Reduce），要求从生产源头入手，提高资源利用效率，用最少的消耗达成最满意的需求，从而减少资源浪费；②再使用原则（Reuse），在使用的中间环节，尽量制造与使用可循环的包装容器，减少一次性包装的泛滥；③再循环原则（Recycle），再循环原则要求产品具有完成功能，能提高其资源的循环使用率，而不仅仅是一次性产品。利用"3R 原则"开展循环经济总体技术策略，除了适用于企业产品设计与相关工艺流程，更适用于地区或国家的新经济政策，从而促进经济的可持续发展。

3.1.2　我国包装产业循环经济研究现状

循环经济一直受到学者的关注，研究成果也在不断深入。国外对循环经济效率评价多集中于生态效率和对环境保护的评价：B Golany 等人（1994）采用 DEA 方法测量以色列一家电厂的运行效率，并对空气污染的定性因素做了具体分析；R Färe 等人（1996）选取生产过程中的污染指数和投入产出指数分析生态效率指标，并以美国化石燃料电力公司的数据进行实证研究，得到污染物产出和资源投入间不平衡的数据结论；DR Shonnard 等人（2003）认为生态效率考虑了产品生产过程中的生态经济和生命周期的生态影响，并以 BASF 公司产品做实证研究，分析化学产品和化工生产过程对生态环境造成的潜在影响；PJ Korhonen（2004）采用 DEA 方法测量欧洲 24 个国家电厂的生态效率，计算出技术效率和生态效率，综合得到生态效率指标；RJ Wilkins（2008）分析了农作种植方式对土壤肥力和养分利用效率的影响，提出通过整合农作物和畜牧生产系统，或者改变土地使用制度来增加农场的生态效益；C Basset - Mens 等人（2009）采用生命周期评价方法比较了农场的牛奶生产和土地利用方面的生态效率，并分析集约化对其生态效率的影响，对新西兰乳品农场系统的生态效率进行更新；MS Rachid（2012）对发展中国家工业企业的清洁生产和发展循环经济的必要性进行了综述，并以阿尔及利亚一家制革厂的污水处理站进行实证研究，倡导构建循环经济系统；M Pagotto 等人（2016）采用数据包络模型和物质流分析方法，对食品加工行业的生态效率进行评估，主张构建食品加工行业的循环经济体系。

我国学者对于循环经济效率评价也展开了深入研究，从循环经济效率的研究领域来看，主要集中在区域和产业研究。在区域研究层面上，连飞（2008）采用 DEA 方法对我国各地区进行了循环经济效率评价，研究表明，大部分地区的循环经济发展为非 DEA 有效；段树国等（2012）采用熵值法确定指标权重系数，对新疆地区的循环经济发展水平进行综合评价；在产业研究层面上，王俊岭等（2014）利用 DEA 方法测量了我国钢铁行业的循环经济效率，同时采用 Malmquist 指数进行动态评价，结果表明，技术进步对我国钢铁行业循环经济效率影响较大；邵留国等（2016）运用网络 DEA 模型，计算出中国火电行业循环经济效率，并进行了收敛性检验和影响因素分析。随着研究的深入，循环经济效率的研究方法也呈现多样化。我国学者采用的研究方法多集中于三种形式：一是以 DEA 方法为主，对单个测量模型进行计算。曹孜等（2013）用 DEA 方法对省际循环经济效率进行分析，并检验了影响我国循环经济效率的具体因素；袁学英等（2015）采取 DEA 方法，从循环效率入手，选择我国 14 个资源型城市进行实证研究，结果显示我国循环经济效率地区差异较大。二是多种循环经济效率测量模型的结合使用。占绍文等（2014）采用 SBM 模型和 Malmquist 指数对陕西省工业的循环经济效率进行评价，研究表明陕西省工业循环经济效率呈增长状态，技术进步对全要素生产率影响较大；朱鹏（2016）从物料流和价值流的资源流分析角度，采用主成分分析法和 DEA 方法计算水泥企业的循环经济效率，结果表明水泥企业废弃物排放主要集中在熟料煅烧中心，可针对其加以改善，提高经济效益和环境效益。三是在循环经济效率测量基础上进行循环经济效率影响因素的分析。聂荣等（2016）主张构建我国省域工业循环经济效率评价指标体系，用 DEA 方法进行循环经济效率评价，用 Tobit 方法对省域面板数据进行回归，结果表明我国工业循环经济效率存在地区差异；李青松等（2016）从污染变量角度出发，采用 DEA – Malmquist 模型对河南省生态效率进行计算，同时利用 Tobit 模型分析生态效率的影响因素，结果显示生态效率受技术进步的影响，跟不上发展速度的经济规模和产业结构阻碍了生态效率提高，而市场化程度的加深促进了生态效率的提升；

综上所述，对于循环经济效率评价的研究大多考虑了生态要素，且以静态分析为主，其评价结果主要对不同空间或时间的循环经济效率进行差异性分析，缺乏全面客观性。另外现有的对于产业层面的循环经济效率研究大多集中于钢铁、农业和火电等产业，鲜有关于包装产业的循环经济效率研究。从研究方法来看，对于循环经济效率评价的研究多采用 DEA 方法，相比其他评价方法而言，DEA 作为多目标决策方法，无须预估各指标参数或假设权重系数，减少了主观因素的干扰，评价结果更具客观性。Malmquist 指数可将时间与空间结合，分析循环经济效率的变化趋势，进行动态分析评价。为达到对我国包装产业循环经济效率全面的分析评价，需将动态性与静态性相结合，同时客观衡量综合技术效率变动、技术变动与生产量变动之间的关系。因此本书采用 DEA 方法和 Malmquist 指数分析评价我国包装产业循环经济效率，之后为进一步分析影响循环经济效率的具体因素，又引入 Tobit 模型进行回归分析，进而为我国包装产业发展循环经济提出对策。

3.1.3　包装产业循环经济研究方法

1. DEA 方法

数据包络分析（Data Envelopment Analysis，DEA）是于 1978 年由 A. Charnes，W. W. Cooper 和 E. Rhodes 首次提出。DEA 主要被用来对循环经济中有多项投入和产出的同类型决策单元进行评价（Decision Making Unit，DMU），探究经济指标之间是否有相对可比性，因而也称为 DEA 有效。DEA 方法的基础模型为 C2R 模型和 BC2 模型。

C2R 模型由 Charnes 和 Cooper 提出 m，设有 n 个 DMU（$k = 1$，…，n），每个 DMU 有相同的 m 项投入（$i = 1$，…，m）和相同的 s 项产出（$r = 1$，…，s）。用 x_{ik} 表示第 k 单元的第 i 项投入量，y_{rk} 表示第 k 单元的第 r 项产出量。若用 v_i 表示第 i 项投入的权值，u_r 表示第 r 项产出的权值，Z_K 表示第 k 决策单元的投入产出比，有 $Z_K \leqslant 1$，则对第 k 个 DMU 的评价可归结的优化模型为

$$\max Z_{kp} = \frac{\sum\limits_{r=1}^{s} u_r y_{rk}}{\sum\limits_{i=1}^{m} v_i x_{ik}} \qquad (3-1)$$

$$\begin{cases} \dfrac{\sum\limits_{r=1}^{s} u_r y_{rj}}{\sum\limits_{i=1}^{m} v_i x_{ij}} \leqslant 1 (j = 1, \cdots, n) \\ v_j \geqslant 0 (i = 1, \cdots, m) \\ u_r \geqslant 0 (r = 1, \cdots, s) \end{cases} \qquad (3-2)$$

用矩阵形式表达上述模型，并通过 Charnes – Cooper 变换和对偶变换，引入松弛变量 S^+ 和剩余变量 S^-，将分式问题转化成一个线性规划问题，即

$$\min Z_{kD} = \theta \qquad (3-3)$$

$$\begin{cases} X\lambda + S^- = \theta X_k \\ Y\lambda - S^+ = Y_k \\ \lambda \geqslant 0,\ S^- \geqslant 0,\ S^+ \geqslant 0 \\ \theta\ 无符号限制 \end{cases} \qquad (3-4)$$

BC2 模型是由 Banker、Charnes 和 Cooper 提出，是在变动规模报酬条件下的有效性评价，在 C2R 模型的基础上，令 $\sum_{j=1}^{n} \lambda_j = 1$，则

$$\min W_{kD} = \theta \qquad (3-5)$$

$$\begin{cases} X\lambda + S^- = \theta X_k \\ Y\lambda - S^+ = Y_k \\ \sum_{j=1}^{n} \lambda_j = 1 \\ \lambda \geqslant 0,\ S^- \geqslant 0,\ S^+ \geqslant 0 \\ \theta\ 无符号限制 \end{cases} \qquad (3-6)$$

求解上式模型，得出 θ，λ，S^-，S^+ 的最优值，θ 为效率值，可得出以下结论。

（1）如果 $\theta < 1$，则表明被评价的 DMU 为非 DEA 有效，说明投入产出结构不合理，可减少投入。对于非 DEA 有效的决策单元可通过投影分析构造新的决策单元，调整投入产出值，进行改进。

（2）如果 $\theta = 1$，S^-，S^+ 不全为 0 时，被评价的 DMU 为弱 DEA 有效。如果 $\theta = 1$，S^-，S^+ 全为 0 时，则表明被评价的 DMU 为 DEA 有效，说明投入产出结构合理，资源得到充分利用。

2. Malmquist 指数

Malmquist 指数主要研究动态效率，学者 Fare 等（1994）构造"t"至"$t+1$"时期的技术 Malmquist 指数，将其分解为综合技术效率（EC）和技术进步变化（TE）两个部分，而技术效率变化可分解为两种不同形态：纯技术效率变化（PTE）和规模效率变化（SE）。Malmquist 指数的表达式为

$$M(x^{t+1}, y^{t+1}, x^t, y^t) = EC \cdot TE = (PTE \cdot SE) \cdot TE \qquad (3-7)$$

式（3-7）表达式具有以下含义。

（1）$M(x^{t+1}, y^{t+1}, x^t, y^t)$ 表示生产率变动的 Malmquist 指数。$M > 1$ 说明生产率水平提升；$M < 1$ 说明生产率水平下降；$M = 1$ 说明生产率水平保持不变。

（2）EC 表示综合技术效率，说明产业和企业管理决策和资源配置的优劣。$EC > 1$ 说明综合技术效率提高，管理方法、资源配置得到改善；$EC < 1$ 说明技术效率下降，管理决策不适宜，资源没有充分利用；$EC = 1$ 说明综合技术效率保持不变。

（3）TE 表示技术进步变化，即技术创新和产业生产技术的变化。$TE > 1$ 说明生产技术进步；$TE < 1$ 说明生产技术下降；$TE = 1$ 说明技术进步保持不变。

3. Tobit 回归分析

采用 DEA 方法计算循环经济效率，数值为 0～1 离散分布，存在多个 DMU 处于 DEA 效率边界，如使用常规的最小二乘法进行回归系数分析，不能解释其中极限值和非极限值之间的差异，参数估计值可能会出现偏差，无法完整呈现数据结果。Tobit 回归分析是当因变量为受限值或截断值时，通过最大似然估计法取值的模型。其表达式为

$$Y = \begin{cases} Y^* = \beta X + \mu & Y^* > 0 \\ 0 & Y^* \leq 0 \end{cases} \qquad (3-8)$$

式中，Y^* 为截断因变量向量，β 为回归参数向量，X 为自变量向量，Y 为效率值向量，μ 为独立变量，$\mu \sim (0, \sigma^2)$。

3.1.4　包装产业循环经济效率指标体系构建

循环经济模式较于传统经济模式而言，是一种建立在资源循环、再生、利用的基础上的生态经济模式。在循环经济模式下，包装产业不再是传统经济模式下以保护产品、方便流通、促进销售、提高产品附加值为目的，而是以节约资源、保护环境、优化包装系统为目的。包装循环经济要求资源的高效循环利用，因此包装产业循环经济效率评价需兼顾生态效益、经济效益和社会效益的核心指标评价，全面评估包装产业循环经济发展的现状、包装产业循环经济的废弃物回收率和资源利用率的效果。本书采用 DEA 方法从投入产出类别选取

评价指标，参考国内外相关文献，为保证数据的可取性、客观性、全面性，共选取 4 大类要素 12 个指标。

投入指标一般由劳动、资本来衡量，以人力、物力、财力为基本要素。人力要素以从业人员指标为代表，反映从事包装产业的劳动力投入；资本要素以资本总额指标为代表，反映包装产业的资金投入状况。考虑到循环经济的特征，投入指标同时选取了能源要素和研发要素进行评价。包装产业需消耗大量的不可再生资源，能源消耗的情况对循环经济效率的评价尤为重要。能源要素选取能源消费总量指标作为代表，反映包装产业的能源使用的状况；科技创新推动着循环经济的发展，研发要素选取研发投入的指标，反映包装产业的科研创新投入情况。

产出指标是指在生产经济活动中产出的经济效益以及对环境的影响，选取经济总值和科研成果两大要素进行评价。经济总值选取总产值指标为代表，反映包装产业的工业产值以及当年盈利情况；科研成果选取有效专利指标，反映包装产业的科技创新能力。

循环经济效率以资源高效利用和循环使用为核心。在循环经济生产过程中除产成品外，同时会产生不被人们期望的废弃物，如包装生产过程中的废弃材料、消费后的包装废弃物等。这类属于非期望产出指标，包括污水外排量、废气外排量和固废外排量。在资源投入过程中，除劳动、资本等必需的投入要素外，在循环经济生产过程中最核心的是对资源的循环利用，如包装废弃物的回收处理。像污水处理量、废气处理量和固废处理量这些都属于非期望投入指标。根据 DEA 方法，只有投入越小，产出越大，循环经济效率效果越好，所以应对这两种指标进行特殊处理，将非期望产出和投入指标作为投入和产出指标处理。由此可以得到包装产业循环经济效率指标体系见表 3 - 1。

表 3 - 1 包装产业循环经济效率指标体系

指标类别	指标要素	指标名称	单位	指标说明
投入	人力要素	从业人员	万人	从事包装产业的工作人员
	能源要素	能源消费总量	万吨煤	包装产业对能源使用情况
	资本要素	资本总额	万元	包装产业的实收资本
	研发要素	研发投入	万元	包装产业的 R&D 经费投入

指标类别	指标要素	指标名称	单位	指标说明
产出	经济总值	总产值	万元	包装产业的工业产值、当年盈利情况
	科研成果	有效专利量	件	反映包装产业当年科技成果
非期望投入	生态要素	污水处理量	万吨	各地区包装业污水处理量 = $\dfrac{\text{包装业污水处理量}}{\text{各行业污水处理量}}$ ×各地区污水处理量
		废气处理量	万立方米/时	各地区包装业废气处理量 = $\dfrac{\text{包装业废气处理量}}{\text{各行业废气处理量}}$ ×各地区废气处理量
		固废利用量	万吨	各地区包装业固废处理量 = $\dfrac{\text{包装业固废处理量}}{\text{各行业固废处理量}}$ ×各地区固废处理量
非期望产出	生态要素	污水外排量	万吨	各地区包装业污水排放量 = $\dfrac{\text{包装业污水排放量}}{\text{各行业污水处理量}}$ ×各地区污水排放量
		废气外排量	万立方米/时	各地区包装业废气排放量 = $\dfrac{\text{包装业废气排放量}}{\text{各行业废气排放量}}$ ×各地区废气排放量
		固废外排量	万吨	各地区包装业固废排放量 = $\dfrac{\text{包装业固废排放量}}{\text{各行业固废排放量}}$ ×各地区固废排放量

3.2　包装产业循环经济效率综合评价

本节数据来自于 2011—2015 年《中国统计年鉴》《中国工业经济统计年鉴》《中国环境统计年鉴》《中国能源统计年鉴》《中国包装统计年鉴》，选取其中 29 个省市、自治区的包装产业数据进行分析（由于数据缺失，不包括西藏、青海和港澳台地区）。

3.2.1　包装产业循环经济效率静态评价

1. 中国包装产业循环经济效率分析

采用 DEA 方法，运用 Maxdea 计算软件，对所选取的 2011—2015 年的包装产业数据，根据式（3-1）~ 式（3-6）计算出每年各省市的综合技术效率、纯技术效率和规模效率的平均值，见表 3-2。

表 3-2   我国包装产业循环经济效率值

年份	综合技术效率	纯技术效率	规模效率
2011	0.829	0.899	0.925
2012	0.803	0.878	0.914
2013	0.848	0.896	0.944
2014	0.869	0.960	0.899
2015	0.857	0.916	0.933

如图 3-1 所示，从计算整理出的数据来看，我国包装产业循环经济发展的综合技术效率、纯技术效率和规模效率值均未达到最优，为非 DEA 有效，且波动不大。2011—2013 年，综合技术效率与纯技术效率低于规模效率均值，循环经济效率受纯技术效率影响未达到最优，纯技术效率反映了在既定投入资源中，相应产出的能力，也反映了包装企业利用循环经济技术对生产过程中产生的废弃物综合利用的能力；2014 年，循环经济效率达到 5 年中的最高值，较 2011 年增幅达到 4.8%，综合技术效率与规模效率均低于纯技术效率。在这一期间，循环经济效率受到规模效率影响未达到最优，规模效率反映了在不变的资源配置结构下，相应的投入能力。

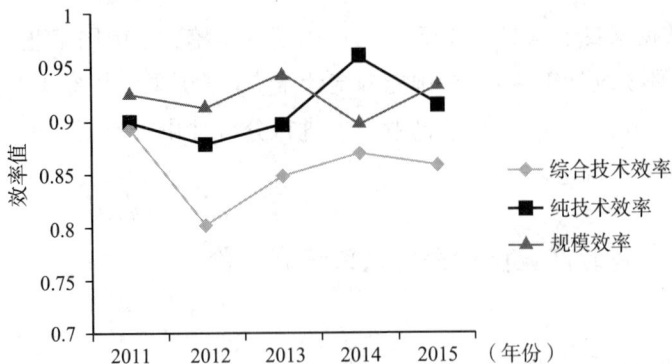

图 3-1 我国包装产业循环经济效率值

2. 中国包装产业循环经济规模效益分析

根据 DEA 分析结果，对各省市、自治区每年的规模效益按照递增、不变、递减三阶段将 29 个 DMU 进行分类，进一步了解投入要素同比例增长时对产出的影响，见表 3－3。

表 3－3　　　　　　　　我国包装产业循环经济规模效益分类

年份	规模效益		
	递增	不变	递减
2011	17	9	3
2012	16	9	4
2013	18	9	2
2014	11	15	3
2015	15	10	4

从表 3－3 可知，规模效益不变的 DMU 个数在 2011—2013 年没有发生变化，但在 2014 年迅速攀升达到 15 个。规模效益递减的 DMU 个数在 5 年间保持平稳。规模效益递增的 DMU 个数总体保持平稳，无较大波动，但每年的规模效益递增的 DMU 个数占总 DMU 个数的 50% 左右。整体数据表明我国包装企业大部分处于规模递增的状态，同时说明我国包装企业在配置结构不变的前提下，可增加资源要素投入以带动企业产出能力的提高。

3. 中国各地区包装产业循环经济效率分析

我国各省市、自治区的经济发展水平不平衡，包装产业的发展也不尽相同。根据 MichaelNorman 与 BarryStocker（1991）的方法，按照纯技术效率和规模效率将我国 29 个省市、自治区进行分类，进一步了解造成我国包装产业循环经济效率不平衡的经济原因，见表 3－4。

表 3 - 4 我国各地区包装产业循环经济效率分类

年份	规模过大 规模效率 > 0.9	最优规模 规模效率 = 1 纯技术效率 = 1	易改进 0.9 < 规模效率 < 1 纯技术效率 > 0.9	技术无效率 0.9 < 规模效率 < 1 纯技术效率 < 0.9	规模过小 规模效率 < 0.9
2011	19	11	3	5	10
2012	20	9	4	7	9
2013	19	9	7	3	10
2014	25	15	3	7	4
2015	21	10	6	5	8

2011—2015 年，我国包装产业达到最优规模的地区个数波动较大。在 2012 年和 2013 年最低达到 9 个，在 2014 年迅速攀升到 15 个，占样本比例 51.7%，但 2015 年又下降至 10 个。包装产业技术无效率的地区个数，在 5 年间保持平稳，无较大波动，最低点在 2013 年达到 3 个，最高在 2012 年和 2014 年达到 7 个。我国包装产业规模过大的地区个数，在 5 年间波动不大却略有增长，从 2011 年 19 个增长至 2015 年的 21 个，2014 年最高达到 25 个，占样本比 86.2%，比重较大。上述整体数据说明我国大部分地区包装产业规模过大，因此包装产业需调节资源投入，带动产出能力的提高，根据管理和科研水平完善资源结构，达到合理的生产规模。

3.2.2 我国包装产业循环经济效率动态评价

3.2.1 节对我国包装产业循环经济效率进行了静态评价，为了更加全面深入地研究我国包装产业循环经济效率，本文采用 Malmquist 指数，运用 Deap2.1 计算工具对其进行动态评价。以 2011—2015 年的包装产业数据为基础，分 4 个时间区间计算各省市、自治区的综合技术效率变化和技术进步，得到 Malmquist 指数，见表 3 - 5。

表 3 – 5   Malmquist 指数分析结果

期间（年份）	综合技术效率变化	技术进步	纯技术效率变化	规模效率变化	Malmquist 指数
2011—2012	0.955	1.075	0.998	0.957	1.119
2012—2013	1.064	1.203	1.036	1.027	1.279
2013—2014	1.023	1.385	0.943	1.085	1.337
2014—2015	0.987	0.633	1.044	0.945	0.685
均值	1.007	1.074	1.005	1.004	1.105

从表 3 – 5 来看，2011—2015 年间的综合技术效率变化、纯技术效率变化和规模效率变化基本没有较大变动，趋于稳定。从技术进步来看，2011—2012 年、2012—2013 年、2013—2014 年这三个期间的技术进步均值没有较大变动，均大于 1，而 2014—2015 年，技术进步均值降至 0.633。从 Malmquist 指数来看，2011—2012 年、2012—2013 年、2013—2014 年的 Malmquist 指数均值略有上升，而 2014—2015 年降至 0.685。从整体数据来看，技术进步变化趋势和 Malmquist 指数的均值分布变化相同，可知 Malmquist 指数的变动主要是受技术进步影响，这就表明我国包装产业还需提高生产技术，以推动生产率的提升。

3.2.3 包装产业循环经济效率影响因素分析

由于 DEA 计算循环经济效率只是通过投入产出结构比来分析，无法测算出影响循环经济效率变化的具体因素，为更好地了解我国包装产业循环经济效率，所以本节利用 Tobit 回归分析，测算出影响我国包装产业循环经济效率的具体因素。

1. 变量选取与说明

包装产业循环经济效率是受多种因素影响的，结合包装产业循环经济特点以及参考以往的相关研究文献 [24 – 25，32 – 34]，本节选取科技水平、资源利用率、能源消耗、制度因素和产业经济发展作为变量，对我国包装产业循环经济效率进行回归分析。各变量具体描述包括以下说明。

（1）科技水平。科技水平的提高有利于循环经济的发展，提高能源利用率，是节能减排的基础。R&D 投入是指用于科研创新的资金投入，它被认为是科技水平进步的内在关键因素。本节采用中国各省包装产业的 R&D 投入来反映科技水平影响因素。

（2）资源利用率。资源利用率牵涉的指标众多，本节采用主成分分析法，依据污水外排量、废气外排量、固废外排量、污水处理量、废气处理量和固废处理量提取资源利用率的定量指标。

（3）能源消耗。包装产业在生产过程中需消耗大量不可再生资源，大量的能源消耗会破坏生态环境，减少能源消耗可提高循环经济效率，本节采用各省市的能源消费总量来衡量这一影响因素。

（4）制度因素。政府政策制度是发展循环经济的基础和推动力，政策制度的变化会影响循环经济的发展，本节采用工业污染治理投入作为制度因素的定量指标。

（5）产业经济规模。产业经济发展程度高则表明该产业在当地基础设施完善、市场环境规范，有利于产业循环经济的发展。本节以包装产业总产值占地区工业总产值的比重来衡量包装产业的经济发展规模。

2. 结果分析

以包装产业循环经济效率为因变量，科技水平、资源利用率、能源消耗、制度因素和产业经济规模为自变量，利用 EViews 8.0 得到计算结果，见表 3-6。

表 3-6　　　包装产业循环经济效率影响因素 Tobit 模型回归分析结果

解释变量	回归系数	标准误差	Z 值	P 值
常数	0.671523 ***	0.072459	9.30974	0
科技水平	0.000344 *	0.000972	0.41317	0.62296
资源利用率	0.521236 **	0.214282	2.409105	0.03758
能源消耗	-0.00623 *	0.019676	-0.06779	0.66992
制度因素	0.002102 *	0.003243	0.563329	0.62876
产业经济规模	-0.00012 *	0.001322	-0.08828	0.65406

注：*、**、*** 分别表示系数在 10%、5% 和 1% 的水平上显著。

结果显示：①科技水平与包装产业循环经济效率呈正相关，即科技水平每提高1%，循环经济效率就提高0.000344，并通过10%的显著检验。科技水平的提高，有利于绿色包装的科技发展、节能减排技术的创新，以及包装机械设施设备的自主研发。②资源利用率与包装产业循环经济效率呈显著正相关，回归系数达0.521236，可知资源利用率为最重要的影响因素。循环经济的本质是促使资源能够被高效利用，提高资源多次利用效率，因此需加大包装废弃物的回收力度，加强"三废"处理能力，减少非期望产出。③能源消耗对包装产业循环经济效率的影响为负向。结果表明能源消耗增加则循环经济效率降低，由于包装产业在生产过程中会消耗大量不可再生资源，造成严重的环境破坏，因此需节约能源，加强资源的回收利用，来提高循环经济效率。④制度因素对包装循环经济效率的影响为正向。制度因素每提高1%，循环经济效率就提高0.002102，表明污染治理投资越大，则循环经济效率越高。政府需加大对污染治理的投资，为包装产业发展循环经济提供政策支持与鼓励。⑤产业经济规模与包装产业循环经济效率呈负相关，回归系数为 −0.00012，相关度不高，表明产业经济规模对包装产业循环经济没有确定性影响。按以往研究来看，产业经济规模越高则该产业在当地设施设备应当更完善、市场环境更规范。而回归分析结果显示两者呈负相关，这可能是由于我国包装产业规模盲目扩张造成的，包装产业循环经济效率分析结果也表明了我国包装产业的投入产出结构不平衡。因此，只有合理配置资源，不断完善资源结构，包装产业才能实现规模经济，循环经济效率才能得到提高。

3.3 包装产业循环经济发展的实施对策

3.3.1 合理配置资源，加快包装产业转型升级

从3.2节结合DEA方法对我国包装产业的循环经济进行研究获得的结果可知：循环经济效率受纯技术效率和规模效率的影响，投入产出呈现不平衡，需调节资源循环利用结构。循环经济是以资源的高效和循环使用为核心，要求转变传统的粗放型经营方式，推行实施清洁生产，并将废弃物综合利用融为一

体。由此，包装产业的循环经济发展需合理配置资源，加快包装产业由工业生产模式转型至循环经济生产模式，具体可以做以下工作。

（1）不要一味地追求产量，需要提高技术含量和包装产品的质量，努力达到国家环境标志认证标准和工业发达国家技术标准。

（2）根据市场情况以及科技发展水平，努力研发出对环境友好又可再生的新型包装材料。

（3）制定相关优惠政策扶持主营包装回收加工的企业，提高包装利用率。

（4）包装企业应提高清洁生产技术，加强循环经济理念，减少生产领域和消费领域的废弃物排放。

（5）合理配置企业资源，加强政策导向，使得资源能合理投入到循环经济相关的产业项目。

（6）建立废弃物回收系统，鼓励支持创建重视先进技术和优秀人才的废弃物回收公司，使废弃物被高效、循环利用。

（7）大力倡导企业开发和使用各类无害或少害的清洁工具，开发清洁工艺，通过革新工艺和设备，减少生产产生的废物量和毒性，改善劳动条件。

3.3.2　加强包装产业科技研发，培养高科技人才

从 Malmquist 指数对我国包装产业循环经济效率进行的动态评价结果可知：我国包装产业的 Malmquist 指数的变动主要是受技术进步的影响。我国包装产业需提高生产技术、加强产业科技创新、大力培养包装人才，从而提高包装产业循环经济效率。

科技水平的提高是我国包装产业循环经济发展的基础，实现循环经济模式需要科技的支撑。我国包装产业加强产业科技创新有以下途径。

（1）目前我国包装企业先进的设施设备大多依赖于国外公司的技术支持，因此我国包装企业应加大科研投入，实现包装机械设备的自主研发。

（2）应强制关停并转"三废"治理不达标、资源消耗多和污染环境严重的小企业，对于"三废"处理达标的包装企业应进一步加强对清洁生产的技术改造，争取将对生态环境的负面影响降到最小。我国在 2003 年正式颁布实施《中华人民共和国清洁生产促进法》，清洁生产包含能源、原材料、生产工艺，以及产品等，其中生产工艺最重要。为达到循环经济的目标，所使用的包

装产品应遵循"减量化""资源化"以及"无害化"。为目标的 3 条准则。

（3）循环经济下的包装材料遵循"4R+1D"原则，即：Reduce（减少用量），指绿色包装在满足保护、方便、销售等功能的条件下，应是用量最少的适度包装；Reuse（可重复利用），它是指包装产品能够以初始状态被重复使用；Recycle（再循环使用），指包装废弃物可回收循环使用；Re-Grow（可再生），指包装材料可反复利用；Degradable（可降解性），指包装材料能在自然环境中自行降解，对环境污染较小。

（4）政府有必要提高对包装材料的研发投入力度，和有关企业、事业单位一起，努力研发出环境友好又可再生、天然绿色、可食性和生态包装材料。天然包装材料将有效代替传统塑料包装，对解决包装材料与环境可持续发展的矛盾十分有效。

（5）包装材料产品在生产过程中，需要与自身绿色产品相结合进行绿色包装设计，实现绿色包装的全流程循环和可持续发展。选择绿色包装材料，在整合绿色包装的循环经济建设中实现产品包装的无毒害化、循环化、资源化、无害化设计。

（6）我国包装企业应加强校企合作和员工职业培训，培养以及引入相关专业的经济人才。其中引入循环经济方面的高技术科研人才，将有益于改善包装产品质量、更新包装设施设备和研发出绿色包装材料，使我国包装产业加快实现产业转型升级。

（7）完善我国包装废弃物回收利用体系。一是要建立科学合理的废弃物回收循环利用的网络，在小区聚居地设定废弃物回收站，在大中型企业和废弃物回收处理终端配备特定的回收流程，大力倡导废弃物循环回收以及合理利用；二是对包装废弃物进行分类堆放，统一回收处理，深入小区进行分类回收的宣传，引导居民进行包装废弃物的分类回收用；三是成立专门的企业对包装废弃物进行回收利用，在各居民点处进行垃圾箱的分类摆放，以此来完成垃圾的定期分类回收，对中型以上企业的包装垃圾，在集中装袋的基础上进行预处理，随后将其送至相关再加工企业进行回收处理与再利用；最后是建立包装废弃物回收的信息联动平台，运用物联网技术与再生资源回收体系，首先实现对包装废弃材料的回收、分拣，进而依托包装企业的闭环互联来保证包装废弃材料得到合理循环利用，并对不可循环的材料进行妥善处理。

3.3.3 加强资源回收利用，完善包装产业循环经济法律法规

从 3.2.3 节对我国包装产业循环经济效率影响因素的 Tobit 回归分析结果可知：科技水平、资源利用率和制度因素对包装产业循环经济效率呈正相关影响，其中资源利用率和制度因素的影响更显著，而能源消耗则阻碍包装产业循环经济效率的提高。

包装产业每年消耗大量不可再生资源，随着经济的发展，包装废弃物也以每年 10% 的速率递增，包装产业的循环利用和资源回收亟须引起社会的重视。近几十年来，全球在有利于生态环境保护的包装循环经济方面的法律法规日渐成熟。美国早在 1970 年就修订《资源回收法》，对有害废物进行全程控制。日本有着最完善的循环经济法律体系，包括《循环型社会基本法》《固体废弃物管理和公共清洁法》《促进资源有效利用法》等。德国已是全球资源利用效率最高的国家，1975 年率先提出绿点标记，设计出一套完整的包装废弃物回收系统。由发达国家的经验可知，推动包装产业循环经济发展需要政府的政策支持，并且解决包装废弃物回收的关键是要从源头入手，明确资源保护的责任人以及制定追究浪费行为的法律保障。目前我国制定了《循环经济促进法》，以促进循环经济发展、节约资源和保护环境。但相比国外而言，我国针对包装产业循环经济的法律法规还不够齐全，我国应完善包装循环经济相关法律法规，加强包装废弃物的回收利用。可采取以下措施。

（1）政企合作共建包装废弃物回收循环利用系统，划分生产者和消费者的产品责任，将其标准化、制度化，提高包装废弃物的回收率。

（2）政府应制定合理的激励约束机制，对于包装企业节能改造、科研创新和废物回收等方面给予资金、税收和政策的激励，同时也要对造成二次污染和"三废"处理不达标的包装企业给予压力。

（3）政府还应通过有关政策调节资源与生产之间的关系，在保障社会主义经济发展的前提下，引入金融政策帮助绿色包装企业实现资金合理利用和经济循环发展。打破区域封锁，实现产业融合，促进绿色包装产业在国内各区域协调发展和壮大。

（4）努力研发包装废弃物回收利用新技术，取代传统简单的填埋焚烧废弃物处理技术。具体而言，主要研发包装废弃物的预处理技术，如收集、清洗

等，尤其要突出玻璃的分色技术以及纸与塑料的分类技术。大力研发重复再利用技术，即清洗—消毒—灭菌过程处理技术，从而提高各包装材料的循环使用率，减少对生态环境的污染。

（5）制定相关法规来明确包装生产者的责任。包装产品的生产者需要对产品整个生命周期负责并保证包装材料达到一定的循环使用率。鼓励创建并实行产销联单制度，即基于全额自行回收或委托专门机构回收这一基础，以产销量为依据缴纳相应的回收利用费，同时包装企业销售的产品须属于已向环卫等主管部门申报登记的范围。

本 章 小 结

通过采用 DEA 方法和 Malmquist 指数从静态分析与动态分析两个方面对我国包装产业循环经济效率进行全面评价，研究结果表明：结合 DEA 方法对我国包装产业循环经济效率进行静态评价，总体数据显示我国包装产业循环经济效率受纯技术效率和规模效率的影响，投入产出呈现不平衡，需调节资源投入产出结构；同时结合 Malmquist 指数对我国包装产业循环经济效率进行动态评价，这一研究结果显示我国包装产业的 Malmquist 指数的变动主要受到技术进步的影响；另外采用 Tobit 回归分析进一步分析了影响我国包装产业循环经济效率的具体因素，结果表明无节制的能源消耗会阻碍包装产业循环经济效率的提高，制度因素和资源利用率对提高包装产业循环经济效率有显著影响。结合计算结果，本章对我国包装产业发展循环经济提出以下建议：合理配置企业资源，加快包装产业转型升级；加强包装产业科技研发，培养包装循环经济人才；制定并完善包装循环经济相关法律法规。本章的循环经济效率评价是以省市、自治区的包装产业统计数据为基础，采用 DEA 模型进行循环经济效率评价，是在一个相对决策单元里的绩效评价。由于数据的可得性和模型的局限性，本章的分析结果还不够具体，后续还可加入多元虚拟决策单元对 DEA 模型加以改进，将我国中小型包装企业的数据纳入其中进一步分析，使评价结果更加全面具体。

第 **4** 章

循环经济视角下的中国包装
产业集群协同发展战略

在我国包装产业以产业集群发展模式不断获得成长与壮大的同时，该模式的不足也日益显现，例如资源紧张、环境严重污染等严峻问题的出现。2010年以后，全国各地陆续建立国家级、省级及地方的包装产业园，以期通过集群式发展推动区域包装产业发展，服务于区域相关产业，拉动经济增长。而我国的包装产业集群大多采取传统"资源投入—产品产出—排放废物"的线性经济发展模式，这种发展模式以高资源投入、高环境污染为特征，不符合当前提倡的包装产业绿色化的发展要求，也有悖于"创新、协调、绿色、开放、共享"的发展理念，更在一定程度上限制了集群的可持续发展和地方经济水平的提高。而且包装产业集群内部各企业间如果没有形成很好的协同互动效应，就无法达到共赢的效果，会严重影响包装产业集群的可持续发展。因此，为了促进包装产业又好又快发展，提高资源使用效率的同时降低环境污染，必须转变包装产业集群落后的发展模式，在循环经济理念的指导下，走协同发展道路，提出基于价值链、知识链与物联网的协同发展路径，并从宏观、中观与微观层面上制定详细措施，保证包装产业集群的转型升级与可持续发展。

4.1 中国包装产业集群发展现状

4.1.1 产业集群理论

产业集群理论最早由美国战略管理学家波特提出并详细论述，根据他的说法，产业集群就是在某一领域中大量互相关联的企业以及有关支持机构在地理位置上的集中，以此形成竞争优势。产业集群不仅包含企业及其供应商、金融机构和科研机构等，还包含了专业生产或者销售服务商、技术设施提供商、政府公共服务部门和社会性组织等。正是由于产业集群远远超出了一般产业的范围，能够促进区域内不同产业相互融合，各种各样的机构在这一理论的指导下，由于共同的利益诉求在某一领域开展合作，极大地提高了地区的创新能力，从而形成明显的区域竞争优势。一个区域是否存在某些产业集群，或者产业集群程度如何已经成为一个地区竞争实力的重要考核标准，成为区域经济发展实力的主要指标。产业集群具有共线性或者互补性，体现出高度专业化分工的特征，因而在内部可以形成资源、技术、人才、成本优势，在外部可以形成市场、品牌优势。

产业集群带给一个国家或地区的发展动力不言而喻，现已经成为全球范围内最为常见的经济现象。世界各国的发展经验表明，产业集群已经是一个地区促进经济发展的最有效的战略措施，对提高区域的整体技术水平和竞争实力起着至关重要的作用，是一个国家竞争力的重要体现。20 世纪 90 年代，哈佛大学教授迈克尔·波特在解释一个国家通过发展产业集群提升国际竞争优势时，提出了"钻石模型"，钻石模型主要用于分析一个地区某一产业在国际上具有强竞争力的主要原因。根据波特的理论，一个国家某种产业的竞争力主要由生产、需求、有关产业自身的发展战略和表现以及外部竞争者这四个因素决定，这四个要素形成一个钻石体系。在波特看来，产业集群本质上就是在一个区域内某一核心企业与其有各种商品或服务往来的机构联结所形成的集群，这些机构既有生产设备供应商、生产原材料提供商、零部件与半成品生产商等上游企业，也有分销商、售后服务外包机构等产业链下游机构，还包括专业技术研发机构、管理服务咨询机构，政府和高校、行业协会等。这些机构之间的关系不仅仅是提供产品供给，满足需要的供需关系，在相互的合作中已然形成密不可分的统一体，就像钻石链整体一样，少了任何一个环节，任何一方都无法获得生存，彼此之间形成了一种相互促进、共生共赢的局面。

国家竞争力的基础是这个国家的产业竞争力。纵观世界各国经济发展的情况可以发现，如果一个国家的产业能够实现大规模的集群化发展，那么这个国家的综合实力一般不会太差。比如，美国工业经济起步较早，底特律很早便形成了汽车产业集群，成为世界的"汽车城"；硅谷形成了以微电子的高科技产业集群，成为世界 IT 业的领头羊；拉斯维加斯形成了娱乐与赌博业的产业集群，成为"世界赌城"；除了美国之外，德国、日本等发达国家均大力推进工业集群发展，产业集群也在发达国家工业化进程中扮演了重要的角色。同样，正处于工业化与城镇化发展快速阶段的中国，也应通过产业集群推动经济发展，提升经济发展的竞争力，建设好我国的产业集群，形成有中国特色的产业集群是走工业强国之路的必然选择。目前，中国产业集群发展较好的地区主要集中在广东、浙江、江苏等东部沿海地区，这些地区产业集群主要是以"专业镇"为基本发展形态，在浙江省被称为"块状经济"，比较有名的如义乌小商品市场，永康的五金产品生产与批发市场，丹阳的眼镜产业集群等。

4.1.2　包装产业集群发展可行性分析

包装产业集群发展具有较强的可行性，包装印刷产业生产环节众多，包括印前设计、制版，印刷完成后进行各种后序加工，如上光、烫金、覆膜、磨砂、植绒、过油、压痕、粘盒等过程，印刷技术特点划分就有好多种，如胶印、丝网印、柔印、热转印等。包装印刷技术的可分解性为产业集群进行分工、合作生产奠定了良好的基础。随着生活质量的提高，生活方式的改变，现代人多样化的包装需求为包装产业差异化发展提出了要求，这种多样化需求表现在包装的颜色、款式、造型、材质、品牌等不同方面，为不同企业在不同包装生产服务环节发挥各自优势提供了机会。包装产业集群可以形成龙头企业领导、大中小企业共生共长的局面。大型包装企业依靠雄厚的经济实力，较高的生产效率形成规模优势，抗风险力强，适合做大做强，但是市场环境灵活多变，大企业缺乏适应市场需求多变性的能力，难以及时调整战略。而中小企业具有较高的灵活性，他们可以根据市场需求的变化及时调整经营战略，发现最新的商机，但是受发展规模限制，抗风险能力弱，适合走"小而精"的路线。因此，包装产业集群发展可以实行"大强小精"的经营模式以克服市场环境和需求的多变性带来的不利影响。

当今世界是经济全球化的世界，顺应全球化的发展趋势是必然的选择。我国包装行业的当务之急是打造一个或多个产业集聚平台，充分利用好专业技术人才资源，建设人才、技术高地，在激烈的市场竞争中占据优势。为了进一步加强各个环节的分工协作，将生产的过程细化以达到专业化发展，企业可以对产业链条的上下端实行对接，从而实现整个包装行业的资源整合，打造出一条科学合理的产业发展链条，实现规模化发展并提升企业的品牌影响力，促进包装行业以较快的速度向前发展，企业之间能够在共享资源、服务、信息、政策和品牌的同时，使企业成本达到最低，经济效益和社会效益最大化。避免重复建设和资源不合理利用带来的浪费，将企业、政府、行业与人民所形成的共享产业集群的效应真正地体现出来，增加我国社会的就业机会，进一步提高广大人民的福利待遇，推动我国包装工作者包装梦的实现。

4.1.3　我国包装产业集群发展现状

我国的包装产业发展起步较晚，改革开放以后，我国经济开始快速发展，居民的收入增加，消费能力与消费需求不断提升，促进了商品经济的发展，市场上可供选择的商品种类日益丰富，对包装制品的各色需求也不断增多。时至今日，我国包装产业发展已经取得十分喜人的成绩，成为仅次于美国的世界第二包装大国，但是还不能称为包装强国，因此产业转型升级与技术创新成为我国今后包装产业的主要任务，建设包装产业集群，产业集群发展取得的成效十分明显。"十二五"期间，我国包装产业集群取得了跨越式发展，各地包装产业园区不断涌现。目前，应该充分总结我国包装产业园区建设的经验，找出园区建设中存在的问题，对症下药，推动包装产业健康可持续发展。

包装产业的发展在我国得到了充分的重视，各个地区纷纷结合本区域的发展需要与产业优势规划包装产业园区，促进包装产业与区域内其他产业实现产业互补，实现协作与同步发展。集群发展是包装产业走市场化、规范化、可持续化的积极实践，是包装市场机制运行的结果，对于包装产业来说是一个有益的发展趋势。"十二五"期间，包装产业园区的建设被纳入国家整体发展战略规划中，在资金、土地等方面都得到了有力的政策支持。我国最早的印刷包装园区是在 2010 年时已经开始建设的上海金山包装产业园，作为包装产业发展模式的最初探索，开了我国包装产业园区建设的第一枪，此后，各地国家包装产业园不断涌现。2011 年挂牌的西安国家印刷包装产业基地按照"功能互补，集群发展"原则，成为我国西部地区包装行业的先导区；2012 年，安徽阜阳循环经济产业园区启动印刷包装产业园项目，推动包装产业集群与循环经济同步发展；东莞包装印刷产业园也在 2012 年提出联合高校科研机构，全面创新包装产业集群，推动循环经济产业链模式的绿色发展；2013 年湖北华中国家级包装产业园建立；沈阳新型包装产业基地运用循环经济理念打造上下游企业相互促进的包装产业链，获得 2014 年度"最具创新模式产业园区"大奖；此外，天津、抚顺、廊坊、赣州等多地均成立国家级的包装产业园区，包装产业园的纷纷建立，是深化包装产业发展改革的重要举措，驱动包装产业规模化、集约化发展。

随着国家级包装产业园在全国各地纷纷建立的同时，各省级市级的包装产业园也不断涌现。江西省是最早开始建立包装产业园的省份，在不断探索的过程中，能够很好地发挥地域优势，并与地方产业结合发展。截至 2014 年，江西共有印刷包装产业园区 6 个，包括赣州、上饶、抚州、上高、萍乡等地，均建有包装产业基地。这种"政府搭台，企业唱戏"的模式成为包装产业一种新型的市场运行模式，充分发挥地方的政策优势、资源优势、区位优势。经过这几年的发展，一些产业园区在规模上获得了初步发展，在现有的发展水平下，发挥其先导作用，带动一批批企业的萌芽与成长，从而推动当地整个包装产业的进步，达到良好的规模效益，而且还在不断地完善之中。包装产业园区的建设能够根据地方经济特色，有针对性地打造特色产业园区，如江西萍乡茶叶包装产业园。如今，萍乡已经成为全国闻名的茶叶包装基地，吸引了多个地方的茶叶客商的关注，整个萍乡的印刷份额已经占到全国茶叶包装份额的60% ~70%。

包装产业园区的规划是经过政府市场调研与论证后为服务地方产业经济发展而作出的决策，体现地方经济特色。赣州包装产业园的发展，得到了国家新闻出版广电总局（原国家新闻出版总署）和赣州市政府的强力支持，得到了很多的利好政策，通过招商引资的政策扶持，有力地促进了包装产业的发展。广东东莞的桥头镇，作为"中国环保包装名镇"，是中国包装产业集群发展的典型代表地区，桥头镇经过多年的打造，环保包装产业具备一定的规模，成为了当地经济发展的支柱型产业。环保产业产值占桥头镇总产值的比重已经达到 1/3 以上，成为地方主导产业。包装产业集群效应的发挥，有效地带动了经济的崛起。为了进一步发展包装产业，桥头镇制定了《东莞市桥头镇环保包装产业发展规划（2015—2020）》，并建设环保包装产业协同创新中心，推动包装产业绿色化发展、产业结构优化升级。上述这些区域作为我国包装产业发展具有代表性的区域，能够反映出当前我国包装产业的发展在朝着集群同步协作发展的方向不断前进，未来将有力地推动我国从包装大国向包装强国的转变。

4.1.4　中国包装产业集群发展存在的问题

1. 产业集群"形聚而神散"

我国包装产业集群经过近十年的发展，包装产业园区建设也在多地得到了有效的实践，这些大大小小的包装产业园在推动包装行业发展中的作用越来越突出，为进一步转变经济发展方式奠定了良好基础。在肯定取得的成绩的同时，我们不能忽视发展中存在的问题。我国包装产业技术相较于发达国家仍有较大的差距，我国包装产品的主要销售市场还在国内，对国内市场依赖程度较大，这也反映出我国包装产业结构不合理，高端供给不足的问题，主要是中低端的产品供给，产品无法出口，使得国内同质化产品竞争激烈，产业集群尚未形成分工合理、结构完整的包装产业链。产业集群内部如果缺乏有效的信息共享机制和关联机制，那么就很难形成竞争有力的产业集群，企业间分工化程度低，难以协调发展，出现企业低端产品重复建设和高端产品难以满足市场需求的尴尬局面，结果产业群内的企业只是简单在区位上的集中，无法向市场提供高质量、高技术含量的产品，也没有形成绿色生产体系，难以发挥协同效应。

2. 产业结构和增长方式不合理

我国包装产业研发投入过低，导致包装制品国际竞争力严重不足，包装产品出口处在国家分工和价值链的底端。科研投入不足导致包装产业市场满足能力差，在包装材料、包装机械、新型环保材料等领域，技术含量低的产品多，高技术、高附加值的产品少；产品加工主要停留在初级阶段，精加工的产品少；虽然包装产品总的产量很大，但是产品质量远不能满足消费者的需要；一些高端包装制品的材料及一些紧密包装仪器、大型的成套包装机械设备还严重依赖于进口。当然，这与我国包装企业整体规模小、没有雄厚的资金开展研发工作和原始创新不足等现状有很大的关系，因此，包装产业的发展重点在于开发最前沿的包装技术，比如，当下比较热门的可持续水性阻隔材料、轻质保温、微型图案材料增强技术等，需要构建政产学研一体化的技术创新体系，建立产业技术创新联盟，瞄准包装产业发展的共性关键技术与设备，专注研发，提升产业技术创新能力。

3. 包装产业集群内缺乏技术创新的动力

产业集群内的企业间位置相邻近，关系网络密切，企业间各种经济与非经济往来频繁，人员、材料、设备、资金、技术的交流，更有利于产业集群获得协同与溢出效应，这种溢出效应能够在很大程度上提升产业集群的竞争力，成为产业集群创新发展的根本动力。包装产业集群发展到一定程度，便成为行业信息发布的平台，有利于促进信息共享，使集群内部包装企业不仅可以及时掌握行业发展新动态和市场行情，如新的包装理念、政府颁布新的行业发展规划、工艺流程改造等。但是，产业集群促进知识传播的特点也会带来较大的负面影响，不少企业趁机投机取巧，怠于进行技术研发，不主动掌握自主知识产权，想坐享创新外部溢出的好处，这在一定程度上，影响了其他企业的技术创新热情，进而拖慢了整个产业群体技术能力的创新进程，阻碍了产业技术的发展与升级。产业集群内的企业是一个共生体，彼此相互促进的同时，适当的竞争才能够保持集群活力，推动企业投身技术研发。但是，如果整个产业或者产业集群内的产品主要是低端的恶性竞争，那么企业自身盈利已经很困难，不会再有多余的资金投入到产品技术研发当中。此外，"搭便车"的想法使得企业滋生创新惰性，想通过模仿复制其他企业的产品获得生存，这样又加重了集群内部产品同质化的问题；如此一来，集群内的企业创新能力不断下降，难以适应市场环境不断变化的需求，集群出现萎缩。当集群内个别企业产品技术研发实力雄厚，技术创新成果显著时，其他企业会竞相模仿，使得原本技术优势企业的竞争优势慢慢消失，技术优势企业原始研发投入便很难回收，"带头者"的积极性将会受到严重的挫伤，久而久之，企业失去了技术研发的动力与支持，产业集群会逐渐失去创新活力；而且，当市场出现饱和的情况下，企业之间通过降低价争取市场份额，出现恶性竞争的局面，这对整个产业的发展十分不利。

4. 品牌建设薄弱

品牌作为一个企业的无形资产对企业的发展至关重要，是企业形象和信誉的表现形式，对扩大产品市场占有率十分有利。但是，我国企业对于品牌建设还不是十分重视，我国包装企业总体的品牌竞争力不强，主要是为其他品牌代工或者无品牌。以包装机械行业为例，我国的包装机械行业起步晚，缺少高精度和大型化产品，自主创新能力薄弱，国际竞争力不强，缺少龙头企业，生产规模大、产品档次高的企业不多，与国际先进水平相比，差距仍然十分明显。目前，整个包装机械行业已经进入了产品结构调整和创新发展时期，但是我国很多包装企业的发展水平还较低，滞留在对发达先进国家的效仿阶段，科研投入的力度不够，但是，我国很多包装企业的发展水平还较低，滞留在对发达先进国家的效仿阶段，科研投入的力度不够，自身的开发能力也很低。因此，低端的包装机械产业集群更多的是为各国提供低价低质的产品，无法形成自己有竞争力的品牌，处于产业链的低端，利润空间有限。而目前包装机械向着智能化、自动化的方向发展，并将成为未来的主流，这对我国包装企业来说，既是机遇又是挑战；我国的包装产业应该尽快通过科技创新、自主研发提升产品竞争实力，在新一轮技术升级的背景下，自主创新、掌握自己的核心竞争力才是关键。要从包装大国向包装强国转变，必须推动包装产业向高端生产转变，在自动化、智能化方面积极探索，打造自主品牌，向行业的超一流水平迸发。

总而言之，我国包装产业仍然处于"微笑曲线"的底端位置，以生产提供中低端产品为主，无法以质取胜，缺少竞争力。虽然产品能够出口，但是很少拥有自己有影响力的品牌，难以适应国际市场上对产品科技化、个性化、高质量的要求，在品牌建设与经营管理上也与发达国家存在较大的差距。战略规划缺乏长远眼光，对短期利益的追求导致很多企业不注重对技术研发的投入，仅仅依靠模仿、复制先进的产品，依靠大量的低端产品供给，获得有限的利润，使得我国包装产业长期处于低水平扩张的境地。因此，通过自主创新，掌握自己的核心竞争力，在能够生产高质量的产品的前提下，打造自己的品牌是当前我国包装企业应该做的主要工作。我国包装产业想要提升国际竞争力，必须高度重视技术创新。重视品牌建设，迅速从低价低质模式转向高层次的质量和品牌竞争。技术与品牌建设已经成为我国包装产业增强国际竞争力的一条必经之路。

4.2 包装产业集群协同发展战略理论分析

4.2.1 协同发展理论

1. 协同理论的含义

协同理论作为一门新兴学科，是系统科学的重要分支理论，是由德国著名物理学教授哈肯在 20 世纪 70 年代提出来的。协同理论主要研究开放系统如何通过系统内部的协同作用来应对外部环境变化，达到自身的有序发展。协同理论以系统论、信息论、控制论等多种现代理论为基础，核心内容是自组织功能，将统计学与动力学相结合，描述系统从无序到有序的转变规律。一般当某个系统的外部环境发生改变时，系统内部各组织为了保持稳定，会自发地形成一个有序的结构来应对外界的变化。系统自组织就是将系统内部的各要素组成部分有序整合起来，改变无序状态，重新形成功能。协同理论在研究旧结构向新结构转变的规律上，探究不同系统中所具有的相似性，强调辩证统一。实现协同需要系统各个组成部分为了相同的目标而努力，要有高度的协调性和整合性。协同作用产生协同效应，在外界作用力得到某一临界值时，系统内部通过自组织按照某种规则形成一定的结构，从无序变为有序，发生协同效应。因此，对包装产业集群来说，当外部的环境发生变化时，集群内的企业与其相关组织会自适应调整，组成一个能够应对外部环境的结构，保持竞争力。协同理论研究个体与组织之间的协调规律与机制，成为研究产业集群重要的理论基础。

2. 协同发展的结构与内容

产业集群实现协同发展，根据参与主体的不同可划分为不同层次的协同。首先，产业集群内部的异质性企业或者其他微观组织需要实现协同，构成微观主体的协同发展；其次，产业与产业之间需要协同，构成中观协同发展；最后，产业集群与集群外部环境和区域其他组织实现协同，构成宏观主体的协同发展。可见，包装产业集群协同发展也需要在微观、中观和宏观三个层次上实现协同，主要在生产要素、产业结构、空间布局和制度环境这四个方面实现协同。

（1）生产要素的协同。从企业生产管理的角度来看，企业投入到生产领域中的资源主要包括资本、技术、人力、管理等，我国土地资源属于国有，不考虑这一特殊要素。但是对于一个区域的产业集群来说，如果土地供给充足，将有利于集群规模的扩大与集群内基础设施的改善。在讨论协同发展时，生产要素的协同是基础，总体上，生产要素的协同包括资本、人才、技术和产品方面的协同。

①资本协同。包装产业涵盖多个行业和领域，包装机械属于高端装备制造业，包装材料等属于战略性新兴产业，对技术要求高，高风险和高附加值并存，前期的技术研发需要大量的资本要素投入，包装产业的技术创新必须有坚实的金融体系作为支撑，不仅需要有配套的金融机构，还需要有一个服务完善的融资平台。因此，产业集群作为一个平台，可以为集群内的包装企业提供融资支撑，比如发展供应链金融，或者由政府资助。集群内的企业共同出资成立集群发展基金，为集群内的企业提供融资服务。集群内产业层次与结构的完整能够为集群融资提供一个很好的基础，完善的产业链有利于吸引金融机构的参与，产业链上的企业紧密联系，形成一个共生体，能够有效降低个别企业的经营风险，降低金融机构的放贷风险。资本支持为集群企业技术创新提供重要的资金基础，有利于提高产品的竞争力与附加值，增强集群竞争力。因此，资本的协同是包装产业集群协同发展的基础。

②人才协同。包装产业作为高技术产业对创新型人才有着强烈的需求，现阶段我国的包装人才还比较稀缺，先进环保包装材料、精密包装机械、包装印刷等领域的人才供不应求。一个完整的产业集群不仅包括产业内的相关企业，也需要配套服务机构，如融资机构、研发机构和人才公共服务机构等，集群可以作为一个信息服务平台，将集群内企业、高等学校和科研机构的人才供需信息对接起来，针对区内企业的需求不断调整完善服务，促进集群的发展。因此，人才的协同也是包装产业集群发展的一个重要基础条件。

③技术协同。产业集群对集群内的企业最大的益处便是技术溢出效应，我国的包装企业多是规模较小的企业，初期的发展受资金、人才等多种因素的限制，很难进行技术创新，因此更多的是通过技术模仿或者技术购买的方式支撑

企业发展。因此，产业集群中的技术外溢对内部企业创新的作用至关重要，集群形成的创新网络具有扩散效应，集群内企业受扩散效应的惠及，解决其产品生产中的技术问题。集群内的科研机构、合作商、竞争者等可称为技术创新的溢出源，集群内的企业通过吸收与转化，在促进自身技术能力提升的同时也推动整个集群的技术创新融合与进步。可见，技术协同是集群保持创新活力与竞争力的关键。

④产品协同。包装产业集群主要围绕包装产品的生产与服务而形成的众多相关企业的集合，企业的生产与服务能力对集群的发展至关重要。产业集群内的企业处于产业链条的不同位置上，因此，这里的产品不单单指包装产成品，还包括半成品、技术转让、信息服务、技术研发服务、管理资源服务等多种形式。产品生产的初始阶段是产品设计与技术开发，这些环节必须要在有生产能力的基础上适应集群内企业的需求才有利于技术创新成果转化为生产力，只有技术能够得到及时有效的转化，研究结构才能保持持续的创新激情，也有利于整个产业技术更新、企业获得高附加值和集群保持生存活力。因此，产品协同是包装产业集群发展的着力点。

（2）产业结构的协同。包装产业与相关产业的同步协作发展是包装产业集群协同发展的重要内容，可以分为包装产业与相关产业之间的横向协同与包装产业链上的纵向协同。横向协同主要是指包装产业与中介机构、服务机构等机构之间相互适应与配合的协同关系，包装产业集群的发展需要良好的基础设施建设、需要众多服务机构提供高效的服务，如集群内的互联网信息服务企业可以为包装企业搭建网络平台，以应对"互联网＋"驱使下，网络印刷的兴起；集群内金融机构的多类型化可以为集群内的企业提供多渠道、多元化的融资服务；科研机构与高校研究所的参与，可以为集群内的企业提供人才支持与技术支持；管理咨询公司的入驻可以为集群内的企业提供管理咨询服务，帮助企业制定合理的发展战略规划。可见，包装产业集群内的服务机构多元化能够提供完善的服务，对促进集群发展十分有利。包装产业的协同主要是指包装产业与上下游产业之间的协同，包装产业作为基础性产业是对其他产业的价值链延伸，拓展了产业的附加值。所以，包装产业作为其他产业的下游产业，能够有效地提高上游产业产品的附加值，还能够带动下游产业的发展，有效地促进了包装产业链的延伸与优化。

综上所述，包装产业集群的横向与纵向协同在促进集群企业技术创新、拓展产品价值链与降低集群内的交易成本和生产成本方面有重要的作用，能够促进不同产业之间的合作与交流，有利于包装产业集群保持生命力与活力。

（3）空间布局的协同。促进包装产业集群的发展需要对集群空间布局进行合理的规划。作为技术主导型的包装产业需要与其他产业的密切配合才能实现协同发展。合理的分布格局对区域包装产业集群的发展具有重要的意义，比如江西萍乡的茶叶包装产业集群，由于萍乡也是我国比较重要的茶叶产地，为产业包装产业集群的形成提供了良好的产业基础。因此，空间布局的协同最重要的就是包装产业能够与区域内的其他产业实现有机的结合，实现供需配合，区域产业实现协同。当然，包装产业集群的协同发展还需要实现分工的协同，技术、资本人力等资源的集聚是包装产业集群发展的基础，基础资源的集聚能够有效降低产业的搜寻成本，促进集群内企业加快技术创新的脚步。要素集聚与产业集群发展是相互促进的作用机制，产业集群发展态势良好，规模效应明显也会吸引大量的投资与技术人才的涌入，因此包装产业集群的发展，还是要根据区域资源禀赋的不同和对技术人才吸引能力的大小来合理地布局。

（4）制度环境的协同。包装产业集群的发展需要与集群外部环境协调一致，需要根据外部市场环境及时调整发展策略，是一个行为主体与外部影响因素不断适应的动态系统。一个产业集群的形成受到区域内的制度环境的影响，制度环境包括产业政策、区域经济发展政策、社会文化、开放程度等多种因素。一个开放包容的制度环境能够有效地促进包装产业集群的发展，一方面，开放包容的环境给予企业一个自由竞争的市场环境，能为企业提供有力的法律保障，解决企业发展许多隐形的后顾之忧，能够刺激企业专注于自身发展，提高技术创新能力；另一方面，开放的环境有利于促进包装产业集群技术和知识的溢出，推动技术创新的扩散，企业技术创新能力的提升缩短了产品革新的周期，提高产业集群的整体竞争力。开放的区域制度环境能够降低企业的交易成本和合作成本，提高资源在区域内的集聚，推动整个包装产业集群的发展升级。

3. 协同发展的动力机制

机制原是指机器的构造与工作原理，现在广泛被用于社会科学中，可以理解为在一个组织各部分存在的前提下，协调各部分相互关系以更好地发挥作用的运作方式。针对包装产业集群来说，实现协同发展要在企业、产业、制度三个层面出发，即能够在微观、中观和宏观层面上形成相互适应、相互调整的协作机制。包装产业集群的协同过程以自主创新为主线，可总结为"创新、扩散、选择"的动力机制。

（1）创新机制。包装产业集群可持续发展需要保持持续的活力，需要创新机制提供动力。技术创新机制本质上是技术可能性与社会发展需要相互调整适应的过程，在生产与消费过程中将新知识、新技能扩散，并将信息反馈到技术创新中，其中也涵盖各种要素资源的相互调节与互动。在包装产业集群成立的初期阶段，集群内的基础设施与配套的各项服务项目还不够健全，面临的市场风险与不确定性较大，此时的技术创新活动更多的是企业自身的试探性。随着集群的发展，规模的扩大，集群内企业的增多，各种服务机构参与进来，协同发展得以深化，企业之间的合作得以强化，个别企业的创新技术在没有被模仿复制之前可以帮助其获得可观的利润，因此，企业技术创新的积极性更高，能够逐步发展进入行业的前列。但是，当个别企业发展较好，技术成熟时，就会成为其他技术创新实力不足的企业的模仿对象，处于领导地位的企业如果受到技术模仿的影响，可能出现抵制技术创新的情况，如果这种现象持续下去，包装产业集群将进入发展的瓶颈期，市场上的包装产品同质化严重，严重阻碍包装产业的发展，包装产业集群的技术创新也将停滞，由此带来的产业危机十分严重。可见，创新机制对与包装产业集群的重要性不言而喻。

（2）扩散机制。包装产业集群协同发展中的扩散机制是指创新技术在集群内的各企业间流动、复制与使用的过程，也就是"技术溢出效应"。扩散的过程就是包装产业相关的知识与技术在集群内的企业之间、企业与服务机构之间的传播，是技术认知、接受与使用的过程。集群技术扩散机制的运行是否有效主要取决于扩散效果和企业吸收能力。一方面集群的开放程度对技术扩散有着重要的影响，如果集群的开放程度较高，新知识与新技术容易在各个企业之间流动转化，集群的创新活力得到提升，技术在复制、转化与革新中得到进步，大大缩短了集群的技术创新周期，提高集群的竞争力；另一方面，知识与技术在各个企业间的流动与整合，提高了企业的创新绩效，产品具有竞争力能够为企业带来更多的利润，提高企业经营绩效，整体上增强了整个包装产业集群的发展实力，有利于集群的可持续发展。

（3）选择机制。包装产业集群协同发展选择机制的出现主要是在集群发展较为成熟之后，集群发展到一定阶段，势必会出现优胜劣汰的过程，用一定的标准来提高集群的进入门槛，集群的发展更倾向接纳技术创新实力高的企业加入，以带动集群整体创新实力的进步，同时也必然要淘汰掉一批技术落后、适应性差的企业组织。集群通过创新机制与扩散机制强化了企业之间的知识技术交流，在整体上提高了集群的创新能力与发展实力。选择机制的出现是为了保证创新机制与扩散机制能够有效地运行。通过对产品、技术、人才等要素资源进行选择，选择机制的标准与主题可以多种多这样，如果是市场选择机制，更多地可能是看重盈利指标，盈利能力强的企业将会保留；如果是制度选择机制，则可能从产业规划、环境保护等方面选择保留企业。

（4）协同理论对包装产业集群协同发展的启示。对于包装产业集群而言，协同发展与竞争机制相辅相成，包装产业协同发展的前提是竞争。竞争是推动包装产业集群发展最直接的动力，当然竞争要适度，否则会造成资源浪费，集群无法形成合力，区域整体经济发展受到不利影响。协同发展追求的就是将无序的状态改变为有序的协调与合作，分散的要素资源通过有效的整合能够形成整体的凝聚力，提升产业集群的整体发展效益。

协同发展强调系统的开放性，区域的开放包括集群内企业之间，包装产业与相关产业之间，集群与区域之间的信息、技术、资源、人才的自由流动与交换，这样错配的资源能够最有效地配置与整合，资源不会浪费，集群能够形成最优的结构，集群的功能才能够得到最有效的发挥。因此，包装产业集群协同发展的过程需要建立集群内的控制组织，实现控制组织与其他组织的相互合作，达到调节效果，可以通过产业政策、环境保护制度、区域经济发展规划等参量来调节集群内各个参与组织，保证包装产业集群的发展得以协调有序。

4.2.2 包装产业集群协同发展战略的可行性与必要性

1. 包装产业集群协同发展战略的可行性

（1）相似的基础资源需求。包装产业的发展模式随着互联网的渗透已经发生明显的改变，网络技术已应用到整个包装产业链的各个环节，互联网促进了制造业与服务业的快速融合，也成为包装产业发展新势态。技术与知识资源是包装产业发展的基础性资源，对包装产业的决定性作用不言而喻。即使不同产业对技术与知识的需求存在较大的差别，但是它们之间必然存在共性的部分，高校、科研院所、管理咨询公司等这些中介服务机构为不同产业企业或者同产业内的不同企业提供服务，成为促进不同产业企业知识与技术合作交流的连接纽带，对包装产业来说也是如此。对共性基础知识与技术的交流合作必然促进包装产业集群形成一个知识交流网络，集群内的企业通过知识传递网络实现知识与技术的扩散，带来的技术溢出效应能够有效地促进包装产业集群的发展。包装产业集群内的企业主要围绕包装产业集聚，所以对技术、人才的需求基本相同，同样的资源需求就为企业之间的资源合作提供了基础，当然也会带来资源竞争问题，通过合作与竞争能够推动包装产业集群形成高效而稳固的发展结构，也就能够实现包装产业的协同发展。

（2）相似的发展特征。包装产业作为技术密集型产业，在技术创新过程中面临较大的风险与挑战，发展过程中也会面临许多的问题，解决这些问题不能依靠一两家企业，必须从集群的角度来处理这些发展中不可避免的问题。集群作为多家包装产业集聚的平台，是企业抵抗风险的坚实力量，企业联合，共同分担技术创新风险将是突破技术创新障碍的有效办法。任何企业都是从小企业逐步发展起来的，对于刚进入包装产业的企业来说，必须具备承担风险压力的能力，要求它们拥有较强的冒险精神与创新能力，这是高技术风险的包装产业企业的文化特征，当众多企业能够达到要求时，整个包装产业集群便具备了很强的创新能力与竞争能力。

2. 包装产业集群协同发展战略的必要性

产业集群是市场经济的产物，集群内企业主要以经济利益为目的，难以自发形成生态化发展模式。传统的集群发展经常会盲目求大，给环境带来巨大压力。包装产业集群内主要是围绕包装产业链上下游的企业集聚，生产者数量众多，而生产废弃物的分解者却很少，集群内的生态系统稳定性较差。而且，如果包装产业集群没有发展循环经济，资源利用率太低，很难维持产业持续发展。传统包装产业集群发展模式在短期内可能会因为区域经济的发展而带来可观的物资利益，但是，以过度消耗资源能源为代价的经济增长具有明显的不可持续性。因而，站在长远的角度考虑，包装产业集群很有必要改变传统的线性经济发展模式，发展循环经济，向着生态化演进。

（1）包装产业集约发展的需要。在初期，我国包装产业采取的是一种传统的粗放型经济发展模式，它属于初级的经济发展模式。由于生产方式的粗放性，在整个过程中没有坚持节约的原则，造成了资源能源的大量浪费，并且排放了很多污水，有毒气体等废弃物，造成经济高速发展的代价巨大，长此以往必然导致资源能源枯竭、环境污染、生态遭到破坏。循环经济以"3R"即减量化、再使用、再循环为原则，克服了传统线性经济发展模式的"两高一低"（"高投入""高污染""低产出"）的弊端，是一种集约化的发展。包装产业需要采取集约型的经济发展模式，保证包装经济发展与生态环境保护兼得。

（2）包装产业循环发展的需要。传统的经济运行模式是"原材料—产品—废物"的单向物质流，资源在完成产品生产后就作为废弃物退出了生产领域，过程中必然导致资源的浪费，违背环境保护的原则。循环型经济运行模式是"原材料—产品—废料—再生资源"的闭路反馈式循环过程。由于存在循环过程，投入生产活动中的资源可以得到最大限度的开发使用，减少浪费和污染。包装产业集群应该实现循环发展，通过合理投入原料与充分利用生产过程中的废弃物实现包装产业发展的低消耗、低污染、高产出的目的，使包装产业朝着生态健康可持续方向发展。

（3）包装产业清洁生产的需要。包装产业生态化发展需要实现清洁生产。大多企业在进行生产活动时将经济利益作为首要目标，在对生产成本控制时往往忽略了环境成本。所谓环境成本，就是企业在生产过程中的经济活动排放出来的废弃物对自然环境造成的污染破坏，这一成本在企业追求效益最大化的时候常常被忽视。由于个别企业不负责任的排污行为而使人类共有的生态环境遭受到破坏，意味着企业生产的环境成本被社会整体承担了，这是不公平的。因此，必须建立健全环境污染责任承担制度，将企业生产的环境成本明确化，让进行经济活动的企业为其排污行为付出相应的代价，给予外部约束，迫使其进行清洁生产。包装产业清洁生产模式就是要通过产业链上各个企业相互配合，再生资源的重复、循环利用，将排入自然环境中的废弃物减少到最低程度。

（4）包装产业可持续发展需要。党的十八大以来，生态文明建设被提到新的高度，环境保护理念和战略发生质的变化，环境治理力度明显加强，经济绿色转型得到强化。各级政府为了促进地方经济转型升级，减少资源能源的消耗和降低环境污染，在经济发展过程中可能会淘汰那些高能耗和对环境污染严重的企业，大力发展高新技术产业，追求经济绿色转型。包装产业走可持续发展道路必须向生态化方向发展，加强对高新技术和尖端科技的引入，打造一条以生态化为核心的工业链，实现资源物质的多级利用，将废弃物进行有效转换，变废为宝，二次再生，营造出有利于包装产业生态化发展的生产氛围。这样一来，不仅可以实现产业结构的优化升级，推动这一行业的生态化发展的同时，也使得整个区域朝着这一方向迈进。

4.3 包装产业集群协同发展战略的路径选择

包装产业集群提升发展实力与竞争力必须要有很强的凝聚力，形成一个企业之间能够相互依存与链接的综合体，这就需要一定的纽带作为链接的媒介。媒介的选择必须是包装产业发展共同需要的，本身具有可以流动与共享的特性。借助互联网技术的发展，技术、知识的流转和共享能够轻而易举地在不同产业与不同企业之间实现，物联网的兴起也将密切产业集群内企业与机构的联系，因此，本书提出了以价值链、知识链与物联网为纽带的包装产业集聚协同发展路径。

4.3.1 以价值链为媒介的发展路径

价值链最早由美国的学者迈克尔·波特提出，他最先提出的价值链主要是对于垂直一体化的公司而言的，主要研究企业的竞争优势，随后又将价值链的研究视角扩大到不同的企业之间。21世纪之后，格里芬提出了全球价值链的概念，研究全球的产业动态性。本质上而言，产业链与价值链所要表现的内容具有相似性，主要是揭示要素之间的相互联系，价值链是用于说明产业链中的商品或者服务的增值过程。对于企业来说，价值链可以用来分析企业的核心竞争力，企业所掌握的关键资源如何能够为企业创造更多的价值。包装产业价值链是将价值链理论从包装企业层面延伸到包装产业层面，在整个包装产业链上分析如何分配资源与要素以提高价值含量，所以，价值链并没有超出产业链的范畴，本质上仍然属于产业链的研究内容。从宏观层面上来说，产业的价值链所要研究的价值创造过程是价值链的属性，是一个产业发展及其竞争力的核心内容。波特初始提出价值链的理论主要集中于分析企业，一个企业存在的目的是为了创造更多的价值，而企业提供商品或服务的过程包含了各项经济活动，每一项活动为企业创造的价值都不相同，对企业的贡献也有所差异，这对企业的管理者便提出了要求，即准确找出企业整个生产流程中能够创造最大效益的环节，进行重点管理，这是波特价值链理论最初的思想，也为产业价值链分析提供了较强的启发意义。可以说，将研究企业的理论方法推广到产业层面上，企业的生产经营活动所要把控的重点就是最具价值创造的部分，产业链上的产业经济活动就是要找出产业链上的价值创造环节，明确各个环节对产业链价值创造的影响力。并注重对价值贡献最大环节的重点培养，将作用十分明显的环节作为"主导产业"或者"龙头产业"进行打造。主导产业主要是指在一个区域中，能够对区域经济的发展起主导作用的产业。一个产业若想成为区域主导产业，在量与质方面具有较高的要求。在量的方面，该产业应该是在区域国民生产总值中占绝大比重或者有此发展趋势的产业，能够有力地拉动地方经济的发展；在质的方面，能够成为国民经济的重要产业部门，对经济发展的质量起到重要性的影响，其发展质量的好坏能够带动其他若干行业部门的发展变动，技术进步能够带动较多相关行业产品技术效率的提高的，这样的行业能够引起经济高涨，成为主导产业。龙头产业是指这个产业的发展能够对其他产业造成很深的影响，起着一定的号召与示范作用，能够对一个地区的产业作出重要的贡献，可以是单独的一个企业，也可以是一个企业联合体。一般情况下，对于区域的龙头企业，政府会在土地审批、税收征管、产品出口、人才引进等方面给予重点扶持。对于产业价值链的分析，不同学者研究的重点各有侧重，彼得·海恩斯则将产品满足顾客的需求作为分析价值实现的最终目标，他认为应该将原材料与顾客的需求应用于价值链之中，认为不同产业的价值链有不同创造价值的方式。

企业日常经济活动中，价值链包含在各个环节，产业链上的上下游企业之间存在产业价值链，企业各个业务部门之间存在着价值链的连接关系，一个企业的价值链上的增值效应越明显，可以为企业创造的价值也就越多，价值增值环节越多，为企业创造利润也就越多，因此，企业的经营重点就在于尽可能地发现与培育更多的增值点，增减获利能力。对于包装产业集群而言，价值链不仅在集群企业的内部，更为重要的在于通过集群可以将企业与企业之间连接成链条与网络，横向链条上包装产业与相关产业形成密切的战略合作，纵向的便是产业价值链。横向与纵向的相互交错织就了产业集群的价值网，价值网中各项交错的链条成为价值流转的路径，每个交错点都可能为企业带来增值的可能。随着包装产业集群规模的扩大、企业与各种机构的加入，价值网也得到不断的延伸，为包装产业集群创造了源源不断的利润来源，此时，对集群外部的企业的吸引力也大大增加，促进了包装产业集群实现更大范围内的协同发展。因此，价值链的形成为包装产业集群提供了可持续发展的路径，成为包装产业集群持续发展的动力来源。在包装产业集群内，不同位置的企业所扮演的角色不同，在价值网中不同的节点上互为输入与输出，同时扮演着供应商、制造商、消费者、合作商等角色，每一种角色都会为自身、为集群创造价值。集群内的企业对利润的追求是集群协同发展的条件之一，集群内企业扮演好各自的角色，相互传输发展需要的资源要素，可见，以价值链为媒介的发展路径是包装产业集群发展高效稳固的途径。

4.3.2 以知识链为媒介的发展路径

知识创新是一个复杂的系统工程，包含众多的环节，知识的获取、吸收、创新等活动都属于知识创新的不同阶段。这些阶段并不是单一线性的运作模式，而是一个链式的循环往复的模式，中间需要不断的反馈与纠正，每个阶段都需要其他阶段的配合，将创新知识传播与应用。"知识链"的概念最早也是由迈克尔·波特提出来的，主要是指企业的经营管理围绕知识为中心，知识的投入—转化—创新的循环过程形成一条知识链，在这条知识链上，知识通过不断的运动得到传播，并且创造的利润递增。通过知识链来对企业的知识进行管理，实现企业价值的增加。知识链理论的出现为企业规划资源提供了操作理论指导，解决了企业对知识理论无法精准把握的问题，使对知识的管理具有较强的可操作性。对于产业集群来说，集群内企业密切的商业往来所形成的知识网能够为企业间技术知识信息的交流提供基础，降低信息传递的成本，节约时间。而集群内的企业为了降低技术创新的风险，更倾向于技术联合开发，所以知识的共享成为必要的阶段，企业之间的相互学习也推动了隐性知识在集群内的传播，进而推动知识技术的创新。企业的技术创新能力必须通过对知识的传播、吸收与整合等阶段的历练才能得到提升。产业集群所形成的网络化组织就是集群内外各个组织机构的协调与合作，各个企业根据自身拥有的知识资源处理组织活动，并与其他机构保持良好的交流与合作，为知识的转移与吸收做好准备。因此，集群战略目标的实现，需要集群内的企业拥有相应的技术与知识的储量，能够遵循知识链的运作规则，营造融洽的合作环境，实现知识交流与技术创新。构建一个交流顺畅的知识网络对于产业集群内知识的流动与传播十分有利，这需要掌握好知识链的运作模式，提升知识流动的活跃性，因此，知识创新网络扩大了知识传播的范围，促进知识在集群内部传播、储存、应用与再创新。

将知识链应用到包装产业集群中，是通过包装产业集群内企业所连接的网络结构将知识信息传递与吸收。即在企业所连接而成的产业链条以及企业同外部服务机构之间的合作中，知识信息传播范围得以扩大，传播效率提高。通过集群内的知识链的传播效应，企业能够迅速掌握生产经营所需要的知识，为企业的发展提供理论支撑，企业掌握最先进的技术知识与经营理念，可以转变不合理的发展方式，将最新的技术应用于产品生产中，提高产品的科技含量。当然，可以根据包装产业集群的层次，将其划分为集群层知识链与企业层知识链，对于集群的发展来说，集群层知识链能够有效整合集群内的企业和其他企业、科研机构、服务机构等的知识传播，通过集群知识链，新的知识通过创新、传播、吸收、应用等一系列的过程，构成基于集群创新发展的知识源，因此，应该重点关注集群层面的知识链。产业集群层的知识链形成与有效运行，为集群的组织之间开展创新合作、技术联合开发提高了基础条件，降低单独企业进行创新研发的风险，强化了集群的凝聚力，为集群创新发展提供了一条更有效的途径。

包装产业集群克服了传统产业集群的弊端，采取的是一种更为复杂的发展模式，它应用的是一种依托知识链来协调发展的手段，知识链的成功运作可以将集群变为知识联盟，推动包装产业集群的优化升级。通过知识链的有效运行，集群内的组织机构交换的不仅仅是资源要素，更重要的是知识与技术，信息的交换是产业集群协同发展最基础、最重要的要求，通过知识信息的相互交流，企业与其他组织能够明确自身的缺陷与发展所需，了解自身的竞争优势所在，以后的发展更有针对性，在掌握对方的战略意图基础上，明确彼此之间可以交流合作的交集，开拓合作的空间与潜力。当集群内的组织能够精确找到自身需求与合作的领域时，整个集群才能够发展成为一个知识与技术协同发展的联合体。这种联合体能够超越产业集群与知识联盟，成为更高层次的发展形态，是包装产业集群未来发展的方向。

4.3.3 以物联网为媒介的发展路径

物联网作为新一代的信息技术，是指物物相连的互联网。这一概念最早是由美国麻省理工学院的 Kevin Ashton 教授提出，他认为可以通过射频识别技术将所有物品与互联网连接起来，实现对物品的智能化管理。将移动收发器配置到各种物件中，人就可以控制各种物件，实现人与物或者物与物之间的交互，物联网的普及，将世界上的所有物体通过互联网连接起来，实现物理世界与数字世界的融合。物联网就是利用射频识别等传感设备，将需要接入互联网的物品连接起来，实现信息的传输，达到对物品的智能化识别、定位与控制。可以看出，物联网本质上有两个方面的内涵：一方面，互联网仍然是物联网的基础与核心内容，物联网是对互联网在应用上的延伸与拓展，将应用领域扩展到更大的范围；另一方面，物联网的使用不再以人为主体，用户端已经扩展到物品与物品之间，物物之间的信息交换与沟通通过智能感应、识别技术得以实现。

在包装产业集群形成的知识交互网络基础上应用物联网技术，可以将集群建设为一个能够对资源实时定位、监管、交换的信息平台，集群内企业与其他服务机构所掌握的资源组成集群的物资资源库，物联网技术应用可以实现对物资资源的可视化管理，当一个企业有资源要素需求时，可以通过资源库查找自己所需的物资，与资源归属企业达成交易契约，实现资源的合理分配与使用，达到资源科学利用的目的。由此可以看出，在选择包装产业集群的发展策略时，加入互联网的支持，利用它的实时交互性将整个集群的要素资源有效整合，实现资源需求与供给的信息匹配，以实现资源得到及时有效的利用，企业的资源需求得到有效的满足，提高资源的价值增值。在物联网技术应用的背景下，包装产业集群可以最大限度地突破资源要素对企业发展的限制，加快物质资源所有权与使用权的流转，物质资源得到了供给和需求之间的快速匹配，大大提高了流动性，在推动产业集群协同发展这一目标的实现中，物联网发挥了"润滑剂"作用，提供知识、信息与物资交换的媒介，释放集群发展的活力。

物联网作为媒介的包装产业集群协同发展路径本质上仍然属于产业联盟的模式，优势在于突破了传统集群在物质流转方面信息错配的缺陷，为资源要素的供需满足提供了便利的条件。在物联网技术的应用上，企业可以根据发展的需要对各种类型的资源进行收集与交换，实现生产经营方式的灵活调整，促进新型产业链的出现。不同包装生产所需的物质资料可以通过物联网实现价值增值，为不同企业的合作创造更多的机会，强化了产业链上各环节企业的合作基础。在物联网技术的帮助下，包装产业集群的发展方式更加灵活、智能，企业的战略也可以动态调整，实现物质资源的最优配置，推动包装产业集群沿着良性循环发展的道路走下去。

4.4 促进包装产业集群协同发展的策略

4.4.1 宏观层面——政策支持与环境保障

1. 提供优惠政策

包装产业集群的协同发展必须有一个良好的产业政策环境，公平、开放的宏观环境可以给集群内的企业营造自由竞争的氛围。集群内的技术、人才等资源要素的科学分配可以通过地方政府或者行业协会制定政策措施加以引导，通过制度的约束可以规范企业的行为，也能够将那些限制集群发展的落后的体制因素消除，推动其采取协同发展策略。当前，我国的包装产业集群发展处于初级阶段，整体的竞争能力不强，提升包装产业综合实力还需要有政府部门提供科学的规划指引，包括国家宏观层面的发展规划，以及相关的法律、规章制度的保障，财政税收方面的优惠措施等，推动包装产业集群的快速发展。

我国许多地方已经陆续建立规模不同的包装产业园，区域包装产业集群已经形成，各级政府需要给予当地包装产业集群更多的政策支持，应该制定相关法律制度提供产业制度保障，给予税收减免等财税支持促进包装产业集群发展质量的提升。当然区域营商环境的良好与否对包装产业集群的发展至关重要，一个公开、透明的贸易与投资环境，可以促进集群内部企业的公平竞争。同样，健全的法制环境、透明的融资环境可以增强包装产业集群的招商吸引力，吸收更多的包装企业参与集群的建设中来，通过不断吸收新的企业，淘汰经营不善、竞争力不足的企业，保持集群的创新活力与持久的生命力。组织文化对于企业来说，是其竞争力的本质来源，产业集群要想获得进一步发展，必须保证组织文化的持久有效，因此营造良好的包装产业集群文化氛围需要集群内组织的积极参与构建，政府、企业、科研机构等相互合作搭建"官产学研"模式能够很好地带动集群的创新氛围，鼓动企业积极进行技术创新，并且给企业技术创新提供资金、人才、基础设备等条件的支持，增加集群内包装企业的创新活力。

政府为了鼓励企业的创新行为，往往给予企业很多的补贴或其他资金扶持方式，而很多企业为了获取政府资金补贴并不根据实际需求而进行技术创新，企业骗补现象严重，使得有限的创新资金没有用在需要地方，反而产生了许多"半吊子"科研项目，造成政府科研资金严重浪费，所以，政府创新科研资金的使用需要有严格的管理办法。比如，政府针对企业的技术创新补贴，可以采取分批次的方法，或者根据专利等创新成果进行奖励。在申请政府财政优惠政策时，大型企业更具优势，容易获得资金资助，而小企业由于规模、技术等限制处于劣势地位，所以资金支持应该重点偏向中小企业，做好扶持项目的筛选。此外，还需要监督扶持政策的执行效果，对企业扶持资金的用途进行监督，保证企业将资金用在实处，用在技术改造与创新方面，只有强有力的监督才能保障包装产业集群提供的优惠政策得以落实。

2. 建立开放的市场机制

产业集群需要通过与集群外部保持持续的信息交流才能保证掌握实时的行业动态，不落后于市场发展的脚步，这就需要产业集群建立一个开放的市场体制，推动企业学习集群内部与外部先进的经营管理理念与知识技术，促进集群内外信息的流动，保持对最前沿知识技术的敏感性，对于包装产业这种技术依赖性强的产业而言，更要及时关注行业动态，发展最先进的包装技术。因此，包装产业集群需要建立一个开放的市场体制，需要政府、企业、研发机构等多方力量的参与，实现资源要素流转顺利，得到合理的配置。集群内企业服务的市场范围绝不能局限于集群内，需要不断拓宽业务范围及影响力，这就需要开放的市场机制支撑企业获取外部资源，促进企业与外界的信息交流，掌握行业供需情况，及时调整企业市场战略。这一过程中，政府可以引导企业实施"走出去"战略，鼓励他们走进国际市场，在国际化经营理念的指导下开展全球经营，倡导企业提供国际化标准产品，参与国际竞争。通过与国际上企业的竞争与合作，能够学习新的知识与理念，融入到全球产业链中，提升集群竞争力。包装产业集群开放的市场机制需要"走出去"与"引进来"相结合，集群内的企业需要做好人才与技术的引进工作，对高级管理人才、高级技术人才可以提供优质的待遇与政策，为他们创造一个良好的工作环境。政府可以在集群内设立专门的机构负责与集群外部进行交流与对接工作，定期举办研讨会、推介会等，做好集群的宣传工作，同时也吸引外部企业和人才的进入。

3. 加强商务信用环境建设

包装产业集群的同步协作发展需要良好的商务信用环境，完善的信用制度能够为企业提供经营保障。因此，通过市场机制和法律手段来明确集群内企业应承担的责任与义务，尤其在交易中违反合同条款、违背信用原则、欺诈等行为的企业应当受到法律的制裁。一个良好的商务信用环境对提升产业集群的竞争力至关重要，需要集群内企业与其他组织结构的相互配合与共同努力，需要长时间的积累，这是目前处于初级发展的包装产业集群所要注重的方面。根据我国学者张维迎等人的研究，信任与经济绩效正相关，经济增长和信任之间的相关度达 0.96。一个地区的信用环境越好，地方经济发展的速度越快，而我国社会整体信用度还有待进一步提高，许多研究人员用"信任危机"来形容国内的人际关系。一个地区的信用环境并没有受到地方文化的影响，而更多的与区域商业交易发达的程度、教育水平等因素有很大的相关性。因此，对于包装产业集群而言，依托政策的保障作用，制定出有力维护商业信用的政策来进行企业间的交易，规范产业集群内企业失信惩戒的标准，是创造集群良好商务信用环境的有效途径。当然，政府应该发挥自身的示范效应，保证自身的诚信与执政廉洁对产业集群信用环境进行建设，发挥好政府诚信作为产业集群诚信环境的重要组成部分的作用。一个执行有力的政策对于产业集群文化的形成起到很好的助推作用，通过制定促进创新、合作的集群发展政策创造一个宽容、诚信的产业集群氛围，为包装产业集群形成持续的竞争优势提供有力的支持。

4. 加强基础设施建设

包装产业集群的快速发展需要有良好的技术设施作为支撑，而我国的包装产业集群化发展起步较晚，基础设施不够健全，限制了包装产业集群的可持续发展，因此，各地区强化基础设施建设成为推动包装产业集群协同发展的重要任务。

首先，交通基础设施在包装产业集群中的作用十分突出，集群内企业日常生产经营活动由机械设备与原材料的采购、对半成品以及产成品进行运输销售等环节构成，完成好这些工作，需要在集群内建立健全的交通基础设施体系。良好的交通条件能够提高集群内企业资源要素的运输效率，缩短企业对物质的有效提供时间，大大减少运输成本和交易费用的支出，提高包装产业集群的整体发展实力与竞争力。所以，这一基础设施的建设对协调整个区域内的包装产业集群发展具有重要意义。尤其对山地丘陵地区而言，地形条件相对复杂，交通区位优势不明显，需要加强对各级铁路、公路、港口、桥梁批交通设施的建设，加快对相关设施的改造，为包装产业集群的发展提供便捷的物流环境，争取在更大的地区空间上实现对包装产业集群的生产要素的优化配置。

其次，现在是互联网时代，电子信息技术已经渗透到各行各业，在电子信息技术渗透到包装的各个方面的同时，我国包装产业正在充分利用这一支持，发展更具智能化和信息化，电子科技也就顺理成章地转化成促进我国包装行业转型升级的重要资源要素。但是，我国的互联网发展起步较晚，基础的网络建设严重落后于发达国家，十分不利于我国包装产业集群的发展，因此，需要加大对电子信息技术的投入力度，建立健全基础网络体系建设，在技术应用上为我国包装产业集群协同发展提供支持。一方面，需要加大对微电子、物联网、大数据等技术的开发，在改进包装产品生产工艺的同时提高管理专业化水平，提高包装产业的生产效率；另一方面，电子信息技术的发展促进了电子商务的大规模应用，通过线上平台，将集群内部间以及集群与外组织机构之间的跨区域交易集中，降低了企业的交易费用，也降低了企业信息搜集的成本，缩短了信息搜集的时间。跨境电子商务的普及，还能够加强不同国家包装企业之间的交流合作，帮助企业及时了解国际上行业发展的最新动态，推动企业融入国际销售网络，参与国际化经营，是包装产业集群朝着国际化的方向发展。

最后，包装产业作为技术密集型产业，需要有良好的技术创新环境。包装产业集群科研机构能够为企业发展提供信息与技术支撑，为集群创新生态系统的建设提供智力支撑。因此，包装产业集群需要注重建设集群科研机构、公共实验室等基础设施，提高包装产业集群科研实力，推动其创新发展。首先，在对教育机构的培育上，注重职业技能教育和高等院校机构的建设，改善区域教育条件，让人力、科技、信息等一切促进包装产业集群发展的资源要素迸发出活力，为这一产业的发展输送素质较高的人才；其次，要坚持实事求是，联系当地的实际发展情况，有针对性地建设区域包装产业发展的短板，组织资源重点攻克产业发展的核心技术、关键技术。我国的包装产业集群多是以中小型企业为主，发展规模限制了其对技术创新的研发投入，没有足够的资金与人才进行创新活动，导致中小包装企业普遍缺乏持续性发展的动力，发展生命周期短暂，这就需要政府部门提供资金政策的扶持，加大对包装产业集群技术创新的投入力度，对其进行技术引导，提升中小企业科技创新能力，增强包装产业集群整体发展实力。

5. 倡导低碳理念

我国包装产业技术优势尚不明显，绿色包装技术尚未全面普及，大多包装产业集群依靠低成本优势市场竞争，"高污染、低效率"的粗放型发展模式造成了严重的环境污染和资源浪费。随着低碳经济理念的兴起，包装产业需要向绿色化、低碳化发展模式转变。因此，在推动我国包装产业集群协同发展的过程中，政府要制定节约资源、保护环境的发展政策，做好包装产业的绿色发展战略规划，在推动包装经济的同时，保护好生态环境。

首先，需要强调包装产业集群低碳发展的意识。很多地方政府在发展经济过程中过度强调 GDP，重视税收，而忽略了对环境的保护，招商引资急功近利，导致地方生态环境遭到严重破坏。因此，各级政府在发展包装产业集群时应当注重考查是否会造成环境污染，在实际的生产生活中落实绿色发展理念，确保集群发展的质量和区域生态保护的同步实现，做到经济发展与环境保护兼顾。

其次，要注重环保包装技术的创新，为包装产业集群低碳发展提供技术支持。发展低碳经济，有益于节约资源，保护生态环境，是一项事关人民大众生活的公益性事业。低碳发展对技术创新提出较高的要求，而基础技术的研发具有高投入、高风险、周期长等特点，使许多企业不能或者不愿进行环保技术研发。政府为我们提供公共产品，可以设置专项基金加大对包装集群产业进行基础技术研发的支持，再把这些围绕环保包装的技术研究成果重新发放到包装产业集群的手中。除此之外，通过奖励金的设置，鼓励企业积极参与节能环保材料、节能设备、废弃物可再生利用等技术的研发，以提高低碳发展的技术可行性，推动包装产业集群的低碳可持续发展。

最后，建立有效的包装产业集群环境保护约束机制。企业生产的目的是追求经济利益的最大化，如果企业没有很强的社会责任感或者环境保护的约束机制，就很难会按照低碳经济的发展模式从事生产经营活动，因为企业利用低碳技术往往会增加成本费用，获得的利润收益也大大减少。因此，在对低碳技术的应用上，他们往往比较被动。然而，低碳经济的发展可以带来良好的正外部效应，整个社会都将从中获利。因而，政府应加大对发展低碳经济的激励，建立健全有效的机制来鼓励包装产业集群内的企业积极从事低碳生产，对节能技术使用率高、环境效益明显的企业给予财政补贴或者税收减免等优惠，使企业有利可图。同时，也要有严格的惩治措施，建立生态环境保护的补偿机制和生产者责任延伸制度，对环境污染严重的企业征收环境污染税，坚持"谁污染谁治理"的原则，让企业生产过程中严格遵守环境保护的原则，在包装产业集群中落实环保约束机制。

4.4.2 中观层面——产业建设与结构优化

1. 调整产业结构

包装产业集群的发展应该以调整产业结构为手段，以现有产业为基础，促进传统产业升级，大力发展与培育新兴产业，加强各产业发展的联系，增强产业发展的关联性，将性质相同或者有彼此合作关系的企业统一集中，提高集中度，并根据发展需要升级产业结构。通过延长包装产业链，发挥企业的带动作用，有效发展相关企业，最终形成集聚和规模效益，提高包装产业集群的协同发展水平。当前国际先进的包装技术主要掌握在一些发达国家手中，我国的包装产业还处于全球价值链的低端位置，因此，调整产业结构，跳出"低端锁定"的困局对我国包装产业发展尤为重要。虽然我国当前的包装产业集群已经形成且初具规模，但这并不意味着具备了持续的竞争优势和创新能力，只有掌握先进的包装技术，形成以产业链为基础的包装产业协同发展格局，才能够有效地降低交易成本，获得规模经济与范围经济，增强我国包装产业的国际竞争力。所以，需要围绕包装产业，发展配套产业的服务业，从单一的包装产业点状式发展演变成产业链式发展再到包装产业集群"块状"式发展模式，规模效应得以展现。

因此，针对我国的包装产业集群产业链结构单一、缺乏关联性等问题，应该采取以下措施：一是将产业链作为包装产业集群协同发展的脉络，调整产业结构，注重对经济效益好、技术优势明显的企业的引进，发挥这些大企业的带动效应；二是完善集群分工协作的发展体系。产业集群形成良好的分工协作体系才能具备较强的竞争力，大企业可以专注于产品设计与技术研发，将零部件的生产和部分业务外包给集群内的中小企业，通过专业化的分工的利益机制促使包装产业集群分工协作，形成区域包装产业专业化的形成。同时，产业集群内部的关联性需要得到强化，引导中小企业与大企业配套，以价值链为纽带，形成产业联盟式的集群协同发展模式。

2. 加快相关产业发展

包装产业集群的发展需要有相关产业的支持。一个发展实力强劲的产业集群，需要有专业化的市场服务，相关配套产业的支持，才能够有效促进主导产业的发展，增强产业集群发展的关联性。包装产业集群内企业的空间集聚为商贸往来提供便利，通过协同效应，形成集聚优势。包装的首要功能是保护商品免受伤害或者为产品运输提供载体，因此，包装产业对制造业具有很强的依赖性，也可以说对区域经济发展形势依赖严重。根据世界各国包装产业的发展情况来看，欧美日韩等国家的包装产业发展起步较早，发展实力雄厚，包装技术先进，这与他们有较强的工业基础有关，包装产业产值与国民生产总值成正相关关系，只有商品经济发达，对包装制品的需求才会旺盛。所以，包装产业拥有很小的独立发展空间，主要依赖于对包装产品有需求的产业的发展，尤其在一些典型的行业，比如烟草包装、酒类包装、茶叶包装等，基本上依附于某些集团业务的发展。例如，江西萍乡的茶叶包装产业集群主要依赖于当地茶叶的生产；上海烟草工业印刷厂主要依赖于上海烟草集团，一旦烟草集团的业务量出现下降，上海烟草工业印刷厂的业务量也就自然地降低。

3. 促进集群创新网络形成与发展

创新是产业集群保持竞争力的动力来源，构建完善的集群创新网络对于促进产业集群发展升级十分关键。包装产业集群的创新主体可以是企业、科研机构、政府部门、服务机构等，集群创新网络的完善与否将严重影响集群创新水平及技术创新的有效产出。首先，地方政府要鼓励形成创新的环境，为创新行为提供资金政策支持，引导集群形成知识共享、合作研发的协同发展格局；集群要鼓励集群内的企业与各高校建立协同发展协议，主动与科研机构建立研发合作关系，构建"产学研"的发展体系，使集群获得外部的人才与技术资源；集群层面还需做好知识产权的保护工作，维护积极进行技术创新企业的利益，支持企业将最新技术研究成果以收取专利费的形式在集群内共享，也支持拥有技术优势的企业通过知识溢出带动集群中小企业技术能力的提升，为集群创造一个良好的相互学习的氛围。集群创新网络的有效运行，还需集群创新服务机构的配合，比如专利服务机构、质量监控机构、信息服务机构和孵化器等，集群对此要给予更对的政策支持。集群创新网络是一个开放的网络，持续与外部保持密切的联系才能不落后于技术发展的速度，鼓励集群企业与外部机构、国际企业保持交流与合作，与外部创新源建立连接机制，不断地吸收外部人才、企业入驻集群，保持集群创新活力。

包装产业集群创新网络的形成需要以大型骨干企业为中心，带动一批中小企业的发展，树立共同的发展战略目标，分工协作，合理配置资金、人才等资源，通过资源要素的优化组合，形成一个协同发展的产业联盟。共同参与制定产业集群的中长期发展规划，指明发展的主要方向。包装产业集群协同发展的核心是创新网络的构建，这就需要建立产学研创新联盟，根据包装产业集群目前发展的阶段及其对技术的需求，高校和科研院所有针对性的组织技术攻关，提高技术应用实效性与技术的转化效率。创新联盟的建立将有效地减少企业知识技术的搜寻与购买成本，减少跨地域带来的信息交流障碍。高校、产业、政府之间的合作，加强了彼此之间对包装产业的认识，学校通过输送学生到企业，培养学生解决实际问题的能力，企业借助高校与科研机构的技术研发能力，突破发展中的技术限制，也提高高校与科研院所学术及科研成果的有效转化率和收益性，从而刺激研究机构和高校加强有针对性地进行技术研发。政府帮扶产业集群的发展，能够促进区域包装产业集群的发展，带动经济发展，增加就业和税收等，各参与方实现共赢。

4.4.3 微观层面——战略合作与协同创新

1. 建立战略合作关系

在包装产业集群内，大量的包装企业与相关组织机构集聚，在进行各种方式合作的同时也在争夺资源和市场，形成既竞争又合作的局面，促进集群的健康发展。集群内的企业处于包装产业链条的不同环节，开拓新的市场能够为企业创造更多的销售空间，有益于产业的发展。在市场竞争日趋激烈的情况下，集群内的企业可以通过不同方式的合作或者资源要素共享创造共同竞争优势，此时政府需要发挥经济职能，引导与完善包装产业集群，通过招商引资，吸引一批技术创新能力强、关联度大的骨干企业进入包装产业集群，发挥产品辐射、技术示范效应与技术溢出效应，协同集群内的众多中小企业形成合理的分工协作体系，促进集群的综合发展实力的提升。包装产业集群可以举办各种产业研讨会、博览会、技术培训活动等，为企业之间的学习合作创造良好的条件，也有利于吸引外部有实力的企业参与包装产业集群的建设，将集群内的企业推荐出去，参与对外投资，获取更多的市场份额。鼓励该集群内的适度竞争，避免恶性竞争带来的破坏，例如形成的创新网络，也会造成资源的严重浪费，内耗严重必然使集群丧失发展活力与竞争力。需要强化技术创新保护、树立知识产权的意识，倡导公平合法的竞争，形成集群内良性竞争格局。需要以战略伙伴的思想来指导包装产业集群内企业之间的竞争与合作，以政策指导集群内资源的整合，形成战略合作机制策略，对资源、市场、信息等资源实施统一调度、合理配置，加强集群内企业之间的协作配合，提高集群运行的效率。包装产业集群如果缺少了战略规划与指导，就很难实现高程度的协作与同步发展，对产业进行规划不仅仅是政府的责任，更是内部集群企业需要履行的义务，它的发展将直接决定内部集群企业的发展效果，想要企业自身发展得好，集群内企业之间必须建立科学的学习合作机制，促进上下游企业之间纵向与横向的协同发展。

2. 引进培养包装专业人才

包装产业作为技术型产业，人才资源成为影响包装产业发展的重要资源要素。培养足够的知识与技能结合型的人才是促进包装产业发展的重要支撑条件。目前我国的包装产业技术较为落后，国际竞争力不强，缺少具有国际知识背景的专业技术人员，以及专业化企业管理人员。而我国大多数包装企业更强调实用性，对知识性人才不够重视，创新型人才不足，专业知识结构不合理，掌握包装前沿技术的人力不足这些都严重限制了我国包装产业的可持续发展，生产的包装产品科技含量低，无法参与国际市场的竞争，因此，当前要做好包装人才的培育与引进工作。

包装产业集群的发展，首先需要调整现有的人才结构，重点培育包装工业与服务业的复合型人才。知识与应用型人才的培育需要大力发展职业教育，在大中专院校开设包装产业相关专业，扩大此类专业的招生人数，注重培养科学性与应用性。在教学培养中，注重课堂教学与车间教学并重，采取学校导师与企业导师双导师制，把学校教育工作与企业培训实行有机对接，避免出现学校教育与企业实践脱节的情况出现。包装人才的培养一定要以市场发展与企业的需求作为出发点，实行分层次培养，并且将人才培养放在重要的位置，加大教育投入。包装产业集群与政府可以共同出资设立专门的培训机构，定期对集群内企业的员工进行技术培训，帮助掌握最前沿的包装技术，了解行业发展的最新趋势与动态，学习大型跨国包装企业的发展模式与经验，并针对培训的课程设计考试环节，对通过考试的人员在职业晋升上优先考虑，给予相应的资金奖励。我国包装人才的培养，应该坚持以企业为基础，与国际上包装企业合作，通过联合培养掌握最新包装技术，学习先进的发展理念。

在包装人才引进方面，要坚持唯才是用的原则，不过分强调学历与职称，只要是企业和产业紧缺的人才，就应该给予优惠待遇，重点引进。在落户、社保、家属就业安置、子女入学等方面给予照顾，公安、社会保障、劳动部门应该给予配合，或者制定专项的人才管理制度，包括暂住证、档案管理、职称评审、社会保障等方面的制度。

3. 提高中介服务质量

美国，欧洲等部分国家市场经济达到繁荣的一个重要原因就是拥有大量的中介服务机构。产业集群内大量相关企业的集聚，在竞争与合作中形成集群发展的创新网络，集群发展在需要加强自身实力的同时，也不可忽视中介服务机构在其中的撑托作用。在发展的初始阶段，集群的集聚效应尚不明显，这时就需要中介服务机构宣传产业集群的基础设施、招商引资等内容，吸引更多的企业参与集群发展；中介服务结构还可以为集群内的企业提供创新孵化、信息咨询等服务，有效地降低企业创业成本。在其成长阶段，中介机构主要起到优化产业集群环境的作用，为集群内的企业提供政府政策的宣讲服务，将集群内企业的需求反馈给政府管理部门，为集群搭建公共服务平台，降低企业信息搜集的成本，发挥监督管理职能，加强对产业集群的监管，引导集群良性发展，避免恶性竞争的出现。在产业集群的成熟阶段，中介机构需要帮助整合集群资源，培养集群的创新网络，提高集群企业的自主创新能力，提供技术创新成果转化服务，推动科技创新变为现实的生产力，营造集群创新氛围与文化，打造具有特色优势的产业集群文化。集群政策要发挥作用，离不开中介机构的支持。我国包装产业集群发展程度不高，技术竞争力不强，因此，必须将政府的引导作用和中介机构的支撑作用有机结合使用，依靠政府的指导，发展同中介机构的密切关系，利用他们所拥有的先进的科学技术资源，推动产业集群提升技术服务水平，使其不断成长壮大。

我国中介服务机构的发展不仅仅对包装产业集群有着不可替代的积极作用，促进它形成全新的网络结构，还促进集群同步协作发展格局的形成。包装产业集群协同发展过程中需要对中介机构给予充分的重视，结合产业集群发展各个阶段的特征及需求，发挥集群在提升信息、技术、人才、资金等方面竞争力的作用；专门收集信息的中介行业能够将产业集群和区域一体化建设升级到一个更高的发展高度以加快集群升级和区域一体化建设，满足产业集群发展壮大需求；除此之外，包括会计师事务所、律师事务所、咨询机构和设计院等在内的其他中介机构，也为包装产业集群协同发展提供支持。

4. 建立企业自有科研机构

科学技术的快速发展，使包装产业不断与新兴科技和其他学科相结合，目前的包装产业已经进入绿色化、信息化、智能化、安全化的发展时代，互联网与电子信息技术的应用使得计算机直接制版印刷成为市场发展的主流。新材料与新工艺的不断创新，包装产业的创新活动日益活跃，同时在环境污染愈发严重、资源压力与日俱增的情况下，包装产业也面临着艰巨的环保任务。发展循环经济，走环保低碳发展之路是我国包装产业可持续发展的必然途径。支持绿色包装材料与技术的研发与应用，是包装产业发展的重要的方向。在包装材料方面，应该组织企业与科研机构重点研制绿色无污染的新型包装材料，能够在对环境不造成破坏的前提下自动降解或者可以回收循环利用；在包装生产工艺上，应注重研发清洁生产的技术，及时淘汰落后的生产设备，提高资源使用效率，减少不必要的损失与浪费。

包装产业只有通过技术创新才能进入快速发展的通道，只有不断地进行技术升级换代才能保持发展活力与竞争力，才能实现可持续发展。而企业掌握先进包装技术不能够单单依靠外部力量，需要建立自己的技术创新部门和实验室，针对自身发展过程中面临的技术限制，有针对性地进行技术研发，攻克技术难关，提高技术创新效率，促进创新成果转化为实实在在的经济利益，增强企业的创新积极性，并且可以根据发展的需要调整科技活动人员和经费的比率，从而节约自身的研发成本。

本 章 小 结

在新一轮产业升级发展的背景下，包装产业集群发展已经成为趋势，是推动区域经济发展的重要模式，通过产业集群发展可以实现包装产业在生产要素、产业结构、空间布局和制度环境这四个方面的协同。包装产业集群协同发展具有较强的可行性与必要性，选择科学与完善的协同产业发展路径尤为重要，因此，本章研究了基于价值链、知识链与物联网的包装产业集群协同发展路径，是包装产业集群理论研究上的一个创新，对我国包装产业集群发展实践将具有一定指导意义。

第 5 章

基于循环经济的中国包装产业
结构优化升级战略

5.1 我国包装产业结构的现状

5.1.1 集聚发展与自主创新并重，促进包装产业可持续发展

我国包装产业主要涉及包装机械、包装材料、包装印刷、包装产品、包装回收等领域。目前，我国新材料产业在稀土功能材料、膜材料、高技术陶瓷等领域取得了一些研究成果，具有一定的产业优势。当前世界新材料产业的重点发展方向主要集中在生态环境材料、信息材料、超导材料、新能源材料、纳米材料等领域，这一产业在技术创新、改造和提升传统产业等方面起着越来越重要的作用。2017 年，国家科技部公布了高性能计算、重点基础材料技术、战略性先进电子材料等国家重点研发项目，同时将新材料行业纳入"十三五"国家战略性新兴产业发展规划。在环渤海、长三角、珠三角等经济发达地区，产业发展态势良好，慢慢形成了集群发展、集聚发展模式。

我国新材料产业仍存在自主创新能力不足、产学研用体系相互脱节、部分低端产品产能过剩、新型材料产能不足等问题。随着互联网技术的迅猛发展，人们获取信息的方式也不断变化，对报纸等印刷品的需求量相应降低。2011

年我国印刷复制业的营业收入为 9305.35 亿元，2014 年我国印刷复制业的营业收入为 11740.2 亿元，2015 年印刷复制业的营业收入再次下降为 7497.48 亿元。然而，近几年其下滑幅度远远超过经营者的估计，印刷业产能过剩已是不争的事实。因此，印刷业必须根据市场变化进行策略调整。虽然，这几年书刊印刷企业也在不断努力，其中一些企业也投入了大量资金，但其改革仍然不够彻底。它们应该以江苏凤凰传媒的新华印刷为榜样，加强改革的创新性，着眼于产业的长远发展，拓宽发展的视野，以便走得更远。

目前我国包装印刷行业的结构现状是小、散、乱、弱。小是指企业的平均单体规模，散是指行业集中度，乱是指产业秩序，弱是指整个行业相较上下游的议价能力。

随着我国深化体制改革步伐的不断加快，印刷包装产业整合的外因会不断施加压力，包装产业内部结构的变化是迟早的事情。另外，我国包装产品和包装回收发展迅速，但也存在许多问题。首先，过度包装问题亟待解决，许多网店商家为了获得买家的好评，不惜使用大量的胶带、编织袋等材料进行过度包装。其次，产品包装未能被循环利用或者降解困难等，会导致资源浪费。再次，缺乏一个完整的绿色包装国际标准，某些标准的制定只针对某一方面问题的解决。近几年来，虽然不断有新的包装标准出台，但并未涵盖包装产业的各个领域，缺乏较为全面、完善的绿色包装标准及评价体系。最后，我国包装产品的回收问题较为严重，尚未建立起有效的回收利用体系和相关制度，包装产业结构的相关制度体系仍存在许多尚待完善的地方。

5.1.2　信息技术与包装产业相融合，推动包装产业智能化发展

随着国家"互联网＋"行动计划的实施，各行各业开始加速拥抱互联网。作为我国国民经济发展的重要组成部分之一，包装行业的市场规模宏大。《关于加快我国包装产业转型发展的指导意见》提出，推动互联网与包装业深度融合，成为包装企业转型升级的必然选择。

我国包装及相关行业较于欧美国家来说起步较迟，中、小印包企业还未摆脱传统经营方式的束缚，行业内竞争激烈无序、同质化问题严重，缺乏知识产权保护，品牌观念和营销手段都不健全，对于信息化的应用率和开展电子商务

的意识度也不高，整体发展形势与世界主流存在相当大的差距。行业整体发展形势险峻，亟须寻找一个突破口扭转目前的状况。

近两年在"互联网＋"的冲击下，企业生产者在研发设计、生产流程、经营管理等关键环节都广泛运用互联网技术，有效促进了企业精益生产、科学管理、敏捷制造。但在当前的印刷包装行业，中小企业应用信息技术开展研发、管理和生产控制的比例仅为 30％，且普遍存在信息化投入大、收益小的困惑，虽然各类信息系统齐全，但收效甚微。究其原因就在于企业的意识不正确，大多数包装企业只是为了信息化而信息化，存在信息系统与企业实际、客户需求不匹配，系统建而不用等问题。

目前我国包装行业缺乏具有自主知识产权的核心技术创造能力，在包装行业软硬件产品的开发上尤为薄弱，适用于印刷包装行业的专属软件产品的数量较少，后续力不充实。另外，我国的"互联网＋"的基础设施建设相对缓慢，已建成的网络基建的质量离电子商务的要求相距甚远。

5.1.3　电子商务与企业营销相融合，创新包装行业发展模式

印刷包装行业普遍存在着信息管理水平低、信息机构不健全、信息化建设投入不足、建设成本过高、经营管理中运用计算机网络不充分等问题，加强企业对于电子商务的正确认识可以促进包装产业在电子商务营销过程中的衔接和示范作用的发挥。

电子商务作为当下世界经济发展的主流新型商务模式，具有信息技术承载度高、附加值大、去中心化、消耗低、污染少、人力资源密集、国际化水平高等特点，并成为经济转型升级的推动力和突破口，也是未来企业营销的主流趋势。一些包装企业也纷纷试水电子商务，例如合兴包装设立互联网公司进军互联网定制化包装"新蓝海"，大力开拓个性化市场；美盈森巨额收购香港汇天云网集团有限公司，然后凭借其在互联网印刷方面的独特优势，提升一体化的现代技术服务，并凭依增加电商平台入口数量来促进企业完成大数据积累，进而扩大新的销售市场。但由于技术、资金等各方面原因，能够自行搭建或收购并维护平台的企业少之又少，因此企业应学会借力，善用第三方的专业包装平台来降低经营成本和提高企业知名度等。

5.2 包装产业结构存在的问题

5.2.1 区域发展失衡

2017 年全国印刷复制业实现营业收入为 13156.5 亿元，同口径增长 4.7%；利润总额 850.0 亿元，增长 1.3%。增速有所回升。近几年印刷产能过剩已成为一个不得不面对的现实。鉴于此，对印刷企业而言，供给侧改革十分具有必要性。印刷业必须根据市场变化调整策略，加强创新改革，真正着眼于企业的长远发展。不同类型的企业对循环经济的认识各有差异，践行绿色包装理念的时间也不一致。其中最早的是从事外贸的企业，得益于与国际市场的多次接触，使得其对绿色包装、循环经济的接受度较高。而在国内，对绿色包装的反应则较为缓慢，从事绿色包装领域的公司比较少。此外，对经济较发达地区而言，绿色包装与循环经济的发展较为迅速，反观经济发展相对落后的中、西部地区，包装企业的发展则较为缓慢。造成这一现象的主要原因是政府和企业等主体未高度重视循环经济的发展，使得各区域在包装垃圾处理方式上存在政策规范等不一致现象，最终导致包装污染空间上的不公平性转移。由此可以看出，在循环经济的背景下，推动我国包装产业朝着绿色化方向发展任重而道远。

5.2.2 传统产能过剩

中国自走上市场经济道路后，与人们衣食住行息息相关的包装产品市场已趋于饱和。这使得销售者不得不开始思考如何顺利售出产品。经济危机对我国各种产品出口带来了威胁，其中也包括包装产品。此外，相对应的包装印刷物的市场增量也将同时受到限制。随着我国环境保护政策力度的加大，无形中也增加了包装印刷企业的社会压力。除此之外，治理力度的加大还会带来治理成本的增加。企业要想缩减成本，就需要进行治理成本的转化，其转化方式包括两种：一种是公司在一定程度上的自我消化即凭借提升产品质量与效率方式降低成本；另外一种则是让消费者自行承担。

"十三五"规划提出：在今后的时间里，要"在适度扩大总需求的同时，去产能、去库存、去杠杆、降成本、补短板，提高供给体系效率与质量，提高投资的有效性，加快培育新发展动能，改造提升传统比较优势，增强持续的增长动力，推动我国社会生产力水平整体改善，促进经济社会发展良好开局的实现"，这也对未来五年内我国包装印刷业的发展方向作了诠释。我们应积极倡导企业转变与优化发展方式，深度利用与融合包装新技术、新工艺，以绿色生产为主线，实现印刷产能的有效调整，最终赢得包装印刷业更广阔的发展空间。在我国包装印刷行业的持续发展中，制约性因素与促进性因素并举。纸包装印刷行业存在着产能过剩、客户需求多样化未能充分满足等问题。然而，现今互联网时代提供的新技术又能帮助包装印刷企业有效整合不同客户的多样化需求，共同消化过剩产能以及通过各共享平台实现新技术共享等，这使得印刷行业有较大的产业优化升级空间，从而推动其降低产能消耗，创新绿色发展。

国内包装印刷与包装机械产业都面临产能过剩的情况，"去产能"是其突破自身发展的必然选择。包装产品和包装回收产业已经相对饱和，现代社会早已是物资丰富、消费品充足的生活状态。纸包装存在产能过剩、无法合理覆盖客户需求、行业整体创新能力较弱等问题，需要通过互联网整合资源、满足客户需求、消化过剩产能、设计共享平台等方式去解决。虽然我国新材料产业的膜材料、高技术陶瓷等产业技术水平日益提升，发展规模不断壮大，但与发达国家相比，新材料产业在产业规模、技术装备、创新能力、开发技术等方面还距离先进水平甚远。另外，防水材料、陶瓷、黏土等部分新材料行业也同样面临低端产品产能过剩的局面。

5.2.3 新型产能不足

目前，我国的绿色包装材料技术装备水平有限，研发技术含量低，新型包装材料的技术创新能力相对薄弱，尚不能提供多品种、高质量、符合国际绿色包装标准的包装原辅材料。例如，美国广泛运用于食品包装的 PVDC 是一种无毒、安全、健康环保的材料；而我国 PVDC 的产量却一直偏低，没有办法生产出大量的原材料以供使用。在包装辅料方面，发达国家特别是欧洲、美国，其原先使用的软包装黏合剂已经开始向水性或无溶剂的绿色环保产品转变，而在国内市场使用最普遍的却是副作用很强的聚氨酯黏合剂和甲苯油墨产品，这些溶剂型材料在使用过程中会产生较严重的环境污染问题，而造成这一局面的本质原因是我国的自主研发能力较弱，从而导致包装产业新型产能不足。

国内包装设备行业仍然存在诸如单机自动化、稳定性较差、造型不美观、寿命短等问题，使国产装备在市场竞争中落于下风。客户需求是市场发展的源动力，包装机械的市场也不例外。当今国际上包装机械的发展大多都是以满足大客户的要求为目标，进而带动相关机械产业的发展；而国内大多企业忙于低端仿制而不愿投资研发，研发能力和经费不足是我国包装机械行业的一大瓶颈。例如，在我国包装企业发展中，研发经费占比最高的是广州达意隆公司，达到19%，其次是粤东机械厂，占比达11.6%，而绝大部分包装企业研发经费占比皆低于3%。一方面，这是因为我国包装企业担心用较高的开发费用开发出来的新产品会很快被别人仿制，或是考虑到价格因素而无法提高市场占有率而导致的；另一方面，由于产品的生命周期相对于设备使用寿命很短，变更产品及包装比更换昂贵的包装生产线更节省资金，所以多数企业选择把精力投入到低端产品市场的竞争中，在开发新产品、更换设备等方面舍不得投入资金和技术人员，最终使我国机械行业的技术水平总是处于仿制阶段，无法形成核心技术，最终导致我国包装和包装机械行业新型产能不足，包装机械行业很难推出新产品。

云包装和云印刷是在当前"互联网＋"的大环境下包装印刷行业发展的主要前进方向。云印刷在西方发达经济体中已被成功应用，其国内市场空间约超过三百亿元。云印刷企业成功的关键在于规模经济的快速实现、极致的客户体验，以及稳固的运营资本。机遇与困难在我国包装印刷行业的发展道路上是并存的。首先，由于纸质包装具有绿色、环保、可塑性较高等特征，纸包装整合是大势所趋，我国应顺应这一发展趋势，提倡以纸代塑。其次，随着消费层次的不断升级，相应的设计与服务的附加值也逐渐提高，这又会给行业带来新的发展机遇。然而，在看到发展机遇的同时，我们更要认真对待存在的困难：当前我国绿色包装材料的研究开发水平相对较低，新型包装材料的技术创新还比较薄弱，不能很好地为行业提供高质量、多品种、符合绿色循环经济潮流的包装材料。

5.3　包装产业结构调整的原则

5.3.1　坚持转变生产方式

1. 推广生态设计包装生产方式

生态设计包装的目标为产品环境特性，工具为生命周期评价，在对包装产品全生命周期内的生态问题进行全方位考量后，设计创造出环境友好型、经济循环型，并且能满足顾客需要的新型产品。包装生态设计以再利用、可再生、减量化等为原则。包装生态设计中所使用的材料既决定了包装对环境影响的程度，也决定了包装是否具有可回收性，因而显得格外重要。在包装产品的构思和设计阶段，要做到将降低能耗、促进资源循环利用视作与保证产品的性能、质量和降低成本同等重要的指标，并力保其在工艺流程中能顺利实施。包装产业的生态设计对于材料的选取也有严格的要求，倡导尽量减少选取材料的种类，以便产品的循环使用和产品消耗后的回收、分类以及再利用。比如 Whirl-pool 公司的包装工程师在保证产品功能要求的前提下，通过将用于包装的材料从 20 种降至 4 种的方式，成功地降低了材料成本且使后续包装垃圾的处理成本也缩减一半。另外，在包装回收设计中须将包装使用后期对环境的影响纳入考虑的范围，从而不断加强回收和处理包装废弃物。例如，强调包装的可修复设计以及废弃物的降解等，在这一方面，瑞典做得算是比较成功的，它开发设计的一种灭菌洗涤新技术可使 PET 饮料瓶与 PE 奶瓶循环使用 20 余次。包装生态设计对减少包装废弃物十分有效，也有助于解决材料的来源问题，推动包装产品绿色生产方式的形成。

2. 传统生产向绿色生产转变

传统包装产业的发展方式不利于经济的循环发展。首先，传统包装产业发展方式过分依赖资源，对自然资源需求量大、浪费严重，不利于社会经济的可持续发展。目前，我国一些地区仍以资源消耗型、污染型产业为主，为了保持其低成本性，不断消耗资源，这使经济发展逐步陷入恶性循环中。其次，回顾包装产业过去的发展可知，地理位置稍偏远的地区凭借降低环境准入门槛等手段来吸引外商直接投资，进而利用现有廉价劳动力以及自身资源优势来生产中低端产品，最终获取微薄的利润收入。这一过程也相应导致环境受到污染，资源遭到浪费。由此可见，传统的生产方式已经无法实现经济发展过程中人与自然的和谐共存，而循环经济作为一种转变产业发展方式的新选择，有助于推动包装产业的可持续发展。这一经济发展方式不断践行着生态学的指导原则和生态系统的流转模式，以此来为人们的经济社会生活提供指导。

我国在经济发展的过程中不断解决发展所带来的资源环境问题，从循环经济和绿色发展的角度出发，努力转变传统产业的发展方式在此刻显得尤为重要。包装生态产业发展模式主要由物资共生、绿色制造、产业间共生等模式共同组成。发展这一模式需要坚持循环经济发展理念，充分发挥自身比较优势，抓住产业结构调整的机遇，努力引进项目和实现配套企业落户，着力打造产业转移承接的平台。循环经济凭借"资源—产品—循环利用"的反馈式流程和"降低开采、高效利用、减少污染"的循环模式，实现包装过程中各种活动的绿色化。与此同时，延伸包装产业内部的循环经济产业链可助力产品结构优化，进而提高产品的质量。循环经济的不断发展也会促使包装产业不断朝着集群化方向发展，从而可能形成高度关联的产业集群。这样一来，便可以因地制宜、分类指导我国包装产业的发展，并结合包装产业结构调整的策略与优化布局，进行技术改造，减少污染和资源消耗，提高企业经济效益。所以，构建包装产业循环经济产业链是当前我国包装产业突破自身产业结构约束进行优化升级的重要选择。

发挥循环经济理念的指导作用，转变包装产业发展方式的路径有以下几种。

（1）打造产业转移承接平台。认真学习并积极贯彻党的十九大报告的重大精神，以坚持循环经济发展理念为基本原则，在承接产业转移的过程中积极发挥主动性，保障产业转移承接平台的建设。在实现自身优势最大化的基础上积极把握产业结构转型的发展机遇，在大型项目和配套产业等方面加大引进的力度，大力提倡引进能够有效融合产业链、具有带动效应的核心项目，同时对相关性强的配套项目也要加以引进。坚持走新型化产业发展道路，实现废弃物就地降解或者堆肥转化以及资源的二次利用，并进行产业链条的延伸，发挥企业合作的聚合作用。出现工业和制造业产业集聚的城市在进行产业转移承接时要充分利用本地的优势资源，重点发展主导产业，实现产业链条上所有资源的有效整合，从而推动产业转移承接平台的快速建立。

（2）促进发展绿色包装设计。发展循环经济的关键是：①对原本的经济活动流程进行创新发展，使其朝着"资源—产品—再生资源"这一流程转变，增强流程中的信息反馈与沟通；②改变传统的发展模式，将其优化升级为开采力度小、利用率高、污染物排放少的循环利用模式，推动经济系统与生态系统的和谐共生，促成经济活动朝着绿色、可持续的道路发展。具体而言，我国包装产业这一整体，应该在循环经济理论的指导下，对废弃物采取因地制宜的分类处理方法。对于高污染项目，要在产业结构调整优化的同时严厉将其关停，加快技术创新，减轻环境污染并降低资源消耗，实行清洁生产，促进经济效益的提高。同时，企业内部在调整和升级产业结构的过程中，应鼓励工业企业向园区集中，形成产业集聚，这在一定程度上有利于实现对包装废弃物的集中统一处理。③按照产业生态园区的标准，以绿色发展理念为指导原则，要求包装产业系统的规划和实施要遵照生物生态系统特有的循环方式来进行，进而在发展的全过程贯彻实施循环经济理念，成功实现绿色包装产业在产品设计上的转型。

（3）打造循环经济产业链。这一产业链的目标是实现经济、社会，以及生态效益的共生发展。它的宗旨是恢复并扩大自然资源的现存量，提高资源的增量，本着节约的原则，追求成本经济化，并利用技术创新手段提高资源生产率与再生利用率，减少资源浪费。当对两种以上产业链进行改造的时候，应充分利用好绿色发展理念与过程控制系统这一理论基础，促进产业系统的创新升级。打造循环经济产业链是处理经济发展和环境保护间矛盾的重要方式，有助于改变产业发展的旧模式，优化经济增长方式。具体可带来以下优点：一方面，产品结构和质量可以在循环经济产业链的延伸中实现优化和改进；另一方面，循环经济的发展也会带动产业集聚，一定程度上能促进包装发展产业集群，形成合作程度高、紧密联系的产业群体。

（4）突出重点领域与产业。重点领域是指包装产业的生产与消费领域。循环经济这一发展模式的适用性极为广泛，凡是与包装产业经济改造与重组相关的各个生产领域都可以发展这一模式，它能够推动企业向生态化方向的转型升级，形成整个企业的绿色生产；在消费领域，应该加大对绿色消费的宣传教育，转变消费模式，支持绿色可持续的消费。

此外,将发展的重点聚焦在资源再生利用、绿色包装,以及再生资源化等环保产业。其中,包装生态产业可以采取产业间共生、物资共生、绿色制造等绿色发展模式;资源综合利用产业主要应用于工业固体废弃物与生活废弃物;重视对废气、废水、废渣、共生和伴生尾矿、废旧物品和资源,以及生活生产排放的废弃物等再生资源化产业的主要构成部分的回收处理。

5.3.2 坚持优化供给结构

由于处于新型工业化发展的时代,包装工业须不断优化升级产业结构,推动我国包装产业的经济增长方式由粗放型向集约型转变,从而满足新时期的发展要求。在节约资源和开发新技术的同时,实现包装产业的经济利益与社会利益的均衡发展。党的十九大报告提出,供给侧改革的主攻方向就是提高产品质量,减少无效供给,扩大有效供给,即必须从质量上提升,通过制定更严格的质量标准去落实、去执行,提高供给质量。因此,为优化供给结构和促进我国包装产业的发展,要求我国包装产业在保障包装材料能够快速增长的同时,确保包装产品的质量达到标准。另外,可以从安全性、环保性、防水性等不同的功能角度重新研发新的包装材料,从而满足包装不同类商品的要求,使其在生产、医疗、消费等领域中被更好地应用。

1. 开发新的包装材料,增加不同产品的供给

要求包装产业在追求包装材料的生产数量得到稳步增加的同时,能够保障包装产品的质量也能达到一定标准,实现数量、质量同时上升。与此同时,新的包装材料要想真正实现科技创新,有益社会,就要从以往被忽略的、有价值的角度去考虑,比如从安全性、环保性等不同角度来满足不同领域的生产生活需要,使其更好地应用于生产、医疗、消费等领域。要想进一步有效提高我国包装产业的生产水平,实现产业结构优化升级,我国包装产业仍需不断取长补短,持续加强科技研发,满足商品生产包装的不同需求,实现科技惠民,科技强国。

2. 建立健全包装产业体系,制定完善的产业制度

在当前循环经济发展的背景下,我国包装产业应积极贯彻落实政府的相关

政策，发挥政府的导向作用，建立健全包装产业制度体系，促进包装产业结构的优化升级。在利用电子商务、大数据、云计算的基础上，凭借科学技术以及互联网信息系统快速普及的优势，实时洞察不同的市场需求，从而有效配置包装资源，实现供给的相对平衡，进而促进我国包装产业的发展。另外，制定完善的产业制度，通过技术支持和政策扶持的方式，增加高质量、高水平产品的有效供给。加强全面质量管理，强化质量监督，以高质量、高标准的优质包装产品满足市场和大众的需求。

3. 着力推进供给侧结构性改革，由要素驱动转向创新驱动

包装产业以创新为动力，实现要素驱动向创新驱动转变，是引领产业由被动适应向主动服务转变、全面提升产业整体发展水平的重大举措。同时，在循环经济的背景下，我国包装产业应在对自身产业充分了解的基础上，取长补短，发扬自身科技优势，弥补自身短板，在不断提升产量的同时优化包装质量，实现各项要素有效配置，从而推动发展模式转变和包装产业集群的发展建设。此外，推动形成包装产业与生产制造业、各相关合作产业、科研机构以及与各行各业之间相互促进、相互配合，共同发展的有益局面。积极建立包装行业协同创新中心、公共服务等平台，加快包装产学研战略联盟建设，创新人才培育、发展、获取的新模式，从而实现相关人才与相关产业的更高匹配度，实现人岗匹配，人产匹配。

我国包装产业目前已建成包含产品设计、生产、检测、流通、回收循环利用等全部生命周期的生产体系。包装类别总共分为材料包装、制品包装、装备包装这三个大类项和纸质包装、塑料品包装、金属制品包装、玻璃材质包装、竹木品类包装五大附属行业。在"十二五"期间，包装产业规模稳步扩大，结构日趋优化。在有效配合国家发展战略的实施、满足人民生活发展需要、实现制造生产大国目标、推动国民经济有效发展等过程中的作用大大提升，同时促进我国包装产业在世界包装生产中的大国地位得到了有效的稳固，但在包装产业各项指标都快速发展的同时，包装生产产业仍然暴露了大而不强的尴尬问题。整个包装行业科技创新以及自主研发的综合能力极弱，各项指标均显示其在科技创新、自主研发上的经费投入严重不足，最终导致包装产业中涉及高科技含量的部分难以获得有效突破。生产所需的先进设备和创新的关键工序严重依赖进口，最终导致包装生产制造企业仍采用一种以高投入、高消耗、高排放

为特征的粗放型的生产模式，尚未在整个行业形成绿色环保、高效能的生产模式与体制。再者，我国包装制造过程对人力依赖大，信息利用水平、智能自动化操作水平仍有待提高。并且，整个产业在各个区域的发展水平极不平衡、不匹配。除此之外，产品水平低、同类化产品生产、企业建设同质重复等问题突出，无原则竞争现象未能得到有效遏制。

"十三五"期间所有包装产业必须以现有基础为起点，不断提升产品的品质，树立产品的品牌，从而有效引导产业升级发展与整个系统设计改良的协调稳步发展，努力构建包装生产与制造业、关联包装产业的其他产业以及包装各附属行业之间相互促进、共同发展的有效机制。此外，我国包装产业要逐步实现资源的合理配置，加快由传统生产模式到新型发展模式的转变，实现产业资源的有效集群和包装产业的聚拢发展，充分利用聚拢效应推进产业的稳步增值、增效。大力推动供给侧改革和创新驱动发展，引领我国包装产业由被动适应到主动预测需求、主动服务，并高效利用科技创新这一新兴驱动力，推动传统落后发展模式向绿色环保模式的转化，全面有效地促进行业整体稳步发展，推进我国实现包装强国、大国的建设进程。

5.3.3　坚持绿色环保理念

国家先后出台了《中华人民共和国水污染防治法》《中华人民共和国森林法》等一些有关资源循环利用和实现环境有效保护方面的法律，其中有部分内容涉及对消费的合理节制和对绿色环保生产消费的积极倡导，但目前我国包装行业仍然没有形成有关规范、限制消费活动及行为的法规内容。绿色环保消费观是目前广大社会民众参与到循环经济消费热潮中的航标导向，然而我国的绿色消费发展起步较发达国家晚了很长时间，发展的速度也较慢，因而并没有成为人们的消费观念。调查结果显示，部分人认为建设环保产业、开发绿色健康产品对提升环境质量有好处，还有的人认为使用绿色产品很有必要，甚至有人表示已经购买过绿色环保产品，这些都说明我国的当代消费者对绿色环保消费已经有了一定的了解，绿色消费环保理念已经开始初步形成。结果也表明将这一理念真正付诸实践的人并不多，绿色环保消费理念的稳固建立还需要通过制定强大而有力的制度来推动。

此外，我国在一定程度上缺乏相对独立、完善的包装产业法规体系。虽然我国制定了一系列有关产品包装的法律、法规，例如《中华人民共和国清洁生产法》《中华人民共和国固体废物污染环境防治法》等对产品和包装物品从创新设计、合理利用固体废物垃圾、过度包装到包装废弃物回收等方面作了一系列规定，但这些规定仅从传统经济出发，没有从产品全部生命周期的角度考量包装产业从生产到处理等各个环节对环境的影响。这样一来，既造成了严重的环境污染和资源浪费，也违背了绿色环保经济、循环使用经济的基本理念，同时还会造成市场经济的极不稳定，扰乱既有秩序，从而严重损害到消费者的既得利益，严重影响整个包装经济的健康稳步发展。

绿色包装作为一种近几年才刚刚发展起来的产业，在我国尚处于萌芽阶段，仍需要不断地进行技术自主创新和资金投入，但由于生产规模的大小对先进技术的应用以及资金的投入力度形成了较大限制，绿色包装产品一般比传统的包装产品需要更高的成本，因此在与那些价格低廉的传统包装产品进行竞争时，并不具有价格上的优势，这就在一定程度上影响了绿色环保包装产品在市场上的效果竞争力。稳步提升建立绿色生产和绿色消费的法律制度和政策导向，建立健全绿色低碳环保循环经济体系是党的十九大报告提出的，坚持绿色环保理念对于包装产业，包括绿色生产、绿色消费、绿色包装和包装回收等都非常重要。绿色消费所倡导的是社会公众共同去参与的循环经济模式，然而我国的绿色消费起点晚、发展缓慢，绿色消费观念尚未深入人心，也缺乏规范、完善的包装法规体系。虽然对产品和包装设计、合理利用资源、过度包装等作了相关规定，但没有对包装废弃物进行全面的质量管理，影响包装产业的健康发展。面临这种发展现状，我国包装产业坚持绿色环保理念就成为必然的选择。

1. 实施包装工业清洁生产

"清洁生产"理念于 1989 年在联合国环境规划署被首次提出，其内容强调包装要从源头做起，要对生产的全过程进行系统有效的控制调整，实施全面质量管理，进而减少甚至消除污染。据了解，包括纸类、塑料类、金属系列、玻璃品类等在内的包装材料在生产的整个过程中，都可能会造成极其有破坏力的生态紊乱。因此，包装产业的清洁生产刻不容缓，一旦得到改善，将会有效保护自然环境。实施包装产业清洁生产应依据我国包装产业的现实，从单个的工序击破，逐步改善。通过创新改良清洁工具与工艺，减少生产过程中的废弃物，重视并改善劳动生产条件，使整个工作流程形成一个完整的循环系统，最大限度地节约资源、减少污染，提倡清洁生产和绿色环保发展。

2. 推进包装的简约化

包装产业循环发展的一个重要方式就是简约化，如材料选配的轻量化、包装层数与体积的减量化等。在瓦楞纸箱业，生产商通过改进原纸配方和工艺技术后，使得楞纸板的强度指数增加，而材料消耗减少。例如，改进后可使 $90g/m^2$ 左右的瓦楞纸板达到 $140g/m^2$ 左右的强度指标，瓦楞原纸强度每增加 $1g/m^2$，箱纸板可降低 $1g/m^2$，从而使瓦楞纸板的质量减少 70%。《关于加快我国包装产业转型发展的指导意见》（以下简称《意见》）将"转变生产方式、优化供给结构、化解过剩产能"作为产业优化升级的关键。另外，该《意见》对包装产业的转型发展作了相应要求，如对推广包装基本模数（600mm × 400mm）作了规定等，这些举措都将为快递包装发展带来新的变化：推动其开发简约化、精细化、循环化的包装技术；引导包装产业向标准化、信息化、绿色化及循环经济的方向发展。

3. 建立包装废弃物回收利用体系

建立科学合理的包装废弃物循环利用体系，是实现循环经济发展的根本，也是实现包装产业可持续发展的关键。目前，我国包装废弃物回收再利用体系并不健全，人们对于循环经济的理解也有偏差，因此，建立循环回收利用系统的必要性显而易见。其中做好以下四点工作极为重要：一是要充分利用先进的网络信息建立包装废弃物回收网点、小区回收网点、社区回收站网络、城乡集散回收网点，同时与各社区回收站保持密切联系；二是分类堆放和统一回收整理包装废弃物，将其统一投放到指定的包装废弃物处理点，再由专门的包装企业进行回收处理；三是建立包装废弃物专业回收企业，回收企业在各居民点分类放置回收点，进而提高废弃物回收的有效性；四是通过充分利用云计算等平台的数据，实现对包装废弃物的回收、分拣、循环利用的互联，真正建立起包装废弃物循环利用基地。

坚持绿色环保理念，持续建设循环经济，实现经济发展与生态保护间的协调已成为企业与普通民众的共识和美好愿景，也成为我国经济建设的重大战略指导。其中我国循环经济发展的重点是要持续发展绿色包装产业。数据表明，在全世界约6000亿美元的包装消费大市场中，中国包装产业占据重要份额，中国已成为世界第二个"包装大国"，仅次于美国。其中我国纸质包装制品年总产量已超过 1600 万吨，塑料类、金属和玻璃类包装排名世界第四。因此，在已成为包装大国的同时，要学会借鉴美日等发达国家的先进包装技术与经验，不断践行循环经济理念，促进包装产业发展和环境保护之间的协调统一，积极推动包装产业相关绿色发展体系的构建，最终实现从包装大国到包装强国的转变。

5.4　包装产业结构优化升级战略

5.4.1　包装产业的创新驱动发展战略

技术创新既是国家发展全局的核心，也是增强社会生产力以及综合国力的关键所在。包装产业是现今我国经济社会发展的朝阳性产业，在循环经济发展态势下实施创新驱动发展战略，践行科技创新与协同创新是包装产业结构优化升级的关键点，有利于实现"包装强国"梦。包装产业发展要以大力实施"创新驱动发展战略"为前提，包装既是一个国家生产消费水平的代表，也是一国的综合国力及科技水平的反映，是衡量一个国家发展状况的最佳标准。创新是经济发展的动力和源泉，包装产业也不例外，现代包装以保护产品、便捷运输、节约资源与能源、保护生态等为目的，倡导以循环系统的思想来解决包装生产与设计、研发和销售等环节中有关技术与管理等综合性问题。

当前，我国包装类创新型人才优势不足，导致新产品开发研究的总体能力不高，创新研发能力较差，总体对我国国民经济发展的影响小。在国家包装整个行业的发展以及国民经济发展的大环境下，包装行业与其他各个行业及组织有密切联系，主要包括材料、机械、医疗、物流等行业。以此为前提，我国包装产业要时刻注重提升科技创新能力，重点思考、研究与解决相关战略性问题，以前瞻性的角度研究科学高精尖问题，从而真正使涉及民生的重大公益问题等关键问题得到有效解决。例如，如何实现绿色环保包装；如何建立废弃物循环利用系统以缓和包装发展与环境保护的关系；如何形成包装与军用产品的一体化关系，解决运输包装与缓冲包装的结构问题？

我国包装产业未来应充分发挥多元化"协同创新"高等教育作为科技的第一生产力以及人才第一资源的高端引领效应。一方面，包装教育工作者要积极加强与利益相关者的联系，如研究院所等，积极推动协同创新与组织建设产学研战略联盟，进而实现产学研的深度融合，尽可能地共享各创新资源平台，重点研究紧迫的、具有前瞻性、重大的关键科学理论和技术；另一方面，要协同发展优秀人才培养与技术的研究创新，加大科教结合，推动建立教学与科研稳态互动机制。同时鼓励与引导有想法的学生创建或加入创新团队，培养其实践能力与创新思维，建立寓教于研、研中有教的培养发展模式。

1981 年经国务院批准，中国包装总公司成为一家受国资委管辖的大型央企。2011 年 6 月 5 日，中国绿色包装产业技术创新战略联盟的成立，是中国包装总公司与中国科技产业化促进会等组织对党的十八大提出的建设生态文明战略的认真贯彻落实，是促进经济社会循环发展的重要方式。该联盟的成立有助于充分地体现产业创新优势，加快关键技术转化，推动传统包装产业的转型升级，实现绿色包装产业的跨越式发展，在增强绿色包装产业的创新力及竞争力优势的同时，推动中国包装产业朝着高技术、国际化、环保化方向发展。中国印刷科学技术研究所是我国现今唯一一所原直属国家新闻出版总署的国家级综合性印刷信息服务和科研机构，主要从事印刷环保工程系统等研究开发工作。2012 年 6 月，本着整合行业智力资源的原则，该研究所聘请了富有教学、科研经验和学术影响力的科技专家，由他们共同负责申报、研发重大项目以及开发并培养相应人才等工作，以此形成开放、高效、集成的发展新模式，切实提升各大高校以及国家的创新能力。

我国积极开展创新驱动发展战略来推动包装产业稳固发展，具体主要从以下几个方面着手。

1. 推进信息化和大数据建设，引导电商与互联网深度融合

搭建包装行业电子商务示范平台，为行业、企业提供集信息、交易、支付、物流、数据、信用、安全等一站式服务并积极引导与鼓励企业建立行业性的包装企业电子应用平台，走平台化发展之路，联合同行业或产业链上相关企业共同营造有利于良性竞争的市场环境，增强各行业的竞争力，推动形成共进共赢、协作发展的共生格局。例如，中国包装联合会电子商务委员会与中国包装网及各大院校联合研发了 EPS 包装信息化应用软件，以构建包装

工业"大数据库"应用为目标，搭建"包装 e 城"网上公共交易电商平台。该交易电子平台项目已经被列入国家现代服务业综合试点项目，朝着网络化、信息化、智能化的方向，为包装企业信息化发展提供最有力的智能软件及电商交易平台。中国包装网在应用软件自主开发建设方面投入了大量的人力和物力，取得了显著的成绩，但也走了很多弯路，付出了不小的代价。通过在线 EPS 管理系统，企业用户可以把固定资产、采购、销售等环节的数据录入系统在线云端应用软件，随时调用数据库进行过程监控、源头追溯。EPS 应用系统开发的目的在于梳理传统包装企业内部生产管理，加速内部工作流转速度，提高企业效率。"包装 e 城"是首家包装行业电子商务交易平台，为包装企业提供 B2B 企业拓展市场的绿色通道和转型平台。它融合了包装产品、包装设计、包装原料、包装辅料、新材料、包装物流六大线上体系，以此来全力打造国内首个一站式包装电商平台，并建立以客户为中心的原则，为其提供包装材料选取、供应商选择、包装设计制作、物流配送直至面向终端用户的一整套系统服务，从而为包装产业发展中出现的问题提供一套完整的解决方案。

2. 推进互联网金融，助力包装中小企业的创新转型

印刷包装行业面临着上下游的挤压，这是我们对整个行业痛点的分析。因为上游客户账期较长，对包装材料方面的要求也比较高，但原材料供应商普遍需要现款交易。由于受国家环保政策自愿性的影响，我国包装产业甚至还对需求方进行了线下供应，这一特点显而易见。再加上资源不匹配、产能过剩、信息化基础相对较弱等不足直接导致了包装行业的价格乱象，同时包装产业的发展又需要资金的支撑，而银行贷款流程极为复杂，这就使企业融资成为一大难题。

为解决印包企业电商的资金压力，中国包装网联合宜信集团推出"印包信贷"电商信用借款解决方案，通过融合人工智能、大数据和投资风控等领域最新的研究成果，建立了一套严密的风控体系，能够有效地保障用户的信息和资金安全。由此可预见，印包电商的发展将为行业的转型带来深刻变革，推动印包智能制造，使其最终转变为以用户为导向的包装服务商，助力中小企业转型发展。

5.4.2　包装产业与其他产业的关联战略

为了加快包装产业的发展，企业需要构建包装产业循环经济发展的新战略，通过革新包装技术以及研发与改进包装基材，促成包装产业链发展，完成企业优化成本以及节能减排的目标。面对当今经济社会发展的新态势，众多企业乃至国家开始着力打造包装产业循环经济发展的新模式，这已成为其战略发展的重心。

1. 包装企业战略联盟

任何企业的资源都是有限的，包装企业也不例外。一个企业所拥有的资源主要包括由企业控制的资本、知识、人才、技术等。在科学发展的同时，以往的落后生产模式不再符合现代化的要求，企业管理者应当更新管理方法和技术，克服"从头到尾""从大到完全"这种发展模式后劲不足的缺陷。就我国中小包装企业来说，无论是产品研发还是技术改进，都应该受到政府的重视。我们不仅要进行一种产品的开发，还要关注市场上其他产品的情况，但毫无疑问的是，在有限的资源下，很难做到面面俱到。中国的包装业发展迅速，当包装企业的外部环境发生变化时，企业之间就会产生激烈的竞争，特别是中小企业，会互相残杀，甚至互相毁灭。另一方面，随着中国包装市场逐步接轨国际市场，在我国包装行业占据着主体地位的中小企业很难与国外一些大型包装集团相抗衡。要想在激烈的市场竞争中立于不败之地，我国中小包装企业必须联合起来，加强彼此之间的合作联系，增强行业整体实力。

我国包装企业建立战略联盟能够获得独特的优势，要想将合作各方的核心竞争力最大化发挥，联盟必须走专业化分工道路。通过分工合作，进行优势互补，增强我国中小包装企业的适应力、生存能力、竞争力和资本的可信度，并拓宽其融资渠道，以提高市场地位。包装企业建立战略联盟可以获得以下优势。

（1）减少交易过程中的费用。

（2）促使经济规模化发展。通过战略联盟的建立，能够实现资源的共享，加强对专用性资产的利用，发挥规模生产的效应，促进规模经济的实现。

（3）满足顾客多样化的需求。由于企业所拥有的资源和核心能力各不相同，他们为顾客提供的价值也各有差异。通过企业联合，可以实现价格的最低化，以完美的服务满足顾客的需要，从而实现企业的价值。

（4）增强企业的竞争优势。建立战略联盟的企业拥有共同的目标，他们通过互相之间的对比，取长补短，在提高专业化水平的同时，可以进一步发展其核心竞争力。

在建立战略联盟时，要进行方式的选择，这是一种极为复杂的行为。该方式的最终选择是由联盟对象、目的、动机，以及各企业的发展实力所决定的。因此，包装联盟企业必须立足实际，作出最优决策，它对于战略联盟的成功建立至关重要。

2. 包装产业与其他产业的关联战略

尽管近十年以来，我国包装企业获得了突飞猛进的发展，但是在产量和销售额上还远远落后于国际包装水平发达的企业。我国包装行业小而分散的特点必定会因为其激烈的市场竞争而改变，这种竞争会使得包装企业开始加强彼此间的联合与合作，以应对经济发展带来的挑战和机遇。我国包装总公司和中国科技促进产业化委员会在促进生态文明建设上的一个重大举措就是倡导建立中国绿色包装产业技术创新战略联盟，这一措施对包装产业的发展具有重要意义。在不久的将来，高科技、国际化、环保将成为我国包装行业的主要发展方向。在实现经济全球化的今天，中国经济将会持续平稳较快运行，包装行业也将朝着高科技、功能性、环保型方向高速稳定地发展。在很长一段时间内，沿着不断提高科技技术、发展全面化功能、保护环境的道路来促进包装产业的进一步的发展才是最优的选择。为了更好地实现这一行业核心技术的创新转移，加快包装工业的发展，我国建立起包装总公司、促进委员会科技产业化以及赛伯乐（中国）投资有限公司这一绿色包装产业技术创新战略联盟。它的成立，为包装行业中的其他企业树立了典范，推动其他企业朝着产学研相结合的模式发展，在构建循环经济发展新模式的进程中发挥了示范和引领作用。

基于产业层面发展循环经济是指在物质、能量和信息集成的条件下，构成同一区域内不同产业的代谢和共生关系，进而形成不同产业领域的资源共享。随着科技的进步，许多企业的管理和技术日趋复杂，包装企业的外部环境也发生变化。我国包装行业发展迅猛，构建包装产业循环经济发展的关联战略，能够通过联盟形式，加强企业之间的分工合作，使得企业扬长避短，获得降低交易费用、实现规模经济、满足顾客多方面的需求、提升企业竞争力等优势。同时，包装企业与其他相关产业战略关联的方式多种多样，有横向战略关联、纵向联盟方式、混合联盟方式等，采取其中任何一种方式进行联盟都必须依据实际情况作出最恰当的选择。建立产业关联战略，必须依据包装产业发展的现实需要，选择有发展潜力的产业进行关联联盟，然后建立健全产业联盟的组织机构和管理制度，有效地整合资源和共享资源。另外，关注市场未来发展趋势，准确发现制约产业发展的关键部分，利用产业关联战略，合作研究开发新型、绿色、安全的包装材料，提升我国在绿色包装领域的权威性，推动知识技术协同创新，促进科技与经济的紧密结合。

（1）形成攻克产业技术难题的合力。我国提升产学研合作的一个重要抓手是"产业技术创新战略联盟"。包装与市场中各个行业都紧密联系，与社会大众的生产生活密切相关。在为包装产业取得的成就感到可喜可贺的同时，各种危害人类健康的问题也日益显现，其中环境污染严重以及食品安全问题尤为突出。因此，在产品包装上树立绿色环保理念，选择环保材料能够有效避免资源的肆意浪费、保证食品安全、保障人身安全、维持生态系统的平衡，这也是我国包装产业摆脱传统发展模式进行创新发展的必由之路。但是很多企业在运用绿色发展这一概念时，并没有做到善始善终，只是在产业链的部分环节践行了这一理念。因此，继续在全社会加大对绿色发展理念的宣传是很有必要的。

绿色包装产业联盟是顺应现代经济发展需要而建立的，它为包装领域的绿色发展打造了一个有效的平台，使联盟下的企业能够很好地实现生产、学习、科学研究和实践运用等各方面资源的优化整合，再加上对绿色包装技术下的共性核心基础技术进行自主研发，有力推动我国包装产业、循环经济，以及生态文明建设的可持续健康发展和协调发展。

（2）加强联盟内部的组织建设。首先，完善组织的整体架构，对企业内部的决策和执行结构进行优化升级，使其运作起来更加合理有效，充分调动企业成员积极工作的主动性。并且，发挥集体决策的优势，对于事关企业命运的重大事项，通过股东大会等共同会议的开展商讨决定；其次，加强企业内部管理制度的建设，对决策、经费管理、项目管理，以及知识产权等管理制度进行完善，发挥其对联盟的制度保障作用；另外，构建能够有效推动企业实现合作共赢的开放平台，在这一平台的支持下，能够凝聚更多的优势企业、高校、科研机构和优秀人才，从而更好地实现资源整合与共享，推动成员间相互交流与合作，将各自的竞争优势发挥出来，促成团体创新的实现；最后，要密切关注企业外部市场的变化，利用敏锐的观察力实时掌握国内外在科技创新和市场占领层面的最新发展动态，重点突破现阶段产业发展的瓶颈，利用关键技术点进一步深化联盟企业之间的合作，共同开发出新型的包装材料和方法，确保包装的安全性和环保性，以此提高我国包装行业在世界市场上的整体竞争力。与此同时，在正确理解发展和环境保护关系的前提下，形成一条绿色的产业链。总而言之，通过联盟内部的组织建设能进一步提升我国包装产业绿色联盟的服务，进而提高这一产业现阶段的发展水平并加快其发展步伐，甚至推动整个世界包装行业的进步。

（3）实现科技与经济的紧密结合。为了促进我国包装产业的转型升级，需要推动生产、学习、科学研究在这一产业的有机结合，在进行技术研发时，将一些共性技术和成果扩展到整个行业，促进产业水平的整体发展与提高。中国绿色包装产业技术创新战略联盟是中国包装总公司进一步贯彻落实党的十八大精神而采取的重要一步，而要想发挥好这一联盟的积极作用，需要调动各方力量的参与，共同进行联盟建设。首先，在行业内加大绿色包装和低碳经济等新理念的宣传，强调资源节约和环境保护，形成产学研在行业内的有效结合，努力推动绿色中国的建设和"中国梦"的实现。其次，围绕技术难题进行技术创新与研发是我国这一战略联盟的主要任务，重视这项任务并组织联盟内部的企业开展技术合作开发；同时加大对科学技术创新的投入力度，为技术的进一步推广打造一个公共技术服务平台，快速实现技术成果在商品市场的使用。再次，政府还应及时了解并结合我国包装产业的发展现状和最新的需求完善有关法律法规，加强企业在这方面的政策贯彻与实施，为下一步的政策制定提供指导。除此之外，加强同国际社会的交流与合作，提高我国在世界绿色包装领域的权威性和发言权，进行知识与技术在世界范围内的创新融合，形成各种资源的优化整合，巩固并增加企业自身的实力。抓住创新发展我国包装总公司的关键环节，进行将产业拥有的科学技术和优秀人才向企业内部的转化，使其发展成高科技化、创新性强、先导型的领头企业。最后，通过产业关联战略，合作开发新型、绿色、安全的材料，提高我国在绿色包装领域的地位，推动知识技术协同创新，实现科技与经济的紧密结合。

（4）形成不同产业领域的资源共享。根据产业层面发展循环经济的主要实现路径和方法，在产业视角、物质、能量和信息收集分析基础上，构成各个区域间的产业代谢和共生关系。首先，要加强包装产业协同共享平台的建设打造，并凝聚优秀个人、高校、龙头企业、研究机构等多方力量，实现平台成员间的合作和互动，坚持共同努力，发挥共享平台的优势，有效地整合资源和共享资源；其次，时刻关注市场发展趋势，找准制约产业发展的关键点；还要凭借生态链促进不同区域和各个行业相互交错联结，构成一个资源信息共享和副产品互相交换的产业共生组合圈，这样的行业内部生态链还可以深入扩展到包括工业、农业和服务业在内的各类产业区域。

5.4.3 包装产业的服务型发展战略

包装产业作为我国基础关联产业，在经济和社会发展中发挥着重要的作用。为进一步培养和提升包装产业的核心竞争力，促成包装大国向包装强国转变，我国应根据《中华人民共和国国民经济和社会发展第十三个五年规划纲要》《中国制造 2025》和《关于开展消费品工业"三品"专项行动营造良好市场环境的若干意见》等法律法规，特别是《关于加快我国包装产业转型发展的指导意见》中对包装产业提出的新的发展要求，开始探索一条新型的服务型包装产业之路。

《关于加快我国包装产业转型发展的指导意见》（以下简称《意见》）是我国政府在包装工业史上出台的第一个系统性指导文件，有助于包装产业获得高质量、高效率以及可持续的长足发展。该《意见》进一步明确了转型发展的指导思想、基本原则以及技术路径，为包装产业在经济社会发展中地位的奠定和提升做了铺垫。且该《意见》首次将包装产业定位为"服务型制造业"，有效促进了长时间以来因产业属性模糊以及定位不准而导致的方向不明等问题的解决。

1. 互联网时代的全新服务模式

电子商务是互联网时代快速发展的产物。包装产业虽具有低程度信息化等不足，但近几年电商包装行业可谓取得了较大的发展。包装类公司需立足以下两点来扩宽其发展空间：一是要加速形成能够敏锐感知消费者需求的产业经营方式，充分利用互联网的大数据、个性化定制服务等要素开发包装生产服务新模式；二是整合利用各类科技和资源，重构与用户、市场间的关系，实现上下游产业和终端需求的有序连接。依据服务型制造业的产业定位，结合供给侧改革的要求，重点解决包装产业发展的限制条件、关键技术以及应用瓶颈等，以此来保证质量和效率，推动产业转型并培育开发新型业态，拓展产业发展的空间。

2. 互联网技术与企业服务相融合，延伸企业价值创造链条

互联网技术的应用催生了多样化融合服务模式，带动以产品为核心的经营模式快速向提供综合服务的方向转变。在现代化生活中，千姿百态的包装已渗透到人们生活的各个方面，追求包装个性化、高端化的需求也越来越多。为适应新的市场环境，企业自身不得不作出相应调整，要逐渐从"包装制造"向"包装服务"转型。在此过程中，可利用云端存储、云计算、大数据分析等技术促成商品检测、追踪以及智能验货等一体化流程的顺利完成，从而实现价值链与生态圈发展的均衡，提升产品的附加价值。另外，在循环经济发展背景下，努力构建包装产业循环发展产业链，加强上下游产业、相关产业的关联和合作，协同创新共享发展，培育发展新业态，打造包装产业发展新平台，以拓展产业发展领域，进而推动包装产业由被动生产转向主动服务。坚持转变生产方式、优化供给方式，按照服务型制造业的产业定位，实现供给侧结构改革和党的十九大报告提出的绿色生产、循环经济的目标，全面推动我国包装产业结构优化升级。

本 章 小 结

本章在结合电子商务分析我国包装产业结构的基础上，从我国目前包装产业结构存在的"区域发展失衡、传统产能过剩、新型产能不足"等问题出发，提出"坚持绿色环保理念、坚持转变生产方式、坚持优化供给结构"的包装产业结构调整原则，进而提出了包装产业结构优化升级的三大战略，即创新驱动发展战略、服务型发展战略，包装产业与其他产业关联战略，以期为包装行业产业结构优化升级，进而推动其绿色、循环发展提供有效的政策建议。

第 *6* 章

中国包装产业科技创新战略

6.1 国内包装产业科技创新的发展现状和创新机制

6.1.1 包装产业科技创新的发展现状

创新被定义为在特定环境中改进或创造新的方法，这些方法包括元素的创新、路径的创新和环境的创新等，但也不仅仅局限于上述几种方法，其中重要的一点是使用现有的知识和材料。科技创新在创新体系中占据着不可忽视的地位，因为科技创新包含了工艺技术的创新、研发技术的创新和非物质文化的创新等。科技创新常常使用先进的技术管理手段和生产工艺流程，具有鲜明的时代特色。总的来说，科技创新主要在三个领域得以体现，分别是知识、技术和管理，它们的创新使得生产水平不断提高，社会效率得以提升，生产的产品时代性鲜明。除此以外，具有独创性的科技创新不仅能促进社会生产效率的提升，还能指引出新的产业发展方向，引领新时代的社会革新，开拓全新的科研领域。对于科技创新而言，信息获取的及时性对其影响巨大，而信息共享程度和制度体系对科技创新的发展也颇具影响。因此，信息技术也是科技技术创新的重要组成部分。知识创新、技术创新、管理创新以及信息技术的优化能比较全面地展现现代科技创新在不同地域的发展阶段。

根据"十二五"规划与战略的要求，我国已经进入建设创新型国家全面发展的关键时刻，科技创新的重要程度更加不言而喻。目前，我国已形成涵盖纸包装、塑料包装、金属包装、玻璃包装、其他包装，以及包装印刷等子行业的包装行业体系。据中国包装联合会统计，我国包装工业年复合增长率达16%，2011—2015 年我国包装工业总产值如图 6 – 1 所示。

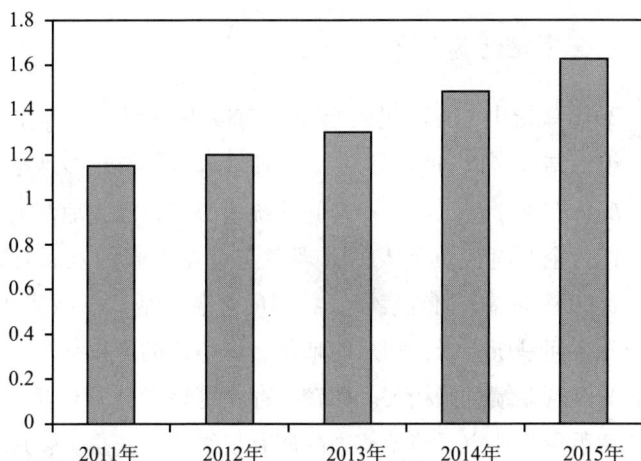

图 6 – 1　包装工业总产值

经济社会发展进程的加快推动了包装产业的转型升级，具体表现为包装材料由过去的高污染、高使用量逐步朝着高科技含量、高效能、低浪费、可循环利用等方向转变，并向低碳绿色环保、经济效益最大化的方向不断前进。立足于我国包装产业的发展现状，继续持续有效地推进包装材料和核心设备的创新与突破，对包装废弃物进行回收利用上的技术改进仍然十分迫切。全国政协常委、中科院院士徐冠华指出，我国的包装产业门类多样，而且具有比较的竞争优势，因此应该采用差异化的发展战略。

6.1.2　包装企业具有灵活的创新机制

包装行业涉及范围广，涵盖了纸质类、金属物、塑料制品、玻璃制品等材料的包装生产与制作，还涉及包装印刷、包装机械制造等，且其自身也经历了一个循序渐进的发展阶段。最初的包装企业主要依靠的是纯手工、低机械的操作，生产效率极低。行业资金的不断集聚和社会分工的产生使得包装企业顺利实现资源优化配置，生产效率不断提高。企业生产规模的扩大使其具备较多盈余资金进行技术研发投入，在此基础上运用科学的研究方法，设计并使用更先进的机械设备，进行更有效的规模管理，促进产品不断地更新。在原有包装产品的基础上，附带更多附加值，提高企业价值的同时使整个行业形成良性竞争，最终实现包装行业竞争力的提升。

1. 包装企业管理结构简单

姚庆荣（2013）指出，我国包装企业目前以中小型企业为主，企业的人员相对较少，组织结构多以扁平型为主，这使管理者能够更多地把握公司所有员工的工作情况，有利于员工与公司之间的统一协作，极大地调动了企业员工的积极性，而作为企业直接负责人的管理者与企业未来的发展有着密切的关系。孙荣海（2009）的调查研究表明，我国的包装企业大多数为中小型企业，一般来说，管理者便是所有者，相对明晰化、集中化的产权结构使企业管理者的前途同企业的经营业绩息息相关。即较少存在管理者与所有者之间，相对于经营目的的、经营手段的冲突。简单清晰的所有权结构，减少了管理者做决策时的利益冲突，能够实现企业的最大价值，在进行科技创新的投资方面，承受研发风险，这是实现科技创新的原动力。张耀权（2008）同样指出，包装企业的管理者多数具有积极进取、敢冒风险、较具管理能力的人格特征，科技创新是要冒很大风险的，管理者的这种锐意进取的企业家精神是实现技术创新的原动力，简单的管理结构使包装企业更有动力研发创新。李正军（2008）指出，创新精神是企业家的本质特征，中小包装企业简单的管理结构使得企业家更容易提供创新方向，发挥多功能团队的优势，加强企业内部的沟通与合作，为创新活动的实施提供结构基础。

中小型包装企业为了更有效地实施控制，一般采用扁平式组织结构。这种结构的特点是管理层级少，管理跨度较大，信息在系统中的传递速度快速、高效，组织具有灵活性，能快速应对市场和外部环境的变化，从而果断地作出正确的决策。我国虽有20多万家包装企业，其中大部分为中小企业，其间又以民营企业居多，适合中国经济转型发展的需求。

2. 科技创新有利于提升包装企业的市场竞争力

我国经济已进入平稳发展的时期，正由经济大国向经济强国转变，已经成为各行各业重要的发展动力。宛燕（2015）指出，包装行业进入壁垒较低，现有包装材料、包装机械、包装工艺可模仿程度较高，一旦新技术产品在市场上流动，很快便可以被"复制"出来。因此，为了能够保持在市场上持续强势的行业地位，企业就需要不断地创新，且技术创新是最不容易被模仿复制的。想要进一步发展，就要不断地更新技术、设备，吸引更多人才，提升员工素质，研发属于自己的核心技术，使知识经济成为以后发展的核心，为包装产业提供强大的科技创新基础，从而保持在市场中的竞争优势。陈敏佳（2015）指出，国内包装企业属于密集型产业，企业间的合作是一个良性竞争的组织方式，有利于企业利用各自的优势进行创新活动。目前国际产权竞争加剧，技术更新加快，企业间的合作既可以有效利用资源，又可以共同研发包装技术，及时把握市场的机遇，实现互利共赢、团结协作。侯清麟（2013）指出，要想发展包装强国，就要以技术创新驱动包装产业转型升级，积极开发绿色环保的包装材料，研发适应时代要求和国际规范的生产设备，通过提升科技技术水平和行业整体研发能力，实现包装产业经济效益最大化，促进包装产业可持续发展以及实现产业循环经济。徐登科（2011）提出在国家大力推进科学技术创新的环境下，包装企业要积极利用国家给予的鼓励政策，大力推动科技创新下产业的结构转型升级，调整产业结构，提升产业的生产制造水平。随着国内与产业相关的部门、企业的自我研发能力的提升，我国包装产业的许多产品与水平已经接近甚至领先国际先进水平。从包装产业整体来看，与包装相关的技术越来越成熟，低能耗高效益的社会生产制造模式已经初步建立。

3. 包装产业科技创新发展

我国包装总公司同世界各个国家建立了联系，其中全球创新集成（中国）中心就是我国同美国共同组建的，它的目标是加强产业创新与全球经济的融合，充分利用国际资源。创新集成（中国）中心的成立，为我国的科技创新发展提供了有力的支撑，不仅做到了对世界各个领域的优质资源整合，还为全球范围内的创新交流与合作搭建了平台，为我国科技创新走向国际舞台发展作出重大贡献。

黄娟（2017）提出，绿色科技革命是科技发展新趋势，但目前我国还存在着制约创新发展的思想观念和深层次体制机制障碍，导致出现创新体系整体效能不高，高层次领军人才和高技能人才十分缺乏，创新型企业家群体亟须发展壮大等问题。《"十三五"国际科技创新规划》《国家创新驱动发展战略纲要》等重要文件要求积极探索中国特色绿色科技创新之路。陈敏佳（2015）在文中写道，包装企业要在国际化产业链中生存，并且要获得发展的主动权，创新就是动力之源，竞争之本。我国是印刷术的发明者，但受到历史、资源等因素的影响，在近代西方技术革命之后我国的包装行业处于弱势地位，在全球化经济的大背景下，增强我国包装企业的创新能力刻不容缓。王润球（2012）提出，我国应该制定适应国情和行业情况的包装法，建立起满足科学发展观要求和包装产业发展特质的绿色包装法律体系。绿色环保包装法律调控体系应该从产业链的开端，例如选材、设计等，到生产再到销售与使用都进行规范，从多个方面建立完善的调控制度，并明确各自的地位、责任与义务。刘运材（2009）提出，包装产业技术创新的关键是把握核心技术，我国食品包装企业正朝着功能齐全、模块发展、智能化控制及高度精细化等方向前进，越来越多的企业开始将高新技术应用到包装机械上。

4. 包装企业科技创新具有更强的适应性和多样性

姚庆荣（2013）分析了中小型的民营包装企业在技术创新层面开展的工作，表明我国民营包装企业的技术创新活动能够更直观地面对消费群体，且不一定有多样性。民营企业相较于大型国有企业而言，其竞争优势是较强的灵活性，他们可以自主地进行创新研发活动，还能够为其他企业的创新活动提供支持和服务。民营企业的创新受约束较少，不仅能从创新成果方面来体现，还能够从创新的过程、创新的方式方面入手。李芳（2006）认为我国中小型包装企业之所以选择走专业化发展道路，是由其自身的特点所决定的，这样才能够更好地将各自企业的核心竞争力淋漓尽致地发挥。通过开展企业联盟和分工合作来与大企业抗衡，进行联盟企业的优势互补，以较高水平的企业发展带动中小型企业的发展，提高他们的市场适应力、竞争力、自信度以及生存能力，提供对中小包装企业的资金支持，方便他们的融资活动。任何一个行业的兴衰都是由自身的实力所决定的，我国包装企业也不例外，而提高科技创新能力是我国包装企业增强自身实力，发挥其核心竞争力的有效途径，对企业的长期生存和发展具有深刻的影响。

6.2　我国包装产业科技创新存在的问题

6.2.1　循环经济在包装产业科技创新中发挥作用较弱

1. 科技创新遇瓶颈期

包装产业的发展经历了一个循序渐进的过程。在包装产业发展的初期,其操作是原始化的,主要依赖工人的手工制作工艺,工人的劳动没有剩余价值,不能创造出超额利润。随着行业的不断积累,包装产业的资金投入量也逐渐增加,由原来的纯手工制作发展到了简单的机械操作,生产效率也有所提升。随着生产规模的进一步扩大,产业内部积累资金进一步增加,产业更加注重科学技术的运用,学习更有效率的操作技术、研发更先进的生产技术、采用更有效的管理技术等来增加企业的市场价值以提升产品的市场占有率。初期的发展是顺利的,在塑料等包装材料的出现之后,由于其低价、便捷的产品特征,致使一次性塑料包装在市面上大量流通。2015 年我国包装行业中,塑料包装产品占总行业产值的 39.65%,成为包装材料的主要来源。虽然塑料包装具有质轻、便于携带、密封性好、可视性强等优势,但是用于食品包装也存在着不能加热,易产生有害气体且气体浓度随密封时间的增加而升高致使袋中实物受到不同程度的污染等不可避免的劣势,使得塑料包装成为亟须改进的重点。在对可持续发展理念的不断秉承下,可降解塑料、再生塑料等新型材料逐步出现。然而,生物可降解塑料不会在自然环境中降解,它会对环境尤其是海洋环境造成持久污染。有“生物可降解”标签产品的广泛使用,不会很大程度上的减少投放到大自然的垃圾,或者降低塑料对环境的污染只是从程度上有所削减。例如氧降解材料中包含亲氧化剂——锰,能够促进塑料分解为碎片。但是经过调查研究发现,氧降解材料在海洋中的分解是非常缓慢的,可能需要 5 年的时间甚至更长,而且分解后的碎片并不会融入海水中而是继续对海洋造成威胁,其碎片颗粒会被海洋生物所吸收,危害海洋生物。由此可知,市场上现存的大部分塑料包装并不是真正地达到了环保的标准。而包装产业由于其行业特征，多数企业不愿增加更多的科研投入来研发符合可持续发展、促进循环经济理念的包装物。

2. 绿色包装概念模糊

许多人混淆了绿色包装的含义，认为采用的材料符合绿色标准就是绿色包装，忽略了在生产制造过程中存在的污染问题，也没有对其是否可回收，能否再利用进行考虑。实际上，绿色包装是指低污染或无污染的包装生产与制造，能够满足产业可持续发展的基本要求。"绿色"的主要内涵有两点：第一点是无污染或低污染；第二点是可持续可循环。其中，无污染是基于生态保护的要求，而可持续是基于社会发展与掠取资源之间平衡矛盾的要求。节约资源与保护环境密切相关。理念对行为具有指导作用，要将采用绿色包装这一理念落到实处，大力推动绿色包装产业的发展，首先要树立人们的环保意识。绿色包装实质上就是包装材料的绿色化。顾名思义，绿色包装材料就是指用来包装商品的包装物是环保的，它在商品的整个生命周期内都不会打破生态平衡，对环境造成污染，即使废弃后也能够迅速自然降解或者被回收再利用的材料或材料制品。它具有来源广泛、耗能低、易回收等特点。目前，我国的绿色包装材料主要包括聚丙烯、瓦楞纸、纸杯、纸盒以及我们在生活中经常使用的纸质包装品等可降解塑料和天然生物分子材料类等。那些可以用光敏剂降解聚合或者能够用物理化学物品降解的各种塑料制品和其他包装物都属于可降解塑料制品的范畴。鉴别包装材料是否绿色的一个重要指标就是产品生命周期。即使是纸质包装本身可降解，但如果回收处理不到位，也不符合绿色包装的概念，其中，低价、轻便的塑料包装近年来日益受到厂商和消费者的青睐。

虽然在引导消费者进行绿色消费层面上，我国政府已经制定了许多规范使用绿色包装物的法律法规，但是其效果并不佳，循环经济的概念没有深入人心。企业在包装设计上要不断"推陈出新"，消费者以满足消费需求为主要目的，在商品的选择上更偏好于那些有"独特"包装外形的产品。此外，政府对包装企业的创新引导力不强，导致过度包装现象层出不穷。根据我国行业统计数据显示，在 2015 年全年平均消耗了 13 亿件 T 恤，仅包装盒就耗费掉纸质包装材料 3 亿吨，相当于砍伐 250 万棵树。不仅是服饰包装，流通在市面上的许多产品为了吸引消费者的注意力，增加了诸多异型性用品以及不必要的独立包装，这些都增加了环境的负担并与低碳、循环经济理念相违背。

3. 忽视包装的循环利用

多数消费者没有树立包装物循环利用的观念，甚至不愿意使用二次包装，都为绿色包装带来一定程度上的困难。近年来，政府对于消费者使用绿色包装出台了一系列政策加以引导，对于提高消费者的环保意识起到了部分作用。部分消费者在环保意识的指导下，开始注重包装是否环保、能否循环利用。但是不顾对环境的影响，以个人利益为主导的消费行为占据大数。目前，互联网购物越来越普遍，快递行业迅速崛起。为了保证物品的安全抵达，快递公司大量使用塑料泡沫、塑料袋等多层包装，以防运输过程中产生损坏。然而，大部分快递公司尚未对包装回收利用引起重视，塑料包装物一次性使用的情况并未有好转。快递公司业内人士表示，快递包装重复使用难度大多是由于我国快递包装五花八门，缺乏统一标准，且商品琳琅满目，规格不一。各大电商为吸引消费目光，为各自的不同产品设计包装，快递企业根据电商的要求定制不同规格和性质的包装，导致快递包装种类繁多，加大了快递包装回收利用的难度。

6.2.2　包装产业科技创新核心竞争力较弱

改革开放初期，我国出口到国外的产品因外形不美观而无法以较高的价格出售，造成每年将近数亿美元的损失。当卖方发现"包装"能给产品带来翻倍的收益后，我国的包装产业迅猛发展，在无限制条件的情况下，其年均增速超过 6%，从此包装产业越来越受到重视，逐渐发展成为国民经济的重要组成部分。但是，快速成长的包装企业在缺乏创新条件和机制的背景下，给环境保护带来了不利影响，也给消费者造成了一定的困惑。例如，包装的尽善尽美导致消费者面对纷繁复杂的包装产品时，不能够直观地了解产品的内在质量，不能评估包装在产品价格中所占的比重。其中最受大家关注的就是中秋节月饼的包装，近五年中国月饼市场的规模约 240 亿元，出口交易货值约 5 亿元人民币，年产量 35 万吨，月饼外包装费用占月饼生产成本总额超三成。不仅仅是月饼，搭配销售的过节礼物如茶叶、烟酒、金银珠宝、保健品、药品等商家为了增加商品的吸引力，都陷入了"过度包装"的怪圈里，包装后的产品销售价格翻倍上涨，且多数包装为一次性使用，其浪费程度对循环经济造成了不利影响。根据我国环保部门以及环境与经济政策研究中心的有关人员了解到，我国包装产业虽发展快速，但是使用过后能够回收利用的包装物少之又少，这也就造成城市垃圾越来越多。2015年我国包装行业实现销售收入5244.4亿元人民币，但是包装废弃物的回收利用率仅有20%～30%，顺丰快递、1号店、苏宁易购、京东商城等快递服务企业尝试进行快递包装回收，效果甚微，仅有不到20%的消费者响应。

细致观察我国包装产业的产品结构，我们不难发现：我国包装产品种类齐全、数量众多，总体高达1000多种，但可惜的是，技术含量高、质量有保障的产品少，更多的是一些低性能、不可靠的包装产品。从整体的企业发展情况来看，我国缺少包装机械行业的龙头企业，达到国际技术水平的大规模、高档次的企业不多；从产品的研发上看，由于对科研技术开发的投入不够，我国自主研发能力还很欠缺，在测试效仿阶段停滞不前。与世界发达国家相比，我国在这方面的经费投入只占销售额的1%，和他们的8%～10%还相差甚远。

6.2.3 行业性质导致的包装产业创新驱动力不足

1. 包装产业科技创新政府支持力度不足

目前我国尚无规范包装企业进行低碳生产的行业标准，毫无疑问，包装企业竞争力和发展状况的不平衡一定会制约我国包装产业循环发展。从我国包装企业的现存状况来看，大型包装企业数量不多，中、小型包装企业占据着这一行业的主体，在一些发展落后的偏远地区很多企业仍然是以小作坊的形式进行生产。在整个包装行业，中小企业约占总数的99.78%，其中小型企业高达93.39%；中型企业6.38%；大型包装企业仅仅占据0.22%的比例。由此可以看出，我国包装行业的产业结构比例不协调，在产业基础建设这一环节较为薄弱。再加上自身规模不够大，中小型包装企业无法拥有先进的生产设备，生产技术和工艺都很落后。而考虑到盈利的需要，为了不造成企业的损失，他们暂时不会转变发展方式，将在比较长的一段时间内都保持高污染的生产水平。但是那些大规模、高生产水平的包装企业能够在开展低碳化发展的道路上，依托本身的经验、技术等其他优势作出对策、合理配置企业拥有的资源以达到低碳生产的目的。

我国包装产业如果停留在以往的规模水平上停滞不前，必然会导致整个产业链条的松断，不利于行业的整体发展。虽然我国些许大型包装企业已经意识到包装产业低碳化发展的重要性，在包装的开发、生产、使用中都采用低碳化生产方式，但是低碳理念在我国包装行业还没有得到很好地普及，整体的思想认识还较为落后，进一步阻碍了包装产业的低碳化发展。促进我国包装产业循环绿色发展，仅仅在观念上进行教育和宣传是不够的，更为重要的是要将意识转化到日常的实践活动中来。这一发展模式的实现，需要有先进技术的支持，还要企业主体的自觉行动，积极主动地调整生产过程中的生产方式，另外，行业标准的制定也必不可少。通过严格的标准规范，严厉打击生产过程中破坏环境的行为，并对其进行量化。我国包装行业在生产过程中排放的碳污染对我国的环境造成了严重的伤害，生产效率低下的问题突出，造成这一问题产生的间接原因是我国的主要消耗能源是煤，另外，在制作包装制品的生产过程中，消耗的电能也会增加碳的排放。最后，与之相关的工艺生产活动又增加了污染物的排放。

2. 包装产业进入壁垒较低

许多中、小型甚至是家庭作坊式包装企业能够在我国的包装行业中占据较大部分和存在，主要是因为整个行业的准入标准制定不合理，进入的门槛低。由于国家对他们的监管不足，他们没有形成规范的管理制度，再加上资金不够，无法引进先进的技术设备，仍停留在使用落后技术的阶段，环保意识也尚未建立，在这样的企业环境下生产出来的产品质量低下，甚至连国家法律法规严格规定的标准都达不到。但是，这些产品最终还是进入了消费者市场，降低了整体包装市场的水平。鉴于我国包装业特殊的行业特征，导致政府无法实施更加有效的管理政策，再加上已经制定实施的法律法规缺乏强制性，使得众多包装企业即使不采取可持续发展方式，也能获得生存，因而政府应当有针对性地加强对我国中小规模包装企业的管理。与美国、日本等发达国家相比，我国的包装产业起步晚，发展的水平也难以和他们的包装行业相抗衡，在产品的种类、规模和生产流程上都很落后。包装产业进入壁垒较低，在一定程度上还导致了部分包装企业在不完全了解行业信息的情况下对包装材料的重复引进，浪费了人力、物力、财力，却并没有得到有利于循环经济发展的工艺科技，以至于企业的经济效益持续下滑；当一个企业看到另一家企业达到较高的效益水平时，会立刻纷纷效仿该企业生产同样的产品。在没有技术差别的情况下，这样的方式无疑会造成整个市场竞争的混乱，重复生产也会导致资源的浪费，降低整个行业的生产效率，导致产能过剩，那些生产力水平低下的企业也会在这种时候被市场淘汰而破产倒闭。包装产业不足的监管力度，导致了包装企业在优胜劣汰的经济大环境下无法重视绿色循环发展。

6.3 包装产业科技创新的影响因素

6.3.1 主要影响因素

1. 包装产业政策支持

我国作为排名世界第二的包装大国，具有包装规模大，下属产业、企业多的特征。包装产业是与国计民生紧密联系的服务型制造业，在国民经济与社会发展中占据着举足轻重的战略地位。近年来，随着我国国民经济快速发展，带动我国消费市场不断扩大，对包装产品的需求大幅增加，包装业发展迅速，取得了巨大成就。我国在 2011 年 3 月 16 日发布了《中华人民共和国国民经济和社会发展第十二个五年规划纲要》，在其中的第三篇第九章中明确提出："包装行业要对先进包装设备加快发展、扩大包装新材料与高端包装制品的发展步伐"。可以看出，国家高度重视包装产业的发展。根据数据显示，2015 年，我国包装企业共有 25 万余家，包装产业主营业务收入达到 1.8 万亿元。在"十二五"阶段，根据战略规划的指导，我国包装产业不断扩大规模，一步步优化产业结构，发展实力也得到不断地提高，在国名经济发展中的地位也持续提升。同时包装产业在服务国家发展、建设制造强国、推动经济发展、适应民生需求中体现了不可替代的贡献能力，巩固了我国作为世界第二包装大国的地位。包装工业在我国工业体系中的所有主要门类中排在第十四位，是我国制造体系的重要构成单元。然而，国内的包装产业在快速发展的同时，仍面临着规模大但创新能力差的不足。无论是从整个行业还是某一企业来看，自主创新能力都很缺乏，在推动科技创新和技术改进上的经费投入严重不足，导致我国难以实现技术升级和产品及方法改进，正在使用的一些先进的包装材料都是从国外引进的，生产的关键技术也依靠发达国家的支持；我国目前还未发展建立起绿色化生产体系，很多包装企业仍然采取传统的粗放型生产模式，带来的是高成本投入、高能源消耗以及废弃物的大量排放；包装制造过程中缺乏信息化，机器设备还未形成完全的自动与智能化；各个区域间的产业发展水平不均衡、步调不一致；质量低下、性质相同的产品在市场上重复建设的现象突出，混乱的竞争市场尚未得到整治；产能严重过剩、区域发展失衡、核心竞争力不强等，这些影响产业可持续发展的突出问题，必须通过转型发展来解决。2016 年 12 月 19 日，《关于加快我国包装产业转型发展指导意见》在工业和信息化部和商务部以工信部［2016］397 号文件的形式正式发布，它为包装产业的发展提供战略指导和具体的行动策略。

尽管我国目前制定了许多相关的政策和法律法规，但是政府对于低碳生产与消费意识的引导较弱，低碳意识没有深入人心。多年以来，我国政府一直致力于引导消费者转变消费意识，但是很对公民与消费者对于低碳经济这样一新兴理念认识还较为薄弱，甚至有很多消费者一直延用过往高碳排放量的消费方式并对此毫无感知，低碳消费意识仍待加强。由于政府对低碳消费理念的宣传教育不足，使得公民没能真正了解低碳的概念，不知晓低碳消费背后存在的经济含义。虽然在日常生活中的很多地方随处都能看到有关"低碳"的宣传标语，但真正能够将低碳意识融入自己日常消费行为的消费者仍然不多，从另外一个角度来说，改变一种旧有的消费习惯是很困难的。目前我国消费者对于低碳消费的意识还没有形成一种群体效应。

在我们日常消费的过程中经常会出现低碳消费的字眼，但是企业是否进行了低碳化的生产，消费者如何进行低碳消费，怎样选择低碳商品上仍然存在很大误区。商品生产企业与消费者之间是相互联系、相互制约、相互促进的关系，只有当消费者真正了解了如何选择低碳商品，并养成低碳消费理念和践行低碳消费模式时才会促使企业必须生产出低碳、环保的产品来迎合消费者的需求。

在我国包装产业中，大部分企业都属于中小型企业。我国政府应当加大对那些发展较快、前景较好的大型包装企业的政策支持、资金支持，因为他们能够在国际市场中获得生存并进行国内包装产业的宣传。国家对这些企业应该加强科学技术投入，提高他们的自主创新能力，尽量使用自主制造的产品和材料，减少进口量；针对中小型包装企业则应该帮助其成长起来，为这些企业的发展奠定良好的环境，提供硬件基础设施，同时政府也要加大政策支持与创业投资支持，通过开放税收政策和设立科技创新基金等一系列金融方面的措施，有效解决我国包装中小型企业的资金不足、融资困难等问题，实现该产业内部大、中、小企业的协调发展。

2. 包装产业研发投入

实现包装强国的梦想，应当以培育包装企业为基石。大部分发达国家的包装行业都拥有一定数量的大型包装企业集团，并通过国际收购、兼并等行为，形成新的跨国包装集团，而目前我国拥有的具有自主知识产权的大型包装企业数量很少。包装企业总体呈现出多而不大，大而不强的特点，大多数包装企业仍是小规模的"代加工工厂"，低水平重复建设、技术老化、装备陈旧、工艺落后、资金短缺等现象突出，企业在一种低水平的竞争中精力被分散到应付生存挑战。由于缺乏充当"领头羊"的大规模、高水平的包装企业带领，不仅使我国包装产业无法产生良好的集群效应，同时也无力开展大型的技术攻关研究，成为目前制约我国包装产业发展的短板。

绿色包装发展需要采用先进的技术给予支持，在实施绿色包装战略前期需要加大成本投入，因此使其生产成本要远高于现有的包装材料，短期内无法在经济效益上与传统包装材料相抗衡。资金不足已经成为我国包装产业发展过程中的重要阻碍因素。我国政府虽然一直都关注包装行业的融资难问题，也制定了大量的国家政策予以扶持，但是在落实的过程中依旧存在信息不对称、手续较繁杂等困难，导致这一问题无法得到有效的解决。很多企业不能够进行技术改造，都是由于在资金的限制，无法发挥应有的经济效益。衡量一个国家的科技发展水平、经济的持续增长力和创新力，可以对这个国家在工业发展进程中的 R&D 经费的投入比重进行计算。这一比重也适用于国际上的其他国家，成为对一个国家或地区科技投入强度大小进行衡量的世界化通用指标。

企业融资可以通过三种形式获取：内源融资、债权融资和股权融资。其中内源融资，即通过公司内部利润的积累获取资金来源，是最安全且最容易被采取的融资形式。但是，留存收益的过多积累，意味着股东分配到的利润较少，在不能获得期望收益的情况下会造成股东对公司利润的质疑，从而降低股价市值。债权融资是企业通过举债的方式筹集资金并支付一定比率的利息，在期满后向债权人偿还本金与利息的融资方式。与股权融资相比较，债权融资的资本成本较低，能够保障公司的控制权力即股东的控制权不会被稀释，有效利用财务杠杆增加企业价值等。但是，债权融资的隐形成本较高，对想要获得资金的企业需要资格审查和信用评级，限制条件较多，筹资规模受到限制等。股权融资则是指企业股东愿意通过让出部分企业所有权为企业增资的一种融资方式，它主要是通过吸引新股东进入企业的方式进行的。企业对通过这一方式获得的资金支持不需要还本付息，但新股东将与老股东将共同参与企业的赢利与成长。根据股权融资的特点，其用途较为广泛性，它既可以充实企业的日常运营资金，也可以作用企业的投资资金使用。同样的，股权融资也存在着融资成本较高、分散公司股东控制权，公司经理人道德风险和逆向选择的缺陷。

想要获得优质、大量、稳定的资金来源，融资形式的选择是非常重要的。综合使用三种融资形式，利用财务杠杆的原理给企业带来最大的经济效益。我国大多数包装企业属于中小型企业，据不完全统计，仅有不到1%的包装企业成功上市。由此看出，包装企业取得上市资格阻力较大。

在此次调研活动中，2017年2月我们共计发放300份调查问卷，调查者均为包装行业业内人士，回收有效问卷286份。调查问卷结果显示，有54.29%的包装执业人员认为包装行业的技术创新中，资金占据最主要的位置。

3. 包装科研人才培养与教育

作为科学技术与经济发展的"第一源动力的"科技型人才不仅仅是先进生产力的开拓者，也是其推动者。科学技术正是以其为最重要的核心载体而获得发展。所以，我国应重视科技型人才，他们将引领经济和科技发展到一个全新的制高点。国家只有拥有科技型人才，才能打好科技创新这场战役，在其中占据主导地位。但是综观我国包装产业整体的人才状况，其中高层管理者和基层管理者的数量都不高，甚至是专业生产技术人员也都无法满足企业的发展需要。并且，现有的企业员工也没有较高的专业能力和素养，无法对行业进行准确的分析、判断，对行业的敏感度低。企业也没有形成先进的管理文化对整个组织进行管理协调。根据调查发现，我国包装行业当前的专业技术人员在数量上明显不够，仅占整个行业职工总人数的2%。我国包装产业中尤为缺乏技术型人才，生产技术人员、科技型企业家。由于某些企业的科技创新意识不强，对技术人才培养重视程度较低，使得无法从整体上提高我国包装产业的从业人员素质，这也就阻碍了企业提高创新发展能力和包装产业发展的进程。由于包装产业没有建立完善的公司法人治理结构，企业内部常常会因为权责不一而产生冲突，难以对企业人员形成有效的约束和控制，企业没有良好的法律制度对生产运作过程进行规范，严重影响企业进行技术改进和科技创新。

我国包装产业缺乏专业技术人员的问题已经严重影响到产业整体的技术创新能力，如果不对专业技术人员进行培训和教育，我国包装产业技术落后、创新不足的局面就很难改变。国家在这方面可以采取以下措施：对专业技术人员加大培训力度；建立健全薪酬激励机制，向企业员工发放福利；改善工作环境、重视对员工的人文关怀等，更好地保留企业优秀人才；提高对该企业培训和教育等领域的培训力度，在培训课程的教授中贯穿专业技术内容，加快专业人才和高级包装人才的培育。

4. 包装产业中的基础研究

基础研究是指通过认识自然现象、揭示自然发展中的规律以获取新知识、新原理、新方法的研究活动。20 世纪初，爱因斯坦等所做的"基础研究"推动了 20 世纪科学技术的突飞猛进。加强基础研究有利于提高我国原始性创新能力、积累智力资本，是我国跻身世界科技强国的重要举措，同时也是将我国建设成创新型国家的根本动力和源泉。前沿的基础研究是推动我国包装产业科技创新的内在动力，有了基础研究才能去创新。基础研究是实现科技创新的重要步骤，它丰富了人类知识宝库，有利于推动我国包装经济的发展，提高了我国包装产业的创新能力和核心竞争力。尽管目前我国的基础研究已经发展了不少，但是从整体看来，其水平还较低，距离达到世界发达国家的先进水平还比较遥远，特别是初始性的创新成果比较少，研发率仍低于世界平均水平；基础研究队伍整体水平有待提高，人才队伍结构与区域分布也存在不合理的现象；同时我国包装产业基础研究多年在 5% 左右徘徊，但创新型国家的基础研究经费投入占比约为 55%，只有创新型国家占比的十分之一；包装产业的科技基础设施与研究环境作为我国包装产业科技创新发展中的重要因素，跟包装强国相比也存在明显差距，亟须改善。上述问题都对我国包装产业基础研究的健康发展产生了或多或少的影响，一定程度上制约了我国原始性创新能力的提升。

6.3.2 影响因素的矩阵分析

通过对上述问题的研究可以得出，研发投资、政府政策、基础研究、人才培养这些影响我国包装产业科技创新的四大要素在可控程度和影响程度上均有所不同。为了理清各因素之间的关系，我们从国家的可控程度和对企业的影响程度两个维度，对以上四个影响因素进行分析，如图 6 - 2 所示。

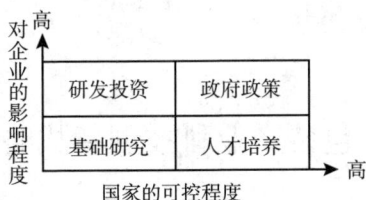

图 6 - 2　影响因素的矩阵

以上分析中，有两个影响因素都在矩阵的右上角，表明政府政策国家可控程度和对企业的影响程度都比较大。政府实施政策的与否和力度大小集中体现了国家对科技的重视程度及其科技在国家中的地位，因此发挥好政策的规范与引导作用对于科技发展至关重要。另外，科技政策的制定也很有必要，它具有更强的针对性，直接影响着其他要素作用的发挥。国家应该提高对政府政策这一空间上因素的重视程度，在政策上力求给予包装企业在科技创新上最大的支持及为包装企业进行科技创新提供更广阔的发展空间。

研发投资相较于政府政策，国家的可控程度降低，但对企业的影响程度依然很高。企业自主创新需要大量的资金，在缺乏投资的情况下企业往往会放弃科技研发。因此研发投资对企业的影响程度相对较高。

人才培养需要国家政策的支持，在对技术人员的培养中，不仅需要培养扎实的基础知识，更要培养其自我学习能力、创新精神和创新能力。国家可以通过政策加强人才培养，通过引入新的激励机制，加大对专业技术人员的激励力度来吸引人才、留住人才，将包装技术内容融入教育中。知识是通用的，人才的培养对于企业科技创新来说，其影响力度小于政府政策。

基础研究相对于前面三个因素，国家可控程度和对企业的影响程度都较低。目前来看，基础研究在我国包装产业中发挥的作用有限，且多数为科技园区自行研发，受国家控制较弱，对企业的影响程度也要低于研发投资。

包装产业科技创新的众多影响因素是彼此联系的，构成科技创新体系的各个部门之间、不同群体角色之间的关系也是互相影响、作用、制约、共同管理。虽然各种要素的作用和地位以及预期实现的目标各不相同，但是只有组合在一起才能形成一个有效的体系，共同促进科技创新活动得以顺利完成。因此，为了最大发挥各因素应有的作用，必须对他们进行整理分类，在这之中，要加大政府的主导作用、研究机构的骨干作用、市场的决定性作用和企业的主体作用，建立健全评价指标体系，加大基础资源的制度建设，逐步提升我国包装企业的科技实力和创新能力。

6.4 包装产业科技创新战略构成

6.4.1 科技协同创新战略

1. 包装研究院所与科技创新集成中心的协同发展

我国包装产业协会应该利用好自身的优势，加强同政府之间的合作，共同建立包装研究院所和科技创新集成中心。创新对包装研究院的开发建设，使其朝着有利于科学技术的研究、发现以及创新的服务型机构发展，打造一个推动我国包装产业科技创新活动发展的平台。并大力支持我国包装行业同研究型高校之间进行合作，坚持市场导向的原则，发挥企业在科技创新中的主体作用，积极主动地走出去，同国外先进企业进行优势互补，重点研发既能符合消费者诉求又与市场发展相适应的新产品，进行技术的新开发。通过包装研究所与科技创新集成中心的联合，攻破企业在创新过程中所需的关键性技术，在突破我国包装企业的核心技术的同时，严格遵守国家对企业的要求和规范，不断壮大我国包装产业的科学技术力量。科技创新这一平台是在前者的基础上，为企业的科技发展构建行之有效的创新体系，通过这一平台的搭建，方便那些科技实力雄厚的包装企业在遇到技术问题时向这一集成中心进行咨询，为企业做好准确的目标定位，高效集中地推动目标的实现，加快企业市场开拓的步伐。

2. 企业与企业之间的协同发展

协同战略概念首先被美国战略管理学家伊戈尔·安索夫提出，该理念认为协同效应就是企业通过综合自身能力（生产、营销、管理等不同环节）的识别与机遇的匹配关系来成功拓展新的事业，从而实现"1 + 1 > 2"这一企业战略目标。行业内部各个包装企业间的合理竞争能够有效推动整个行业的发展，在进行竞争的同时，对资源所形成的合理配置又会促进科学技术的进步。一方面，我们要肯定竞争带来的优点：即各企业能够在竞争中形成自身的核心竞争优势；另一方面，我们要看到合作的重要性。作为与竞争相矛盾的协同合作，能够通过合作关系的建立，在合作双方之间合理配置资源，帮助企业建立独特的竞争优势。协同合作主要可以通过发展战略联盟、建立伙伴关系等方式进行，以谋求企业的共同发展。通过协同合作，能够将资源的效能最大化利用，形成核心竞争优势。总结包装企业的发展经验，我们发现独立存在的企业个体很难在激烈的市场竞争中获得生存，只有通过与其他企业合作的方式，才能发挥出自身的优势，并改善不足，提高企业的经济效益，占据更大的市场份额以拓展发展空间。协同战略这一发展模式强调打造企业共生体，寻求整体的共生共赢。在合作中实现信息的共享，为抓住下一个发展机遇提供指导。合作双方建立起包括某些层面的协同竞争的协作关系。它不是反对竞争，反而关注于企业自身竞争力的提高。并不是每一个企业都能实现协同发展，只有那些拥有核心竞争力的企业才能被这一战略纳入，没有建立起核心竞争力的企业只得在这一阵营之外。另外，这一战略会随着外部市场环境以及企业的发展状况和战略目标进行调整。其次，这一协作也不是任意双方建立起来的合作，而是在对双方以及双方进行的生产任务进行调查后，综合考虑任务相关性和伙伴关系相关性标准，在达到文化适应与战略适应的同时建立起合作关系；协同战略在对要展开的任务进行选择时，注意实事求是，具备灵活性。

协同战略是一个大系统战略。它建立起企业同竞争者、环境，以及合作者的同步协作，从根本上来说是建立起供应商、竞争对手以及顾客之间的竞争协同。这一系统需要各方都参与其中才能运作，任何一方的孤立和被孤立都无法实现效益最大。只有合作，这一战略目标才能实现。

3. 产业链之间的协同发展

（1）充分利用好企业内部的各种资源以及价值要素，对于价值链条上的重要部分进行资源整合。整合是有的放矢，针对价值链上的主要环节，使价值链得到持续优化，帮助企业培养核心竞争优势。在进行整合的同时，要密切和其他企业之间的联系，尤其要加强同专业性企业之间的紧密协作。这样，不仅使整个产业链的工作效率提高了，还使企业实力得到不断的加强，在降低成本的同时能设计出更具特色的产品，满足顾客的多样化需求，在竞争市场中立于不败之地。

（2）加强生产过程中上下游企业之间的协同。包装企业应当对外部企业进行调查了解，当发现某一企业能够推动自身产品的生产或者是有利的产品市场时，要建立起同它的合作关系，对其进行投资，与设计研发和生产销售的各个环节进行联合。将本企业生产的产品推向更大的市场，融入客户企业的价值链中去，提高产品之间的有效差异性，提高整个生产链条的运行率，进而提升竞争力。在这一合作中，企业不但能获得生存，还能够发展壮大，将部分控制前下放给末端环节上的企业，在市场中拥有更加稳固的地位，从而获得较高的利润回报，占据更大的竞争市场。

（3）针对产业链上的薄弱环节进行改进强化，发挥整体效能的作用。企业应该树立起自觉意识，对于那些拖慢整个价值链条运行效率的企业进行改造升级，进而将整个产业链的效能发挥到最大，获得比其他企业更具竞争力的优势。具体可以采取利用发展较好的企业的带动作用，帮助一些落后企业进行升级，加强对他们的控制。也可以与之建立合作伙伴关系，在生产过程中对其进行引导。最后，可以发挥领袖企业的主导作用，实施对整个产业链的系统控制。

（4）定位关键环节，进行产业链的重组。在识别核心价值环节上，企业要有敏锐的洞察力，对高利润区进行规划建设，集中资源，促进其核心能力的成长，形成核心竞争力；然后利用关键环节所形成的核心竞争优势有效整合其他环节的资源，达到杠杆效益。将这些关键环节打造成产业链的主导，获得最具特色、最突出的竞争优势。

（5）加强对产业链的管理，建立系统化的管理体系来提高产业链的协作效率。在行业中领先的企业不能在当前的发展阶段上停滞不前，而需要通过建立产业链的协同战略，应对不断变化的市场环境，进行价值重心的转移，始终占据高价值环节的制高点，维持自己的竞争地位。与此同时，对整个行业的外部环境进行审视，自觉承担起改善结构，提高效率的责任。联合行业里的全部企业开展同其他行业的竞争，保证包装行业占据最高的竞争地位，实现效益最大化。

在追求高度协同目标的实现中，行业里的所有企业都应当注意以下几点：

一是实现共同利益最大化；二是发挥产业链协同的持续效应；三是加强合作方之间的沟通和信任；四是加强对整个产业链的系统管理；五是各个企业必须要在产业链中提高自身发展实力。

4. 包装企业与消费者之间的协同发展

发展包装行业的协同战略，还要建立消费者关系。即加强企业同现有的、潜在的客户之间所形成的提供产品及服务的关系。毫无疑义，现代企业应当追求的是良好的消费者关系。消费者关系具有两面性，良好的关系可以带来好的效果，而不良关系则会为双方带来损失。只有当企业提供给顾客的产品和服务是一种正确的行为时，两者才会形成良好的消费者关系，结成的社会联系也更加深厚、广泛，企业与消费者之间能够进行友好往来，而不良的消费者关系则完全相反。包装产业循环发展必须由政府、企业、消费者三方共同参与，协同作用。任何一个环节的不足，都有可能会导致产业发展不协调。只有当企业和社会公众的低碳意识真正地全面觉醒，企业能够积极地将循环经济意识贯彻到日常的生产和管理过程当中，调整自身不合理的生产方式，消费者能够将低碳意识贯穿到选购包装制品和商品的过程中，包装产业才能实现良性的发展。

包装企业的科技创新程度低，也可能是对产品市场不了解导致的。消费者是产品最直观的接触人群，在使用过程中企业应当不断地与消费者接触，从消费者知情、接纳到满意、忠诚。企业持续地改进产品，从工艺到创意，加强与消费者的交流和沟通，持续争取消费者的注意，赢得消费者的青睐。

6.4.2　包装产业研发人才培养战略

人才是推动经济发展的关键所在。在我国包装产业中，尤为缺乏专业技术人员。高端管理人才对管理专业性知识的缺失，基层技术工作人员对相关专业技能的缺失，已经严重制约了我国包装产业技术创新能力的提升，导致我国包装产业呈现出技术力量薄弱、产品创新不足的不利局面。为了克服人才缺失带来的不足，我国首先应该在整体行业中树立正确的人才发展观，坚持以人为本的战略，不仅在观念上重视人才，还要在现实中企业保留优质人才并促进他们的发展。通过企业薪酬机制的激励作用，加大对相关技术人员的培育力度，并建立起考核激励机制，有效改善目前我国人才缺乏的不利局面。因此，我国的包装企业必须加大对专业技术人员的培训力度，在人力资源开发与培养过程中引入激励机制，用提高薪酬、改善福利、优化环境、企业文化情感等方式吸引人才，留住人才；加大对包装产业研究培训和生产相关教育专业的投入，将包装专业技术知识内容融入到对员工的培训教育中，以利于专业包装人才和高级包装人才的培养。

人才是企业中的根本资源要素，要想建设高素质水平的人才队伍，必须进行定期的员工考评，通过评价系统的建立为考评提供依据。大多数企业都会在内部建立起考评体系对员工进行绩效考评，但是从我们的了解中发现，这些体系尚未健全，考核的标准单一，没有形成系统化的考评制度，大多是一些奖惩性评价制度，即只是对员工的素质、职责、业绩所进行的总结性评价。这种素质性考评难以在员工之间形成响应，只能起到局部的激励和约束作用，无法有效地提高员工工作的积极主动性。我国高新技术产业应该根据这些问题改进现有的评价制度，设计出一种便于实施的、动态的、促进员工自觉的、全面的评价体系，建立起能将评价结果反馈给员工的评价体系，帮助员工结合反馈信息进行优势发挥，使企业中的每个成员都能通过评价报告找出自己工作中的不足并找出解决的方法。通过经验总结，逐步改进考评体系，减少考核的失误，提高对评价制度的认识，在得到进步的前提下，采取能够推动员工职业生涯发展的评价措施。

改进后的评价制度克服了以往制度缺乏量化指标和反馈的不足，它促进上下级之间进行信息交流与沟通，具有极大的"上下呼应"激励效应，能够利用上下的力量共同建设企业。因而，发挥发展性评价的主体作用，辅助实施奖惩性评价，对于构建发展完善的评价制度至关重要。因此，建立健全这一制度以尽快推动企业创新能力的提升，打造人才培养的制度平台，实现企业整体的协调发展是我国企业的当务之急。

6.4.3　包装产业科技创新政策支持战略

1. 加大财税政策激励力度

研发能力的水平是制约包装企业生产水平与生产效率的一个重要因素。早在 20 世纪，邓小平就提出了"科学技术是第一生产力"的口号，总结出在当时以及未来的一段时间中，科学技术会在生产与发展过程中起着不可忽视的重要作用。在运用科学技术之前，有关技术研发的每个阶段都需要相当大的投入（时间、资金等）。不论是对企业还是对科研机构而言，这种投入都是高风险的，且收益不确定。而政府部门针对包装产业的税收和行业规范要求都是明确的，如果不能提出利好的政策措施和鼓励制度，一般的企业和附属机构是不可能自主地往科技创新领域考虑和发展的。所以，要鼓励企业向科技创新方向发展，首先必须了解不同企业所面临的压力，其中，税收问题是首要考虑的。其次，对行业制度要求和企业责任必须明确。对于大型企业所肩负的社会责任与环境责任要明确且有效执行，对中小型企业给予更多的技术支持与政策鼓励，调节产业中企业发展的不平衡，缓解中小型包装企业的生存压力。2014年6月30日，我国中共中央政治局审议通过了《深化财税体制改革总体方案》（以下简称《方案》），《方案》明确提出我国在新时期要进行财税体制改革，并指出我国要在2016年基本完成重点工作和任务，一直到21世纪20年代，基本形成现代体制三大关键改革领域。在影响技术创新的因素中，制度环境非常重要。因此，政府应当发挥好自身的供给者效应，在国家财税改革目标和发展战略的指导下，制定有利于科技创新的政策，深化各项改革，不断完善税收制度，在降低税外负担时提供制度保障。在对科技创新活动的特点有清醒认识的前提下，对政策的适用范围、条件、程序和配套要求进一步细化，提高政策的可操作性，真正落实税制的实施。

2. 包装产业规范化管理

在包装产业较发达的国家，如美、日、德政府在包装产业上制定的相关政策和法律法规在规范企业发展上面有着不可替代的作用。我国利用法律法规，在包装废弃物的回收利用上有了很大的进步。正是由于法律法规的强制性，我国包装企业在低碳化生产的模式上获得了初步发展，但是还有很多不能够用法律来规范的地方，需要企业自觉主动地投入到其中。当前，我国已存在一套规范包装产业的相关法律法规，但并不完善，在未来的很长一段时间里，还需要不断地探索开发才能建立健全一套相对完善的包装法律体系。具体可以提倡企业自主发起环保行动，加强整个社会的环保意识。除此之外，利用市场机制，推动包装企业的良性竞争，从而带动经济的发展。我国包装产业要想获得进一步的发展，必然要做好开始的第一步。较长时间以来，我国关于包装产业仅有少数几部法律，只是在一定程度上对包装产业的发展起到了引导作用，仍然存在很多需要改进之处。过度包装现象严重泛滥，需要进一步地寻求解决方法。

3. 增强金融支持

我国包装产业主要由众多的中小型包装企业（民营为主）为主，由于这些企业资金实力薄弱，整体分布散而乱，缺乏龙头企业领导，对市场应变能力较弱，在科技创新方面面临重重障碍。为此，要落实包装产业科技创新战略和完善其协调发展，必须要在政策上大力扶持中小型的包装企业，以政策驱动产业完成转型升级。对于具有创新和自主研发意识的中小型包装企业，国家要给予更多的政策倾斜，进一步拓宽其资金来源，提供资金支持。实施产业科技创新的企业提供相应的税收减免和补贴奖励，营造科技创新驱动的产业氛围。针对中小型包装企业，建立行业技术服务平台和共享机制体制，为他们提供技术支持，而针对中小企业的发展特点，提高他们进行科学技术创新上的研发能力和创新水平。科技创新需要的投入较大，其收益存在相当大的不确定性，属于高风险的投入，对于一般的中小型企业而言，这种投入往往难以负担。因此，规避科技创新存在的风险，提高科技创新的投入产出率，才能有效地推动企业自主地向科技创新方向发展。其中，降低科技创新风险主要可从两个方面入手。第一，政府部门提供技术扶持和建立共享平台。第二，信息公开化，提高企业与市场的有效对接性。科技创新与市场金融具有高度的联系，透明化证券市场和经济机构对科技领域的投入和倾向度才能有效降低企业在科技创新投入比重，降低风险。对此，政府应该起牵头作用，积极引导企业向低风险的科技创新领域投入，组建与包装产业相关的科技创新产业园，并调动出企业在科技创新领域最大的积极性，成为包装产业科技创新强有力的依靠。

4. 激发企业的主观能动性

包装企业科技创新动力不足，重要的原因是缺乏主观能动性。中、小型的包装企业，在现有的市场占有率和毛利率的条件下，缺乏自主创新意识，包装产能过剩，科技创新能力不足，很难实现高端化的产能，导致高科技产品在市场上缺乏竞争力，只能拥有较低的市场份额。我国包装企业采用的是一种固态化的发展，无论是生产效益还是定价话语权都偏低偏弱，为了达到低成本化生产，只能采取低端化的技术，从而难以获得高水平的盈利。为了摆脱我国包装产业生产低端化、贴牌生产的发展困境，企业必须在生产过程中积极主动地将那些落后的技术设备淘汰，改进生产工艺，创新产品设计，才能够实现高端生产，自主研发的包装行业发展目标，企业创新的宏观意图才能得到有效贯彻落实。主要可以从三个方面入手：一是及时更新技术设备；二是积极引用新技术、新材料、新方法；三是建立培训体系，加大对员工的技能与素质培训。另外，对于落后的企业来说，应该及时意识到提升自身发展实力的重要性。首先，要对企业进行管理，没有建立起系统的管理制度很难形成对企业的控制，其次，企业负责人应当在生产的每一个环节都贯彻创新理念，通过加大科研投入、更新陈旧设备、开展劳动培训等实施对企业的最优化管理，推动企业的转型升级。

本 章 小 结

提高我国国民经济增长水平，科技创新是重要因素。本章通过对我国包装产业科技创新发展现状和创新机制的描述，进一步分析我国包装产业在科技创新过程中存在的现实问题，结合使用矩阵细化分析包装产业科技创新的因素影响，进而提出包装产业"科技协同创新战略、研发人才培养战略与科技创新政策支持战略"，以期不断解决当前制约我国包装产业科技创新发展的障碍，促进科技创新与包装产业的和谐发展。

第 7 章

中国包装产业绿色发展战略

在工业全球化的带动下，与包装相关的产物在各国之间迅速增加，商品包装越发成为庞大的市场。各种不同的包装材料：纸、塑料、金属、玻璃等被运用在各种场合与商品上，包装商品在产品市场中占据了不可小觑的地位，而且仍在不断地提升其市场影响力。在包装给予人们生活便利并带来经济效益的同时，严重的包装废弃现象也随之映入眼帘。这既浪费了资源，也使生态环境受到了不可逆的破坏，危害人类赖以生存的生态环境。随着人们生态环境保护意识的提高和对可持续发展理念的不断了解，绿色化发展的时代命题日益引起人们的关注和重视，环保与节能渗入到各类消费产品中，对消费市场提出了新的要求。对于现代商品的包装，不仅要求包装产品具有经济性，更需符合绿色环保的功能要求，绿色包装由此应运而生。大力实行包装产业绿色发展战略对社会、自然环境有重要的意义，是当前乃至今后包装产业发展的方向，更是时代背景下，对包装产业发展的要求与约束。

7.1 绿色包装概述

要落实包装产业绿色发展，需先了解绿色包装。绿色包装对人体健康和环境保护起到不可忽视的作用，尤其在物流高效运作的当下社会环境中，绿色包装倡导的是从产品设计到产品废置的全过程中，能运用现代信息技术动态调整生产链的运作，节省原材料、节约能源，将绿色设计理念贯穿生产全过程的一种系统化的调节和设计模式。拥有与先进技术的高契合度是绿色包装最明显的特征之一，从包装产业发展的本质而言，绿色包装是现代技术水平的侧面体现和时代要求。而绿色包装到底是什么，又该如何满足其发展要求？以下将从绿色包装的基本概念和设计内容上进行阐述。

7.1.1　绿色包装的概念

从学术研究的角度来看，时至今日，绿色包装仍未形成一个统一的定义或解释，现有研究和历史上的文献归纳中对绿色包装的概念和内涵大都存在不一的说法。从绿色包装的作用来看，有两点是在国际上广受认可的：第一点是有助于保护生态资源、节约能源消耗；第二点是能将对自然环境的破坏和影响降到最低。

从经济效益的角度来看，绿色包装能在短期内达到产品生命周期的包装外部成本最小化，在长期生产过程中有利于对产品生命周期的包装总成本的最小化进行控制，最终达到产品生命周期全过程中包装内外总成本的最小化。

从根本目的的角度来看，绿色包装有利于保护环境、节约资源，实现可持续发展；从成本控制结果来看，绿色包装实现了包装内外总成本的最小化，提供了更高的经济收益。最终在坚持获得生态与社会的双重效益下，实现两者的有机统一。

绿色包装并非一成不变的概念，随着科技水平的提高以及时代的进步，绿色包装的内涵也在不断扩充，并处在一个不断更新的过程，相关的要求和规范也向着更严格的方向制定和前进。在对绿色包装的概念有了基本认识后，通常可以简单地将包装产业绿色发展理解为：使包装产业在生产活动过程中，不排放污染废弃物（含固体、液体及气体），或废弃物排放量处于人为设定的检测和规定限值要求内，又或者能产生可供回收、重复使用、无污染等包装原料或产物。当然，在绿色包装生产过程中，仍需满足国际或国家制定的强制规定要求，这也是对包装生产的最低和必然要求，但这种要求涉及的不仅是生产过程的要求，还涉及材料的选取、产品的使用以及产品的后续回收和废弃处理。不管是哪一个环节均需要满足保护生态环境的要求，且需要满足节约资源、利于回收和处理以及燃烧后残余排放物的无害性和符合生态保护的规范要求。

7.1.2 绿色包装的设计

除了对选用的绿色原材料的识别与筛选外，绿色包装设计还包含对绿色材料的分配与管理。一般情况下，绿色包装出于回收和再利用的目的，常常在设计之初，就对产品包装拆卸的简易性和完整性进行了考虑，同时其设计也便于对产品的二次或重新包装。

除了对产品包装的再利用外，绿色包装设计的核心目的更大程度上是为了解决人与自然环境日渐突出的矛盾，实现资源均衡和可持续使用，在人类不断对自然资源进行索求的过程中，建立保护生态与和谐共存的意识。从这一点出发，绿色包装设计始终将对环境的影响放在重要的位置，致力生产最少的污染性包装废弃物，甚至不产生污染物，力求消耗最低的能源并带来最大的生态经济效益。

绿色包装设计肩负了生态保护的社会责任，同时也让设计不再局限于形式，为社会各行业的发展带来更大的潜力。从设计的表现上来看，结合21世纪国际简约风尚设计思潮，包装设计更趋向于简约风格，重复利用的可操作性更强，包装的使用寿命也更长。

当前我国绿色包装设计还存在诸多不足和较大的改善空间，最突出的三点有：①国内有关于绿色包装设计的教育资源分配不均，且针对包装产业的包装设计教育极少，对包装产业的特殊性考虑不充分，包装行业人才培养机制体制也存在较大漏洞。另外，有关的包装材料与技术开发未受到教育行业的重视，致使产出的教育成果与科技成果滞后，也使得绿色包装设计未能得到广泛普及。②由于我国包装设计技术创新速度缓慢，国外绿色包装设计的新思潮未能在国内得到接纳与运用，包装设计水平与设计概念又呈现出与国外不同的滞后式，甚至断层式发展。国内的产品包装大多还围绕外观奢华、材质厚重的原则进行，缺乏对产品定位的思考以及节约资源的考虑，而在人性化设置上往往选择忽视。③除了行业规范以外，包装企业对包装设计的影响也不可小觑，但国内包装企业的分布散、规模小，未能形成有效规范的包装产业集群，加上大部分中小型包装企业只重视短期经济效益，不愿意投入大额资金在技术与材料研发上，又进一步抑制设计和研发人员的积极性，造成设计开发过程漫长而缓慢，最终对包装行业的预期发展成果造成滞后影响。

7.2　中国包装产业绿色发展的现状

据 2016 年电商物流信息数据统计，该年国内物流业的包装箱（主要为纸皮箱）、包装袋（含包装内层与外层的塑料袋）、纸质（快递运单）、胶带等消耗量少则耗费十几亿，多则几百亿。如果加上涉及的涂料、印刷及包装附属物的消耗量，耗费结果更是难以估量，且据物流业反馈，这些材料耗费量远高于该年物流业统计的快递包装总量。除此以外，当快递到达消费者手中后，这种外部包装立刻成为了生活垃圾，重复利用的可能性极低。包装材料不断被堆叠在社区、垃圾站的生活垃圾中，散而多的包装废弃物分类难度大，对自然环境和市容市貌的影响也极大。据有关数据统计，大中型城市的生活垃圾中包装产生的包装废弃物占比高达 85%，塑料及纸张垃圾均占到 10% 以上，且有每年逐渐上升的趋势。基于当前包装资源的浪费现象和发展趋势，绿色包装显得尤为重要。

国内包装行业有着近十载的发展历程，其中有了许多突破，甚至国际创新。但这种成果毕竟是少数的，整体上仍与发达国家的包装行业发展水平差距明显，其主要表现在包装设计概念与包装材料研发能力、基础设施水平上的差距。在全球环境问题日益突出的国际背景下，世界自然保护联盟（International Union for Conservation of Nature，IUCN）、全球环境基金（Global Environment Facility，GEF）、绿色和平组织等国际组织制定了国际环保协议和章程，列明各种标准和排放限额，并得到各国环保协会的积极响应，其中 ISO 14000 为沿用至今的国际通用标准。为符合国际绿色环保标准，国内在食品业、电子机械业、家电业、建筑业等行业均运用了绿色标准，而包装业相较其他行业起步慢，成长时间短，仍需一段时间与过程来达到领先水平。

在人均包装材料耗费量上，我国人均仅为 30 千克，而国外的人均量一般在 100 千克以上，其中日本高达 200 千克。但是，作为人口大国，拥有庞大的消费人口基数，我国在包装材料耗费和包装生产废弃物的总量上仍然十分巨大。其中可回收的包装物少，大部分都没得到充分的回收利用而形成环境垃圾，对自然生态造成不可忽视的破坏。我国在绿色包装的应用上还存在着诸多需要改善之处，中国包装产业绿色发展仍有很大的进步空间。

7.2.1　绿色生态与包装产业相适应，推动包装产业绿色发展

当下，物流业发展迅猛，与之相关的包装需求不断增加，绿色生态的包装成为物流业实现高效益、可持续发展的必然要求，更是物流业长远发展必须践行的战略要领。在产品从生产—抵达市场—送达消费者手中的过程中，产品的包装始终存在且不可或缺。它是产品的外在保护，确保产品在运输与配送过程中完好无缺；它是产品的使用说明，包装上注明着产品的安全信息、使用要求和使用人群等；它也是商家的营销手段，巧夺眼球的包装增加了消费者的购买欲望。包装兼具着产品自身所不具备的功能与作用，它的优劣对产品影响巨大，是产品不可缺少的部分。在符合和满足包装的基本要求及作用下，精简包装、大力发掘绿色包装的优势，具有巨大的市场发展潜力，是时代发展的趋势与要求，对各行业有着广而深的影响。

包装产业立足于市场的核心需要与对人文、生态的考虑，提出节约资源、保护环境的包装生产与使用方针，落实现代绿色包装的 4R1D（4R——Reduce 减少用量、Resuse 重复使用、Recycle 可回收、Re——Grow 可再生，1D——Degradable 可降解）原则，并将 Recycle（可回收）作为核心的考虑要点，降低污染物的排放和废弃物的处置，以应对当下包装过剩和资源配置不均的社会矛盾。

随着国内包装产业的日渐庞大，我国作为世界制造强国，包装制造业也开始与国际接轨，并从包装大国不断向包装强国迈进。包装产业绿色发展符合国际发展的要求，符合生态发展的需求，符合企业获利的原则。国内包装产业向绿色包装模式的转型与绿色包装消费观的建立已成为国内包装业发展的根本方向。

从包装产业在国际大环境的发展来看，欧美国家的产品包装从 2017 较前 5 年的包装层次更简约，总重量更轻，在饮品上的包装重量更是降低了 80%。2015 年发布的《绿色食品：包装通用准则》（NY/T 658—2015），对食品包装的原纸卫生，瓷器容器铅、镉允许溶出值，玻璃器皿铅、镉、砷允许溶出值和包装产品过度包装的情况作了要求和说明，甚至对包装物上使用的标记材料和用量作出了规定，并列出不允许使用某种材料的情况，如：塑料制品不允许采用聚氨酯、发泡聚苯乙烯等作为包装材料，除此外，包装附属使用物（黏合剂、涂料）要求无毒且不直接与产品（食品）接触。

每逢中秋佳节，市面上月饼的数量众多、销售渠道各异。在 2015 年之前，月饼包装奢华成风，节后残余的月饼包装物占据了生活垃圾总量的一半以上，造成严重的资源浪费。2015 年年末国家颁布了《月饼国家标准》（GB/T 19855—2015），对月饼包装相应作出了规定：（1）包装成本应低于月饼出厂价的 25%；（2）单粒包装空位应小于单粒总容积的 1/3，且单粒包装与外盒包装内壁间平均距离应小于 2.5cm；（3）保鲜剂与脱氧剂不应和月饼产生直接性接触。

月饼包装标准化和规范化，作为对包装产业的调整与完善，体现出政府部门对包装行业的要求，反映出包装产业绿色发展的必要性，同时也是我国包装产业绿色发展的起步标志。除了食品行业外，还有物流运输业等其他行业也陆续补充了对产品包装的要求。绿色包装的影响范围和对行业的影响力逐渐增大，我国要进入包装强国行列，更要具备绿色发展的思维，调整战略方针。在国民经济高速发展的同时，以包装产业绿色发展作为手段，保证对环境友好、降低对生态的破坏以及贯彻对资源的节约。

7.2.2　循环经济与节约资源相融合，优化包装产业发展模式

包装产业的发展在国内起步晚、政策辅助不足，加之国内包装制造业长期以来模式单一，在当下的市场环境中，呈现出了以下特点。

（1）技术水平低下、管理能力不足。在相同的基础设施条件下，人员的生产能力和产品质量与国外存在明显差距，且国内高品质的产品数量市场份额低，企业大部分以生产中低端产品作为主业务。在人员技术水平不过关的情况下造成资源浪费，企业以次等或劣等产品为主的生产链同时造成对环境的严重污染，在生产链不断循环往复的加工和制造中，能源的耗费与材料的浪费不但加剧企业的资金投入，更达不到环保要求。

（2）工作效率低下。针对包装产业总体的人均产值，我国的人均产值不到发达国家的十分之一，工作时间长，产品附加值低，致使我国包装制造始终脱离不了低端制造的怪圈。

（3）恶性竞争突出。在包装产业中，企业盈利往往是依靠规模化的生产实现的。包装单品的利润极低，且行业门槛低，进入市场的包装企业数量庞大、参差不齐。在 20 世纪 90 年代，国家还没对包装企业进行规范，缺少与包装相关的法律法规，出现了一大批污染极大的包装企业。它们长期在微利中挣

扎存活，彼此间进行价格打压从而形成恶性市场竞争，直至今日，这种局面仍未得到有效遏制。除了包装企业的不良竞争外，包装产业产能过剩，也是形成这种不良局面的重要原因。

（4）龙头企业缺乏。由于国内包装企业分散，且以中小型规模的包装企业居多，缺乏带头企业，造成产业集中度不高，不能有效发挥地理自然资源与劳动力优势，更不能实现与国际企业的互动、接轨，还远不能充分对国际先进的包装技术进行消化吸收。

我国包装产业存在以上弊病，这不仅是长期以来成为拖累和制约包装产业发展的关键因素，更是我国包装产业需绿色发展的迫切原因。在新时代的技术和背景要求下，包装产业绿色发展更具有现实可行性和发展必然性。

包装产业绿色发展之所以符合时代命题，除了对生态环境的保护外，更重要的是它所起到的循环经济的效用。1996 年 10 月，由德国带头订立的《循环经济法》，深刻地影响全球行业、企业对资源与环境的认识。近 10 年之后，提出了《中华人民共和国循环经济促进法》，意味着我国正式将废物再生、节约资源与高效利用纳入国家层面考虑，这是国家对环境的责任，更是企业与个人对地球生态的义务。

21 世纪，中国不仅负有全球第二大经济体的责任与义务，而且兼具着全球"绿色浪潮"的推广与落实的任务，致力于改善全球各国家、地区经济发展与自然资源掠夺的尖锐矛盾。

7.2.3 产业发展与行业标准相结合，提升对绿色包装的认知

当前，我国人民对包装产业绿色发展的认识还存在不足，错误认为当所使用的包装材料或制品是易于分解或后期处理的即是绿色包装物，忽视包装产品的生产过程产生的有毒物或污染物，以及制造过程中产生的资源浪费现象，对包装产品的后期回收和利用不予关注。更有甚者，将使用纸质包装视作绿色包装，而塑料材质包装则为非环保、非绿色的包装；将 PE 材料与 PVC 材料都视作有毒材料，要求不使用塑料制品作为包装物。除了人为观点或认知的错误，绿色包装相关的基础设施和研发投入都严重不足、政策支持力度弱，这两者都制约了包装产业绿色发展的可能性和潜力。

我国包装产业基础实力薄弱，且大部分制定的包装产品质量均以当地市场

要求为准，没有统一化的标准，成长历程也大不相同。其中，个别包装企业以国外市场为主展开出口贸易，这部分企业的市场嗅觉灵敏，能较快应用国外先进的包装技术和手段，在绿色包装发展上领先国内同行企业。而只针对国内地区供给的包装企业（尤其中西部地区），在制度不规范、条件不理想的情况下，对绿色包装灵敏度不够，也不具有包装绿色化发展的能力。

当然，对产业整体而言，经济发展水平始终是包装产业绿色发展最核心和关键的影响因素。在我国中西部等经济落后地区，包装产业绿色发展难以推动，这种制约主要的来源并非观念而是经济原因。所以要发展绿色包装产业，需要国家推动地区的经济发展，发展特色产业并合理配置地方资源。

7.3　中国包装产业绿色发展存在的问题

我国有关环境保护方面的评价标准、技术成果、人员组成、机构设置等均有明显的不足，但掌握高效节能的技术能力，运用低能耗技术对改善环境、提高资源利用率却有着极大的现实意义。整体来看，我国包装产业表现出以下问题：①我国缺乏有力的监督部门和行业制度，对包装行业的约束力不够；②包装相关从业人员的环保意识不强，对工作流程的把控不严谨，缺乏行之有效的管理措施和奖罚制度；③对不同的包装企业规定的社会责任不明确，且企业人员流动性大，针对性的人才培养机制体制不健全；④在节能与创新研发投入上，未能得到包装产业的大力推进与支持，环保技术与检测手段薄弱；⑤在包装产业的产业建设与规划上，没能将绿色环保置于其中加以考虑，产业结构调整与转型升级进程缓慢。除了上述情况以外，政府对包装产业在绿色发展上的鼓励性政策支持以及市场对包装产品符合标准的准入门槛，也是包装产业绿色发展之路的重要影响因素。

7.3.1　中国包装产业绿色发展面临的主要矛盾

我国包装产业的传统化生产与制造基础都与各行业有很大的关联。基于产业转型升级的必然要求，包装产业绿色发展需要更新技术设备、引入现代先进生产技术，实现全面迭代升级，减少产能过剩。但具体而言，绿色包装发展之路面临着以下突出的矛盾事实。

1. 绿色环保包装少

由于国内引入绿色包装和环保节能的时间较短，市场上出现的绿色包装产品少，运用的范围广度不够。据数据调查结果，至 2016 年我国城镇地区的固态垃圾产生量高达十亿吨，其中纸质和塑料的外部包装袋占到四分之一，总的包装废弃物中近九成属于资源的严重浪费范畴（不可降解及有毒、具污染性的材料）。对于纸制品的包装物，虽然它的废置对环境破坏较少，但却是资源的一大浪费。当下，我国的包装纸用量高达十万吨，成为世界上对包装纸品需求最大的国家，但包装纸物品使用过后的回收率却不足 20%，呈现出资源的极大浪费。由于国家各地区大多没有明确指出包装物需符合的绿色标准，致使市场上绿色包装物发展缓慢，需求持续低迷，进一步减弱了绿色包装物的生产与应用。

2. 绿色包装产业小

绿色包装市场发展潜力虽然巨大，但在市场所占份额却是微小的。由于受市场需求的影响，发展绿色包装的包装企业往往是新兴的创业类别的中小型企业，它们基础实力薄弱、力量分散，不能有效地对市场进行反馈；而大型的包装企业中贯彻绿色包装理念的本就为数不多，又能恰当和具有实力进行绿色包装研发和生产的更是稀缺。具有关统计，国内采用绿色包装工艺制造绿色包装成品的企业占总企业数不到五分之一。在我国经济实力落后的中西部地区，出于成本控制及条件制约，难以采用新的环保技术（或引进吸收国外先进技术）和绿色生产手段，在绿色标准的规定方面也较国内其他地区的要求略低，出现的绿色包装企业更少。从国内各地区合计的绿色包装企业来看，我国绿色包装产业发展的规模还很小，且得到的政府支持力度还远远不够。

3. 违规生产行为多

在包装的生产制造过程中违规行为时有发生，对于有高质量要求或环保检测要求的生产企业往往难以符合既定的操作准则。而国家制定的《绿色包装规范》中大部分为推荐性规范，对企业的约束力弱，其他行业的绿色环保规范又难以对包装产业突出的问题进行有效解决。国内包装产业市场标准不统一、规范要求含糊，使得企业往往钻漏洞来规避规范要求，并且国内包装企业在产品生产上注重产品的数量而非质量，市场监督力度不够等都加剧了产业违规生产行为的产生。

7.3.2 制约国内绿色包装推行的因素

在"十三五"对传统产业结构升级调整的政策方针下，包装产业绿色发展得到前所未有的支持与推广，尽管我国包装产业绿色化进程取得显著成果，仍旧暴露出以下突出问题，制约着国内绿色包装的推行。

（1）绿色包装所要求的环境保护增加了产业生产与维护成本需要巨大的经济支持。在对包装制造商及物流运输部门的调查中发现，绝大部分的企业和用户对高昂的绿色包装成本表示难以接受。

（2）在物流运输和产品使用上，包装应用范围广、用户群体多。在对近六年的大数据调查中，发现了塑料包装、编织袋、运单纸张急速增加的现象，其原因主要源自电商平台消费激增，网购兴起及其影响的持续扩大。

（3）包装层次过多，过于繁复。多重包装造成资源严重浪费，也产生更多的包装废弃物，包装资源的不合理配置无法得到解决。

（4）在包装材料和包装成品的生产制作过程中，产生的污染气体和固体废置物总量不断提升。对生产过程缺乏严密的把控，不能有效利用资源，对环境造成的破坏没能进行治理，加重了自然资源枯竭局面的现状。

（5）标准不清晰，管理手段不明朗。国家制定的强制性规范要求较低，而推荐性规范不能有效带动企业和生产部门执行，对高生产标准的部门奖励不明确，对低生产标准的部门打击不明显。

落实绿色包装应用与执行能带动经济与环境的友好可持续发展，解决资源短缺等突出问题，形成更多有效的经济效益。但依据当前中国物流业发展现状，要实行绿色包装难度较大。先进包装技术的引进成本和绿色包装材料的采购成本高昂，在产业中的应用和适应周期也较长。不管是生产过程中的应用，抑或是后期处理过程的回收，涉及的范围广、流程多、人力物力的投入大，不利于维护中小型企业的经济效益，对一般的企业和商户而言，负担过重。

当下，应用最广泛的包装材料依然是纸质类包装。纸质包装具有携带便利、回收性好的特点，推动了纸质材料在包装材料上的持续应用。但纸质需要消耗木材，因而巨大的纸质类包装对生态造成了严重的负担，不能在原料上解决纸质包装的痛点，就难以落实绿色纸质包装。所以现代包装业更多运用塑料制品作为包装物，在技术的把控下，塑料制品包装物的生产过程比直接砍伐树木获取原材料对生态所形成的影响更低。因此，就现代物流和包装业而言，需要更多的是提高技术水平，增加研发投入，从生产开始进行节能减排，争取最低的原料投入，减少烦琐的和重度污染的操作流程。

为响应国家绿色节能的主题，很多企业已经建立了绿色包装的生产和应用测试点。众多的快递企业（顺丰、圆通、韵达等）对包装的硬质纸盒会直接进行二次利用，还要求快递员要主动向客户询问包装物的后期处理，并从客户手中直接回收包装物。但是，基于包装物上附有的个人信息，客户往往不愿意直接向物流业提供外在的包装物。在这一点上，也需要物流业与电商进行沟通和改进，保证在不泄露客户的个人信息条件下，实施包装的回收与利用。

7.4　包装产业绿色发展的衡量标准

要践行包装产业绿色发展目标，首先需要具备一套系统的、完整的绿色发展流程与体系，并符合以下要求和基本条件。

（1）具备独立而完整的绿色设计程序，对包装产业的生产投入、生产链建设，以及产品投放与使用进行科学合理的流程安排，并在生产运作流程中贯彻绿色要求。

（2）具有可靠的、高效的绿色循环处理设备和系统。

（3）具备行之有效的生产监控系统与标准化管理体系。

对包装产业绿色发展的一个重要衡量方向就在于对它的绿色评估，而评估的标准和参考主要源自 ISO 14000 以及 ISO 14040 国际环境管理系统准则。

7.4.1　评估体系——生命周期评估

1. 生命周期评估的概念与发展过程

从产品的生命周期开始评估，有利于对包装产业进行更细致和准确的评估产品生命周期评估既是一种概念又是一种实用的管理工具。从概念上来讲，它是指对产品在初步设计—原料采集—加工制造—产品投入—产品使用—废弃回收这一系列每个阶段进行过程整合并给予评价；从作为实用性的管理工具而言，是根据产品从生产制造至产品回收对环境产生的影响给予定性或定量的评价标准和要求，并凭借规范产业生产模式和管理方式，为产业提供和反馈有效改良产业结构的信息和建议。

早在21世纪之初，生命周期评估就在多个产业得以运用，并得到产业和企业的认可，为国家规范市场和产业带来了便利。其中，可口可乐公司在这方面的运用较为成熟。饮品容器巨大的使用量耗费的成本费用一直占据可口可乐公司生产总成本的大份额，对此，可口可乐公司通过饮品容器的自我研制和生产议题，进行了前期的投资评估，并委托了投资生产咨询公司和研究所为其进行可行性分析和规划建议，"产品生命周期"首次伴随出现在企业策划和建议书中。而"生命周期"表述了产品设计模式—原材料采购—生产制造链等详细的流程，并对生产、管理电子化做了安排，以技术手段对各阶段加以把控。

20世纪在对"产品生命周期"概念尚不明确时，虽然不能清楚地界定和区分各个生产流程的具体安排，但在国际和国家的行业规范和环境要求下，制定了诸如ISO 14000规范标准，建立了ISO/TC 207和ISO/TC 176等国际环境管理组织。规范化的要求和流程越来越被国家所重视，各种国际和国家修订的生产标准越来越详细。

基于各种生产标准，生命周期评估方法有了更具体和可供操作的标杆。这不仅使企业和生产部门对能源、生产活动以及产品的投入使用等产生的社会和生态影响有更清晰的认识，也让企业对产品的制造、回收等有了更具体的了解，并可针对评估的结果进行战略方向的调整。

2. 生命周期评估的主要作用和重要性

采用生命周期对包装产业绿色发展进行评估的一个重要原因是：生命周期评估在多个专业领域的适应性强。即使在复杂的产业系统流程中也能得出简单易懂的综合评价，并对产业生产和营运过程中形成的环境影响和产品质量标准等进行检验，是一种较公平和标准化的技术评价方法。

长期以来，在环境保护与治理上，我国对产业部门管理宽松，实行先生产后治理，导致环境问题日益突出以及矛盾的日益激化。在新的国内环境下，政府部门对产业部门展开新的要求，但针对的环境问题往往是局部性的，问题过于分散，环节联系不够紧密。其中，对某个别环节或问题虽然进行了深入的分析并加以解决，但对同一问题的后续复发性考虑不充分，二次污染问题未得到有效解决。环境问题的环节相关性和影响性强，若没有系统的、全局性的考虑和安排，就难以得到根治。生命周期评估不光是对产品使用或投放的评价，还是对包装产业的材料采集、加工处理、回收利用、废弃处理等系列过程的综合评价，只要是其中的一个环节不符合绿色发展的标准或只有部分环节符合绿色发展的标准，都不能视这个过程或产业的发展为绿色发展。通过生命周期评估能确保包装产业的绿色发展是完整的、符合规范的。除此之外，生命周期评估是站在全局上对产业进行定量评估的手段，可用以对包装产业的绿色发展进行战略定位。

除了上述内容外，生命周期评估的最重要作用体现在它不仅符合生态和谐、可持续发展的时代主题，而且还能对产业间的国际贸易和信息交换起到推动的作用，其原因在于建立标准化的生产和营运过程，不仅能让产业与国际接轨，还能提高产业的国际竞争力与综合影响力，为国内产业向海外开拓市场带来极大的好处。为此，对包装产业绿色发展实行生命周期评估的意义及重要性就不言而喻了。

3. 生命周期评估的内容与框架

依据 ISO 14040 环境管理标准与要求，生命周期评估的对象不仅是对产品一般的表征性环境因素进行评估，还包括对潜在环境影响因素的评估。从评估过程来看，可以分为以下三个方面。

（1）制定目标产品系统的投入产出清单。

（2）对产品系统内投入产出相关流程产生的环境影响进行评估。

（3）对目标产品系统投入产出清单和环境影响评估结果进行分析和说明。

国际上，一般将生命周期评估程序分成以下 5 个阶段，依次是：原材料的生产和加工、产品的加工和制造、运输以及分销、使用与回收、废弃与再生，具体流程如图 7 – 1 所示。

资源 →	原材料的生产加工	→ 产品
能源 →		→ 副产品
水 →	产品的生产与加工	→ 社会服务
电力 →		→ 水污染物
煤 →	产品的运销过程	→ 大气染物
土地 →		→ 固体废物
人力 →	产品的使用与回收	→ 噪声
其他产品 →		→ 废热
	产品的废置与再生	→ 放射性等

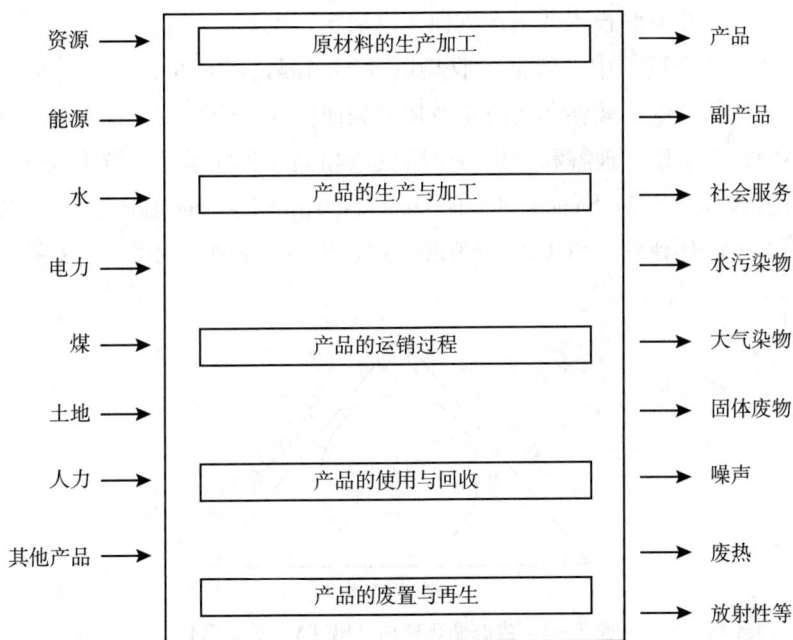

图 7 - 1　产品生命周期评估分析

依据不同的评估主体对象、操作目的和使用方法，又可将上述的 5 个阶段进行拆分与合并，并形成新的分析程序方法，具体可划分为 4 个阶段。

阶段一：目的、用途以及范围的确定。通过该阶段，对研究的产品或生产主体的评估目的、具体使用的用途、产品或生产的产业链始末端、具体的时间节点，以及地理位置的划分等进行确定。

阶段二：数据收集。在该阶段主要的工作有：对产品或生产过程的数据进行收集，并明确各个生产过程的异同以及具体的与环境干预值对应的效应值，量化出产品或生产系统的投入产出所对应的污染物排放量。该阶段中，数据的收集难度加大，不准确的数据收集容易使评估结果产生偏差。

阶段三：影响分析及评估。在该阶段中，通过对投入产出清单进行整合并分析，可定量了解产品或生产过程受哪方面的环境因素影响较大，哪方面较小，以对不同产品和生产过程进行横向的比较，得出评估结果。

阶段四：改善环境评估。该阶段是最后一个阶段，通过将上一阶段的分析结果置入该阶段中，可以对投入产出清单和环境因素影响的评价结果进行结合，得出有关结论，同时，通过结论可以对生产流程提出优化和改善建议，对产品的下一轮开发和投入的生产方向予以确定。

在评估的全过程中，数据的收集以及影响因素的分析，对结论的影响很大，甚至对结论的有效性起着决定作用。如何把控每个阶段，每个阶段又是怎样联系的，为了便于理解和分析每个阶段的相关性和联系性，借用国际环境毒理学与化学学会（The Society of Environmental Toxicology and Chemistry，SETAC）提出的生态循环评估（SETAC 三角形）进行探讨和分析，如图 7-2 所示。

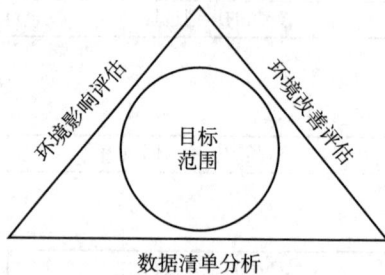

图 7-2　生态循环评估（SETAC 三角形）

生态循环评估以研究目标及涉及范围为核心，分别将数据清单分析、环境影响评估、环境改善评估作为研究的三个方面，建立稳定的整体性评价结构。生态循环评估构成生命周期评价的基础，也是生命周期评价的基本框架，它揭示了人类活动与自然环境间的相互影响、互相制约的关系，为绿色发展战略制定起到了重要的指导作用。

在具体的评价分析过程中，通过生命周期评价系统，对产品或生产过程中产生的环境影响进行考察，主要针对以下方面进行综合评价分析。

（1）产品的生产过程是否产生有毒物以及其他危害；

（2）生产制造过程中是否产生环境污染和生态破坏；

（3）生产制造过程中对资源的利用是否达到最大化；

（4）对产品二次利用和后期循环回收处理是否可行。

上述几个方面都与生产制造、生态环境、自然资源相联系，表现出生产过程对物质和环境的依赖性。从生产过程的各阶段进行定量的评价分析，有助于提高产业生产水平和效率，优化产业结构，并指明优化和改善的方向。所以，生命周期评价不仅是一种用以评估"环境承受能力"的方法，而且还是测算产品生产始末和最终处理对环境造成的污染程度的一种测算方法，更是一种评估和了解产业未来发展机会的手段。

7.4.2　生命周期评估体系在包装产业绿色发展中的应用

从生命周期的概念来看，包装产业生产的包装产品的生命周期是比较短的，并且很早之前包装产业就已经加入到生命周期评估的行列中，这一评估方法在部分拥有先进技术的国家中得以展开。见表 7 - 1，在美国部分生命周期评估产品中可以看到通过评估能够得到具体的结论，即对于包装废弃物的回收再生只有在真正节约了资源、减少了能耗、消除了环境污染的前提下，其价值才能得以显现。该结论进一步促进了包装废弃物在回收处理过程中的工艺改革和环境、能源上的效益。

表 7 - 1　　　　　　　　　　　美国部分生命周期评估产品

委托方	LCA 研究者	产品	年份
可口可乐公司	MRI	—	1969
环境保护局	MRI	饮料瓶	1974
SPI	MRI	塑料	1974
不清楚	MRI	啤酒瓶	1974
SPI	Franklin	软包装饮料容器	1978
Procter & Gamble	Franklin	洗衣店洗涤剂包装	1988
乙烯树脂研究院	Chem systems	乙烯树脂包装	1991
—	Franklin	软包装饮料运输系统	1989
固废溶解理事会	Franklin	泡沫聚乙烯和漂白纸板	1990
州政府理事会	Tllus	包装	1991

1. 评估的对象与内容

首先，确定了评估的对象为包装产业生产制造的绿色包装产品。

其次，针对绿色包装产品展开生命周期内容的全过程评估，即对原材料的生产和加工，产品的加工和制造，运输，以及分销、使用与回收，废弃与再生五部分进行评价，并对整个生产制造过程中产生的环境污染和危害进行总结，提出相应的改善措施和方案。除此以外，还要对产品设计是否满足绿色化的设计要求进行评定，对产业和企业在生产过程中是否满足国家和环保协会的法律要求及强制性规范进行考核，最后还要对采用的绿色系统进行反复审查和结构调整，保证每个环节的绿色化、低能耗、低污染（甚至无污染），并对其中存在问题的环节进行专家评价，以给予相应的调整，从而保证绿色系统的有效性和高效性，还有一点，需对每部分数据进行整合，了解包装产业生产的部分与全局，确保生命周期评价的真实性和准确性。

2. 评估的程序策划

从评估的步骤和过程来看，主要分为以下几个部分。

（1）组织评估委员会，明确工作的任务。一般情况下，评估委员会由高水平的专家组成，其中部分为外聘的国家环境管理机构的专家、学者、包装协会的杰出人士和领袖人物，以及包装企业的主管、工程技术人员、中高级水平以上管理人员。评估委员会一般由九人组成，其中一人担任组长，进行评估决策和主持其他主要事务，其他评委辅助评估任务的开展，共同参与评估工作，并且成员应该具有相应的包装知识和管理经验，部分成员还应具备与包装相关的法律知识和技术能力。

通过召开全体评估委员会会议，对具体的工作任务进行安排，对研究的目标对象——包装产业绿色发展进行生命周期评估的流程进行探讨，并提供具体的工作部署方案。

（2）明确评估的对象、目的、应用范围。明确评估的对象、目的、应用范围是评估的前提。从评估对象产生的生态影响，产品的使用方式、目的，以及应用的涉及面进行考虑，评估包装产业绿色发展需要从社会经济效益与生态效益双方面进行。寻找包装产业存在的污染环节、分析污染原因，以及总结污染因素，这不仅是确保包装产业绿色生产系统有效和提高国内包装产业国际竞争力的必要过程，也是评估的根本目的。

评估范围需要指出采用的具体评估系统、数据收集的来源和样本选取的理由，了解评估系统的不足之处。对不同的地区和时间安排作出具体的说明，并确保获取的数据全面、充分，以达到有效的评估分析。其中，系统评估的地区应该是全国范围内的绿色包装产品体系。

（3）对评估的对象进行事前的资料搜集。数据、资料的收集对评估结果的影响极大，所以，数据的可靠和有效是首要衡量的方面，其次是样本的覆盖面要足够广、有代表性，能反映出对环境因素的影响和管理的流程。

当然，不可忽视的是不管是数据的收集还是材料的准备都是极大的工作量，它还需要有关的行政职能部门给予便利和支持，并且后续对数据的二次整理和汇总同样具有繁复性。具体涉及以下层面及有关部门。

——法律法规层面：国家行政部门、环保部门、质检部门、生产安全部门、生产经营监督机构等。

——产品产销层面：设计部门、加工部门、质量把控部门、营销部门、售后服务部门等。

——生产活动层面：加工部门、制造部门、运输部门、销售部门、环保部门等。

——管理活动层面：设计机构、勘测部门、基建部门、设备供应部门、环评机构等。

——能源运用层面：动力保障局、设备供应部门、国家财务部门等。

——资源利用层面：勘测部门、技术研发部门、国家财务部门等。

——潜在因素层面：动力保障局、设备供应部门、存储部门、加工部门、环评机构等。

针对不同环节应该进行具体调查以下内容。

①与环境相关的法律法规。整个生产过程是否选用了最适宜的生产系统，是否符合环保法规和系统标准，是否针对生产环节制定相应的操作要求和生产工艺要求，并且具有相应的法律条文和规范要求予以支撑。

②与环境相关的设计技术。从整个系统出发，其设计是否对使用的设备排污条件、工艺要求进行综合考虑，是否有具体的防范措施及手段，是否在设计上确定了产品废弃后的回收再造，并且具备相应的设计图纸、设计说明，以及所配套的环保装置图纸。

③与环境相关的原料采集和选用，原材料本身化学性质、组成成分、有无毒性等，如用于塑料包装的化学原料中是否含氯或其他有毒元素，金属包装材料中是否含有毒重金属元素等。通过进货单据，了解材料的来源、相关生产厂家等。另外对于它们在存放时是否会释放出污染性气体，要有定性的分析或环保的测量数据。

④对与环境相关的生产环节进行追踪跟进，包括包装原材料的采集和生

产、包装产品的加工制造、包装产品废弃处理等。要求提交与生产环节相关的工艺流程图、注明工艺条件（时间、温度、压强等）、提交相应的生产数据（投入产出）、生产排放的污染物种类及剂量（包括固态、液态、气态污染物排放量）及排放装置布局图。另外，对出现的意外情况进行事故记录，如爆炸事件、泄漏事件等。

在生产环节中还要提交耗费的自然资源数据清单，这里消耗的能源种类主要针对电力、水、煤、燃油、蒸汽、煤气等。除此以外，消耗清单还应包括以下内容。

——历年的消耗。

——平均每单位产品（万元产值）的消耗量。

——与同行业消耗水平的对比数据。

——主要耗能设备清单及耗能值和利用率。

在资源上（材料）的消耗主要包括以下内容。

——主要原材料、辅助材料历年用量及平均每个产品的消耗量。

——主要原材料的利用率以及同行业的比较。

——各主要工序的废品率及损失。

——材料储存过期失效率或其他原因损失率。

——每年废物的产出量及报废价值。

——减量化及再生资源化的可能性。

在以上材料收集基本齐备后，就可以进行下一步包装产品的检测。

产品性能、产品品质、产品质量都是首要检测的方面，并且检测过后得到的数据还需要进行分析。检测过程主要针对地是产品在生产和加工制作过程中，其自身是否存在破坏和威胁环境的成分和流程。例如：包装盒的印刷油墨中是否存在有毒成分；塑料包装制品在成型时有无不良成分的助剂残留其中；纸盒包装的黏合剂是否绿色环保等。

（4）通过现场专家、委员对其进行评估。现场分析仍采用追踪包装产品制造的上游、下游生产环节的工艺流程法。这样可以从所使用的原材料开始审查分析，然后看包装材料的生产和合成过程，从工艺条件、原料、辅料的投入以及技术方法上分析得出这样生产是否会形成污染。在包装产品加工制造过程中采取什么成型工艺、什么设备、什么成分的辅料、什么成分的油墨，以及什么方式的烫金等，都可以一目了然地看到能源消耗、资源的利用及对环境是否造成污染的情况，最重要的是可以直接看到产品本身是否残留对人体有不良影响的成分。这种工艺追踪法可以确切地追查到污染环节或污染源。可以从投入、产出计算出污染的量，以及它能对大气、水源、土壤、人体的污染、危害程度，甚至是环境对污染的承受力。

在现场勘察分析的同时，可以进行问卷或提问调查，但要本着定性与定量结合的原则，并让问卷内的问题尽可能多地涵盖组织活动的各个方面。

问卷内的问题应该包括以下内容。

——在产品设计中对环境问题是如何考虑的？

——具体的生产系统中是通过什么方式解决污染问题的？

——具体的生产中哪些环节产生了大气污染？其中，有哪些种类的污染物？排放的浓度与剂量又是多少？

——哪些生产环节造成对水源的污染？污染物的成分是什么？浓度与总量是多少？

——哪些生产环节会产生废弃物？废弃物无净化处理是否会对土壤造成污染？污染物成分组成有哪些？残余的浓度与总量又是多少？

——生产中使用哪些有毒性的化学物质？数量是多少？

——会发生哪些紧急情况？相应预防措施该如何采取？

——各生产环节的水、电、油、煤的使用量为多少？与同行业以及往年相比结果如何？

——各生产环节对能源：水、电、煤、油的浪费量是多少？

——各生产环节对材料的浪费量是多少？

——各生产环节有哪些环保设备？对三废的处理情况如何？

——生产所产生的固体废弃物或有毒固体废弃物是什么成分？是如何处置的？

——在三废的污染周边，居民有无投诉？是否展开过针对性的调查？

——整个生产系统中是否存在噪声污染？如果存在是在哪个环节产生的？属于什么类型的污染？采取的防范措施又是什么？

（5）依据评估结果进行分析，得出结论。最后对整个绿色包装产业的工程系统进行环境影响的实质评估，以确定该系统是否达到绿色包装产业的生产要求，产品是否满足绿色包装产品质量要求。

这个过程是将所有收集的材料或调查问卷汇集在一起，进行量化计算并汇总，通过定量与定性分析结合，得到全面的综合比较分析和结论。分析结果要客观、全面，具有全局性，切不可有偏向自我主观的想法。例如：纸制包装产品与塑料包装产品在污染程度上进行比较时，一般认为纸制包装产品是绿色包装产品。因为它是可回收、可循环的，但是在前期造纸过程中，纸质类的包装材料在采集和生产过程中，污染是相当大的；而塑料包装产品，从废弃处理来看，由于有部分产品是不能回收的，从而形成了环境污染和生态破坏，但在塑料类的包装材料生产过程中，材料的合成污染并不大。所以在对产品的污染性进行比较分析时，一定要综合地、全面地给予分析，把制造产品的上下游联系起来分析，这样才能考证一个产品是否在生产中形成污染，是否达到绿色生产的要求。

在分析阶段，进行了定性与定量相结合、全面系统的环境影响分析后，就可将所有的已经审核的数据代入到生命周期矩阵表中。其中，纵栏一般是产品生命周期中的各个生命阶段，横栏是可能存在的环境影响因素，具体的矩阵形式见表 7 – 2。

表 7 – 2　　　　　　　　　　包装产品生命周期矩阵

污染及能源项目 生命周期各阶段	大气污染	水源污染	土壤污染	能源污染	资源污染	有毒物品使用	放射性	噪声	废弃物	……
原材料采选										
包装材料的生产										
产品的加工制造										
流通与运输										
废弃/复用										
废弃/再生										

通过生命周期矩阵，可以很清楚地了解到整个评估系统的污染状态以及通过对各阶段进行比较，寻找出重点污染环节和污染源。借此，可拓宽评审者的视野，发现更多不被注意的潜在问题，有利于改进和根除类似的环境影响因素。例如，对生产工艺中具体的某一项指标的改进和调整，如温度的重新设置和调节，让生产中的附属产品和污染物最小化；对其中某个流程的温度值进行调控，使主反应程度最大化；又或者改进材料个别成分，降低污染物的排

放量。

　　根据不同污染物对环境的敏感度和影响度的不同，评估时要进行区别分析。如污染性气体的排放物（氯气、一氧化碳、二氧化硫等）、污染性液态排放物（镉、铅、铬或放射性元素等）、固态废弃物（粉尘、废渣、聚苯乙烯等）。针对不同物质的属性、污染性，需考虑赋予权重或统一度量，建立标准进行有效的比较。而当前，类似的标准和统一化的方法尚未完善，各行业差别较大，所以在评估时可根据行业自身特点对其进行调整，采取最优和最有效的方案。

　　包装产业绿色发展的最终环境影响评估，既是定量的评估分析，也是定性的评估分析，应当通过两者的结合去评判各系统环节对环境的破坏与影响程度。最后，采用产业标准化规范要求对整个系统的污染量进行加权，并针对不同的污染物排放量，与国家或国际的统一标准进行比较，确认系统的污染或绿色属性，同时也对产品是否满足绿色产品的要求进行确定。

　　通过生命周期评估，确认了系统和产品的绿色属性后，国家应予以颁发环保合格证书和绿色产品标志。这既有利于提高产品的竞争力，也有利于进行出口贸易，同时还能享受国家的减税福利。

　　（6）在结论的基础上，提出相应的建议。通过该过程，对产品或产业生产的整个生命周期进行科学合理的评估，并给出分析结论。对产业生产过程存在的污染环节、污染源提出治理与改造的建议与措施，用以降低和消除所研究的包装产品或产业生产系统对其所在环境的影响、危害。而当前评估的方法与数据分析系统存在差异，也缺少理论上的支持。

　　在评估的结论上，针对产业生产存在的具体问题，提出改善措施，是推动和有效发展包装产业绿色化的办法。表 7-3 是以高密度聚乙烯食品袋与纸品袋作为实例的生命周期评估结果（该表基于 10000 个高密度聚乙烯食品袋 1.8L 的能耗和环境影响值作为参考的前提条件进行的生命周期评估）。由表 7-3 显示：在高密度聚乙烯材料的生产阶段，其能耗和对大气污染及水污染为最大。因此，为了降低高密度聚乙烯食品袋在其生命周期全过程中的能耗和环境影响值，需设法在其加工阶段采用替代技术以达到最大限度地降低能耗和减少环境污染。表 7-3 还给出了 10000 个容量为 1.8L 纸制食品袋的能耗和环境影响值，以作为前面高密度聚乙烯的对比组，显然纸制品的能源和环境影响值比聚乙烯少得多。

表7-3　　　　　　高密度聚乙烯食品袋与纸品袋的生命周期评估结果

生命周期各阶段 / 污染项目	大气污染物质量/kg	水杂污染物质量/kg	固态废弃物质量/kg	能源消耗量/GJ
塑料袋原料开发	16.4	3.1	0.01	1.40
制造加工	56.3	5.0	0.30	52.19
储存运输	4.2	0.4	0.00	1.99
用后废弃	1.0	0.1	7.72	0.48
总计	77.8	8.6	8.03	56.05
纸品袋总计	25.3	4.7	0.79	21.73

7.4.3　包装产业部分污染废弃物的排放标准

在包装产业生产活动中所产生的环境污染中,主要考察水、大气、土壤方面的污染,目前来讲国家与国际已颁布了一些行业方面的排污标准,而对包装行业上的标准尚未制定,所以考察包装产业的环境污染只能采用国家最新制定的工业排污的通用标准。

1. 国家污水综合排放标准(GB 8978—1996)

表7-4　　　　　　　　第一类污染物最高允许排放浓度　　　　　　单位：mg/L

序号	污染物	最高允许排放浓度
1	总汞	0.05
2	烷基汞	不得检出
3	总镉	0.1
4	总铬	1.5
5	六价铬	0.5
6	总砷	0.5
7	总铅	1.0
8	总镍	1.0

续表

序号	污染物	最高允许排放浓度
9	苯并（a）芘	0.00003
10	总铍	0.005
11	总银	0.5
12	总 α 放射性	1Bq/L
13	总 β 放射性	10Bq/L

第二类污染物的最高允许排放浓度分两个排放标准，1997 年 12 月 31 日之前建设的单位执行表 7 – 5 的排放标准，1998 年 1 月 1 日后建设的单位执行表 7 – 6 的排放标准。

表 7 – 5 是较早时间制定的标准，标准稍宽松。较早成立的企业在建设时的条件也相对较差，在环境保护的设计上欠缺；而表 7 – 6 是最新制定的标准，标准更严格，针对新建企业实行。因为他们在建设时，国家已经把环保问题提到了企业建设生产的重要日程。

表 7 – 5　　　　　　　　**第二类污染物最高允许排放浓度**

（1997 年 12 月 31 日之前建设的单位执行）　　　　　　　　单位：mg/L

序号	污染物	适用范围	一级标准	二级标准	三级标准	备注
1	pH	一切排污单位	6 ~ 9	6 ~ 9	6 ~ 9	√
2	色度（稀释倍数）	染料工业	50	180	—	
		其他排污单位	50	80	—	√
		采矿、选矿、选煤工业	100	300	—	
		脉金选矿	100	500	—	
		边远地区沙金选矿	100	800	—	
3	悬浮物（SS）	城镇二级污水处理厂	20	30	—	
		其他排污单位	70	200	400	√
4	五日生化需氧量（BOD5）	甘蔗制糖、芒麻脱胶、湿法纤维板工业	30	100	600	
		甜菜制糖、酒精、味精、皮革、化纤浆粕工业	20	30	—	
		城镇二级污水处理厂	30	60	300	√

续表

序号	污染物	适用范围	一级标准	二级标准	三级标准	备注
5	化学需氧量（COD）	甜菜制糖、焦化、合成脂肪酸、湿法纤维板、染料、洗毛、有机磷农药工业	100	200	1000	
		味精、酒精、医药原料药、生物化工、苎麻脱胶、皮革、化纤浆粕工业	100	300	1000	
		石油化工业（包括石油炼制）	100	150		
		城镇二级污水处理厂	60	120	—	
		其他排污单位	100	150	√	√
6	石油类	一切排污单位	10	10	30	√
7	动植物油	一切排污单位	20	20	100	√
8	挥发酚	一切排污单位	0.5	0.5	2.0	√
9	总氰化物	电影洗片（铁氰化物）	0.5	5.0	5.0	
		其他排污单位	0.5	0.5	1.0	√
10	硫化物	一切排污单位	1.0	1.0	2.0	√
11	氨氮	医药原料药、染料、石油化工工业	15	50		
		其他排污单位	15	25	—	
12	氟化物	黄磷工业	10	20	20	
		低氟地区（水体含氟量 <0.5mg/L）	10	20	20	
		其他排污单位	10	10	20	√
13	磷酸盐（以P计）	一切排污单位	0.5	1.0	—	√
14	甲醛	一切排污单位	1.0	2.0	5.0	√
15	苯胺类	一切排污单位	1.0	2.0	5.0	√
16	硝基苯类	一切排污单位	1.0	2.0	5.0	√
17	阴离子表面活性剂（LAS）	合成洗涤剂工业	5.0	15	20	
		其他排污单位	5.0	10	20	√
18	总铜	一切排污单位	0.5	1.0	2.0	√
19	总锌	一切排污单位	2.0	5.0	5.0	√

续表

序号	污染物	适用范围	一级标准	二级标准	三级标准	备注
20	总锰	合成脂肪酸工业	2.0	5.0	5.0	
		其他排污单位	2.0	2.0	5.0	√
21	彩色显影剂	电影洗片	2.0	3.0	5.0	
22	显影剂及氧化物总量	电影洗片	3.0	6.0	6.0	
23	元素磷	一切排污单位	0.1	0.3	0.3	
24	有机磷农药（以 P 计）	一切排污单位	不得检出	0.5	0.5	
25	类大肠菌群数	医院*、兽医院及医疗机构含病原体污水	500 个/L	1000 个/L	5000 个/L	
		传染病、结核病医院污水	100 个/L	500 个/L	1000 个/L	
26	总余氯（采用氯化消毒的医院污水）	医院*、兽医院及医疗机构含病原体污水	<0.5**	>3（接触时间≥1h）	>2（接触时间≥1h）	
		传染病、结核病医院污水	<0.5**	>6.5（接触时间≥1.5h）	>5（接触时间≥1.5h）	

注：* 指 20 个床位以上的医院。

** 指加氯消毒后必须进行脱氯处理、达到本标准。

表 7−6　　　　　第二类污染物最高允许排放浓度

（1998 年 1 月 1 日后建设的单位执行——截至 2017 年仍采用该标准）　单位：mg/L

序号	污染物	适用范围	一级标准	二级标准	三级标准	备注
1	pH	一切排污单位	6～9	6～9	6～9	√
2	色度（稀释倍数）	一切排污单位	50	80	—	√
		采矿、选矿、选煤工业	70	300	—	
		脉金选矿	70	400	—	
3	悬浮物（SS）	边远地区沙金选矿	70	800	—	
		城镇二级污水处理厂	20	30	—	
		其他排污单位	70	150	400	√

续表

序号	污染物	适用范围	一级标准	二级标准	三级标准	备注
4	五日生化需氧量（BOD5）	甘蔗制糖、苎麻脱胶、湿法纤维板、染料、洗毛工业	20	60	600	
		甜菜制糖、酒精、味精、皮革、化纤浆粕工业	20	100	600	
		城镇二级污水处理厂	20	30	—	
		其他排污单位	20	30	300	√
5	化学需氧量（COD）	甜菜制糖、合成脂肪酸、湿法纤维板、染料、洗毛、有机磷农药工业	100	200	1000	
		味精、酒精、医药原料药、生物制药、苎麻脱胶、皮革、化纤浆粕工业	100	300	1000	
		石油化工业（包括石油炼制）	60	120	500	
		城镇二级污水处理厂	60	120	—	
		其他排污单位	100	150	500	√
6	石油类	一切排污单位	5	10	20	√
7	动植物油	一切排污单位	10	15	100	√
8	挥发酚	一切排污单位	0.5	0.5	2.0	√
9	总氰化物	一切排污单位	0.5	0.5	1.0	√
10	硫化物	一切排污单位	1.0	1.0	1.0	√
11	氨氮	医药原料药、染料、石油化工业	15	50	—	
		其他排污单位	15	25	—	√
12	氟化物	黄磷工业	10	15	20	
		低氟地区（水体含氟量<0.5mg/L）	10	20	30	
		其他排污单位	10	10	20	√
13	磷酸盐（以P计）	一切排污单位	0.5	1.0	—	√
14	甲醛	一切排污单位	1.0	2.0	5.0	√
15	苯胺类	一切排污单位	1.0	2.0	5.0	√
16	硝基苯类	一切排污单位	2.0	3.0	5.0	√

续表

序号	污染物	适用范围	一级标准	二级标准	三级标准	备注
17	阴离子表面活性剂（LAS）	一切排污单位	5.0	10	20	√
18	总铜	一切排污单位	0.5	1.0	2.0	√
19	总锌	一切排污单位	2.0	5.0	5.0	√
20	总锰	合成脂肪酸工业	2.0	5.0	5.0	
		其他排污单位	2.0	2.0	5.0	√
21	彩色显影剂	电影洗片	1.0	2.0	3.0	
22	显影剂及氧化物总量	电影洗片	3.0	3.0	6.0	
23	元素磷	一切排污单位	0.1	0.1	0.3	√
24	有机磷农药（以P计）	一切排污单位	不得检出	0.5	0.5	√
25	乐果	一切排污单位	不得检出	1.0	2.0	√
26	对硫磷	一切排污单位	不得检出	1.0	2.0	√
27	甲基对硫磷	一切排污单位	不得检出	1.0	2.0	√
28	马拉硫磷	一切排污单位	不得检出	5.0	10	√
29	五氯酚及五氯酚钠（以五氯酚计）	一切排污单位	5.0	8.0	10	√
30	可吸附有机卤化物（AOX）（以Cl计）	一切排污单位	1.0	5.0	8.0	√
31	三氯甲烷	一切排污单位	0.3	0.6	1.0	√
32	四氯化碳	一切排污单位	0.03	0.06	0.5	√
33	三氯乙烯	一切排污单位	0.3	0.6	1.0	√
34	四氯乙烯	一切排污单位	0.1	0.2	0.5	√
35	苯	一切排污单位	0.1	0.2	0.5	√
36	甲苯	一切排污单位	0.1	0.2	0.3	√
37	乙苯	一切排污单位	0.4	0.6	1.0	√
38	邻 – 二甲苯	一切排污单位	0.4	0.6	1.0	√
39	对 – 二甲苯	一切排污单位	0.4	0.6	1.0	√

续表

序号	污染物	适用范围	一级标准	二级标准	三级标准	备注
40	间－二甲苯	一切排污单位	0.4	0.6	1.0	√
41	氯苯	一切排污单位	0.2	0.4	1.0	√
42	邻二氯苯	一切排污单位	0.4	0.6	1.0	√
43	对二氯苯	一切排污单位	0.4	0.6	1.0	√
44	对硝基氯苯	一切排污单位	0.5	1.0	5.0	√
45	2，4－二硝基氯苯	一切排污单位	0.5	1.0	5.0	√
46	苯酚	一切排污单位	0.3	0.4	1.0	√
47	间－甲酚	一切排污单位	0.1	0.2	0.5	√
48	2，4－二氯酚	一切排污单位	0.6	0.8	1.0	√
49	2，4，6－三氯酸	一切排污单位	0.6	0.8	1.0	√
50	邻苯二甲酸二丁酯	一切排污单位	0.2	0.4	2.0	√
51	邻苯二甲酸二辛酯	一切排污单位	0.3	0.6	2.0	√
52	丙烯腈	一切排污单位	2.0	5.0	5.0	√
53	总硒	一切排污单位	0.1	0.2	0.5	√
54	粪大肠菌群数	医院*、兽医院及医疗机构含病原体污水	500 个/L	1000 个/L	5000 个/L	√
		传染病、结核病医院污水	100 个/L	500 个/L	1000 个/L	√
55	总余氯（采用氯化消毒的医院污水）	医院*、兽医院及医疗机构含病原体污水	<0.5**	>3（接触时间≥1h）	>2（接触时间≥1h）	√
		传染病、结核病医院污水	<0.5**	>6.5（接触时间≥1.5h）	>5（接触时间≥1.5h）	√
56	总有机碳（TOC）	合成脂肪酸工业	20	40	—	√
		苎麻脱胶工业	20	60	—	√
		其他排污单位	20	30	—	√

注：√表示适宜包装生产。

其他排污单位：指除在该控制项目中所列行业以外的一切排污单位。

*指50个床位以上的医院。

**加氯消毒后须进行脱氯处理，达到本标准。

2. 项目排放标准的测定方法

具体测定方法见表 7 –7。

表 7 –7 项目排放标准的测定方法

序号	项目	测定方法	方法来源
1	总汞	冷原子吸收光度法	GB 7468—1987
2	烷基汞	气相色谱法	GB/T 14204—1993
3	总镉	原子吸收分光光度法	GB 7475—1987
4	总铬	高锰酸钾氧化 – 二苯碳酰肼分光光度法	GB 7466—1987
5	六价铬	二苯碳酰肼分光光度法	GB 7466—1987
6	总砷	二乙基二硫代氨基甲酸银分光光度法	GB 7485—1987
7	总铅	原子吸收分光光度法	GB 7485—1987
8	总镍	火焰原子吸收分光光度法	GB 11912—1989
		丁二酮肟分光光度法	GB 19910—1989
9	苯并（a）芘	纸层析 – 荧光分光光度法	GB 5750—1987
		乙酰化滤纸层析荧光分光光度法	GB 11895—1989
10	总铍	活性炭吸附 – 铬天菁 S 光度法	公式（7 –1）
11	总银	火焰原子吸收分光光度法	GB 11912—1989
12	总 α	物理法	公式（7 –2）
13	总 β	物理法	公式（7 –2）
14	pH	玻璃电极法	GB 6920—1986
15	色度	稀释倍数法	GB 11903—1989
16	悬浮物（SS）	重量法	GB 11901—1989
17	五日生化需氧量（BOD5）	稀释与接种法	GB 7488—1987
		重铬酸钾紫外光度法	待颁布
18	化学需氧量（COD）	重铬酸钾法	GB 11914—1989
19	石油类	红外光度法	GB/T 16488—1996
20	动植物油	红外光度法	GB/T 16488—1996
21	挥发酚	蒸馏后用 4 –氨基安替比林分光光度法	GB 7490—1987
22	总氰化物	硝酸银滴定法	GB 7486—1987

序号	项目	测定方法	方法来源
23	硫化物	亚甲蓝分光光度法	GB/T 16489—1996
24	氨氮	蒸馏和滴定法	GB 7478—1987
25	氟化物	离子选择电极法	GB 7484—1987
26	磷酸盐	钼蓝比色法	公式（7-1）
27	甲醛	乙酰丙酮分光光度法	GB 13197—1991
28	苯胺类	N-（1-萘）乙二胺偶氮分光光度法	GB 11889—1989
29	硝基苯类	还原-偶氮比色法或分光光度法	公式（7-1）
30	阴离子表面活性剂	亚甲蓝分光光度法	GB 7494—1987
31	总铜	原子吸收分光光度法	GB 7475—1987
		二乙基二硫代氨基甲酸钠分光光度法	GB 7474—1987
32	总锌	原子吸收分光光度法	GB 7475—1987
		二硫腙分光光度法	GB 7472—1987
33	总锰	火焰原子吸收分光光度法	GB 11912—1989
		高锰酸钾分光光度法	GB 11906—1989
34	彩色显影剂	169 呈色剂法	公式（7-3）
35	显影剂及氧化物总量	碘-淀粉比色法	公式（7-3）
36	元素磷	磷钼蓝比色法	公式（7-3）
37	有机磷农药（以 P 计）	有机磷农药的测定	GB 13192—1991
38	乐果	气相色谱法	GB 13192—1991
39	对硫磷	气相色谱法	GB 13192—1991
40	甲基对硫磷	气相色谱法	GB 13192—1991
41	马拉硫磷	气相色谱法	GB 13192—1991
42	五氯酚及五氯酚钠（以五氯酚计）	气相色谱法藏红 T 分光光度法	GB 8972—1988
43	可吸附有机卤化物（AOX）（以 Cl 计）	微库仑法	GB/T 15959—1995
44	三氯甲烷	气相色谱法	待颁布
45	四氯化碳	气相色谱法	待颁布
46	三氯乙烯	气相色谱法	待颁布

续表

序号	项目	测定方法	方法来源
47	四氯乙烯	气相色谱法	待颁布
48	苯	气相色谱法	GB 11890—1989
49	甲苯	气相色谱法	GB 11890—1989
50	乙苯	气相色谱法	GB 11890—1989
51	邻 – 二甲苯	气相色谱法	GB 11890—1989
52	对 – 二甲苯	气相色谱法	GB 11890—1989
53	间 – 二甲苯	气相色谱法	GB 11890—1989
54	氯苯	气相色谱法	待颁布
55	邻二氯苯	气相色谱法	待颁布
56	对二氯苯	气相色谱法	待颁布
57	对硝基氯苯	气相色谱法	GB 13194—1991
58	2, 4 – 二硝基氯苯	气相色谱法	GB 1194—1991
59	苯酚	气相色谱法	待颁布
60	间 – 甲酚	气相色谱法	待颁布
61	2, 4 – 二氯酚	气相色谱法	待颁布
62	2, 4, 6 – 三氯酸	气相色谱法	待颁布
63	邻苯二甲酸二丁酯	气相、液相色谱法	待制定
64	邻苯二甲酸二辛酯	气相、液相色谱法	待制定
65	丙烯腈	气相色谱法	待制定
66	总硒	2, 3 – 二氨基萘荧光法	GB 11902—1989
67	粪大肠菌群数	多管发酵法	公式（7 – 1）
68	余氯量	N. N – 二乙基 –1, 4 – 苯二胺分光光度法	GB 11898—1989
		O. N. N – 二乙基 –1, 4 – 苯二胺滴定法	GB 11897—1989
69	总有机碳（TOC）	非色散红外吸收法直接紫外荧光法	待制定

　　关于排放单位在同一个排污口排放两种或两种以上工业污水，且每种工业污水中统一污染物的排放标准又不统一时，可通过下述方法对混合排放时该污染物的最高允许排放浓度（$c_{混合}$）进行计算。

$$c_{混合} = \frac{\sum_{i=1}^{n} c_i Q_i Y_i}{\sum_{i=1}^{n} Q_i Y}$$

(7-1)

式中：$c_{混合}$——混合污水某污染物最高允许排放浓度（mg/L）；

c_i——不同工业污水其污染物最高允许排放浓度（mg/L）；

Q——不同工业的最高允许排水量（m³/t）；

Y_i——分别为某种工业产量（t/d）。

工业污水污染物最高允许排放负荷计算公式为

$$L_{负} = c \times Q \times 10^{-3}$$

(7-2)

式中：$L_{负}$——工业污水污染物最高允许排放负荷（kg/t）；

c——某污染物最高允许排放浓度（mg/L）；

Q——某工业的最高允许排水量（m³/t）。

$$L_{总} = L_{负} \times Y \times 10^{-3}$$

(7-3)

式中：$L_{总}$——其污染物最高允许年排放量（t/a）；

$L_{负}$——某污染物最高允许年排放负荷（kg/t）；

Y——核定的产品年产量（t/a）。

注：t 为单位产品产量，a 为时间每年。

7.5 实现中国包装产业绿色发展的战略

包装产业绿色发展战略需要依靠多种现代高新技术，但即使是拥有厚实科技基础的地区，或拥有强大生物降解研发机构的发达国家，它们在市场上投放的绿色包装制品仍旧不多。不成熟的技术和应用水平成为制约包装产业绿色发展的重要因素，而这当中，往往充斥着众多试验研究与工业生产难题。因此我们不但要大力推进包装产业的发展，更要注重加强产业间协作，以此来推动开发与建设绿色包装产业。

7.5.1 高效性包装产业绿色发展战略

又快又好的产业发展模式一直是国家和企业关注的焦点，即高效始终是各行业追求的目标，但该从国家、产业、企业等主体单位的哪些方面入手并操作，又该如何有效落实高效的产业发展要求？结合当前发展形势和现状，从包装产业绿色发展的先锋效应、集聚效应、实体效应和安全效应四个方面对包装产业高效绿色发展进行联系。

1. 发挥包装产业绿色发展的先锋效应

强化高校与产业的联系，以协同创新为战略目标建立研发基地，将产业动态和需求及时向高校的研发基地进行反馈，积极引导高校的科研主题、方向朝企业、产业亟须解决的现实问题靠近。将研发的成果直接在产业中投入使用，便于高校调整研究方向和发现问题。除此之外，还可将优秀人才直接向产业、企业输送，既利于高校学生就业，也利于用人单位人才培养和企业价值的创造，让产业、企业充分发挥出带头引领的先锋效应。

2. 发挥包装产业绿色发展的集聚效应

绿色包装要求的技术应用水平和生产管理水平相对较高，落实先进技术的引进，积极建设人才培养基地和专利申请有助于提高地区的市场竞争力，对包装产业绿色长远发展至关重要。更重要的是，资源的集聚有利于降低产业的基本生产和经营成本，发挥规模经济效应。迅速掌握最新技术手段和管理方式，快速更新信息技术应对市场的变化，把握产品在市场的发展前景和未来的调整方向。

3. 发挥包装产业绿色发展的实体效应

国内对于"产学研"从来不乏关注，对它的理论和发展机理研究更是多如牛毛，但从现实认识而言，还有很多不足。如："产学研"的各个机构的独立性强，缺乏统一的管理机构进行信息的共享，这为产业间落实信息共享带来了障碍，从而无法对当前市场和行业要求进行实时的了解，使得滞后信息成为产业绿色发展的一种负面影响。因此需合理安排各个机构的运营，建立统一的交流互动平台和资源共享部门，打造统一合作的战线联盟，让互动和交流有具体的载体，发挥更强大的实体效应。

4. 发挥包装产业绿色发展的安全效应

安全始终是产业发展的首要关注点，产业安全要求产业在生产和市场竞争中不对其他主体的正常发展造成威胁，建立行业要求和市场监督机制体制对产业安全作用极大。安全不仅是对产业的规范，也是产业发展的一把利器。发挥安全效应，对产业生产流线进行精密的把控，即可控制成本也可排查安全隐患，解决后续带来的问题。同时，也可及时获知在生产过程和产品市场投放中遇到的困难。发挥包装产业绿色发展的安全效应，对技术、设备、管理、服务等应用在产业链各环节进行有效检测。国家部门和产业积极响应安全化的标准，也是得到消费者信赖的前提和保证。

7.5.2　创新性包装产业绿色发展战略

绿色化发展贯穿了包装产业的整个生命周期，不管是纸质类、塑料类、金属制品或玻璃制品的包装物在生产制造以及使用过程中都或多或少会造成污染和资源废弃。因此，当下亟需更多的研发力量投入和技术投入，以提高资源的利用率，优化生产流程，提高产品的"绿色特性"。创新始终是绿色发展不变的主题，只有围绕创新性发展，不断提高技术的创新性，提高管理的创新性，才能为包装产业绿色发展保驾护航。

现代市场竞争越趋激烈，对于涉及面甚广的包装产业，面对的市场挑战也日渐繁杂。在国内企业机制体制不完善的前提下，还要面对国外企业对国内企业的冲击，优胜劣汰竞争机制使国内企业压力巨大。积极靠近和达到国际标准，是产业发展的第一任务。诸如国际 ISO 9000 质量体系认证、ISO 环保认证、ISO 18000 安全卫生认证等均要落实到位，并发挥自主创新性，提高研发能力与创新水平，带动产业向更高更好的阶段迈进。

1. 以管理创新推动绿色包装产业链式发展

传统的管理系统已然不适应现代产业快速发展的生产和运作模式，对于包装产业绿色发展亟须建立一种新型的管理模式。该种模式应该具备以下特点：第一，能够对下属机构和部门实行统一的管理；第二，能够加强研究所、开发中心、企业生产部门间的联系，建立校园、企业、政府部门沟通的平台；第三，能快速、高效地将现代知识运用到产业创新方向上，达到低投入高产出的行业要求。从本质上看，创新型的管理模式有利于促成包装产业绿色发展的内部有序化，推动包装产业绿色发展流程化和高效化。

2. 以机制创新统筹包装产业全面绿色发展

针对性的机制创新具有传统的机制模式所不具备的优势。创新性机制体系能更好地汇聚包装产业绿色发展战线上合作企业和部门的资源，并进一步整合和优化产业结构，有效克服产业本身存在的硬件不足的劣势或短板，打破条件制约的局限。科学系统的机制能将资源的配置有序化，实现项目上最大限度的资源和成本节约。鼓励性的机制条件能提高企业的自主性，让参与者、投资者、合作者能有更大的积极性去构建新型创新性机制体制，让整个体系更加规范化、标准化，流程更具合理性和公开性。

3. 以技术创新形成包装产业绿色系统体系

从国内包装产业发展模式现状来看，技术水平低下是制约包装产业向绿色发展转变的重要因素。要实现绿色发展，除了梳理国内外包装产业的科技发展轨迹和脉络，还需要积极探索有关包装产业高技术领域的突破点，选择符合绿色包装产业发展的方向。如纳米技术在包装材料上的进一步应用、电子管理系统的优化和挑战、印刷设备耗材的选用与使用量的控制。此外，还需不断引进优秀的国内外高精尖技术人才，提高包装产业领域上科技技术的应用水平，以技术创新驱动包装产业绿色发展稳步前进。

7.5.3　可持续性包装产业绿色发展战略

与传统包装产业不同的是包装产业绿色发展涉及面更广，具有更丰富的规范要求和实践案例以及理论性的研究和定义。诸如：经济学中的生态经济学、循环经济学，而其中又包括产业生态学、低碳理论学、生态工业设计等。绿色包装产业的实践主体更多，除了一般的包装企业和包装生产商外，还有多级的分销商、分包商，以及物流链上大大小小的运输户、转运站、仓储部门。更重要的是，与传统包装产业相比，包装产业绿色发展更受政府部门的关注以及社会影响更强。正因为包装产业绿色发展兼具复杂的社会性与生态性，可持续的发展要求就尤显重要。

基于绿色发展的时代主题，世界各国展开了低碳经济、生态经济、循环经济等兼具创新性和可持续性的探索，为包装产业绿色发展的可持续模式提供了借鉴参考。这其中有出于社会经济效益层面的考虑，如回收体系的完善，充分利用资源，降低生产和采购成本；产业规模化，集中生产和营运，降低中间环节的费用。但更大程度上是基于地球生态环境层面的考虑，譬如：控制二氧化碳排放量，降低温室效应的影响；制定生产标准，严格控制污染物的排放，排放前进行净化处理。经济与生态属性均是包装产业绿色发展固有的属性，二者不可割裂，生态属性对包装产业并非仅是要求，更非制约，它同时为包装产业创造了生态效益与经济效益，并成为包装产业经济效益中的内生力量，对经济效益起到重要的推动作用，这也是包装产业绿色发展的可持续特征和要求。

国务院就绿色发展的问题，在"十三五"规划中进一步阐述，并对"绿色发展，建设资源节约型、环境友好型社会"的主题进一步扩充，以国民共建现代绿色经济体系为目标，提升国家各行业的竞争力。除了国内包装协会积极响应国家绿色发展战略外，各包装企业和有关行政部门也在积极建立产业标准和设置监督机构。低碳化的绿色发展之路符合可持续发展的战略要求，也是新时代下，包装产业发展的大趋势。但是为了实现我国绿色包装产业可持续发展，仍需进行产业革新和进一步完善。

1. 加快技术研发，实现生产水平提档升级

针对包装产业进行科技研发和技术提升，主要是为了克服当前包装产业生产工艺的缺陷，诸如：量大而又严重的污染物排放、材料供应有限、人力成本费用提高，以及制造的产品不够轻便。为了降低制造过程的环境污染、降低生产和销售成本、提高产品的市场竞争力，对包装产业的技术投入就尤为重要了。先进技术的应用不仅能改进生产技术，而且还能实现生产链的简单化和程序化，提高单位时间内产品的生产量。除此之外，先进技术的投入不仅节约了能源和原材料，降低生产的成本，而且还能加强产品的创新性和独创性，增强企业、商户的市场竞争力。

2. 加快法规建设，规范市场经营环境

完善包装产业绿色发展的法律规范体系，建立相关监管部门对包装产业内不按生产、营运标准和规范执行的企业追究责任。对高于一般标准实施生产和管理的企业给予奖励与税收减免，推进产业规范化的建设和管理。也可以通过建立市场的信用体系，以企业信用进行企业综合能力的评定或代替企业资质等

级，让企业自主地完成节能减排的任务。同时，也需要对从业人员进行绿色发展相关法律法规的培训，促进综合素质的提升。总之，积极通过市场规范建设和从业人员培养等来推动产业转型升级，实现产业绿色发展水平的有效提高。

3. 加强国际对接，完善管理标准体系

在绿色发展的过程中，产业的生产标准，如 ISO 14000 等基本标准是产业的最低标准，也是必定要符合的第一标准。但为了提高我国包装产业的竞争力，除了国内外的强制性标准外，还需针对不同的生产技术水平、设备条件，以及污染程度制定生产标准、质量标准，并由包装协会或相关部门对其进行发布和监管。在加强产业与国际接轨的过程中，要逐步完善国内的管理体系和统一标准。

4. 加强队伍建设，提高发展专业水平

除了技术的引进和研发外，人才的引入和培养对包装产业绿色发展同样至关重要。绿色发展是在传统包装上进行的改革，它不仅是单一的材料或技术的改变与进步，没有大量的专业性人才作为后盾，技术不可能拥有质的提高，绿色发展也势必进程缓慢。为了加强队伍建设，提高发展专业水平，可进行以下调整：增加技术人才引进的数量和规模；建设中大型的创新性人才基地；完善包装产业人才培养体系；改进现有的教育模式；针对性地发展具有包装特色的教育；完善现代包装产业特殊人才的培养体系。

7.6 包装产业绿色发展的经济展望

随着人们物质水平的提高，健康的消费模式更是成为市场上的主流消费模式。绿色发展既是满足产品安全的一种发展模式，也是提高经济效益的一种发展模式，得到产业的大力支持，以及企业的高度重视。但是绿色包装产品的经济效益在单品上优势不明显，甚至成为短板。如：可降解餐盒为 0.25 ~ 0.30 元/个，而一般的普通餐盒只要 0.15 ~ 0.20 元/个，绿色包装产品比传统产品还要贵 0.05 ~ 0.10 元。考虑到一般企业往往一次性购入大量的包装产品，所以即使是微小的价格差，对于整体的购入成本而言也是相当大的一笔费用。所

以，绿色包装产品对于一般的企业而言成为了奢侈品。

绿色包装产品的最大价值不在于产品的本身价值，而在于后续回收利用率高，处理费用低，甚至可以无处理直接再利用。当然，还有污染性低、附属产物少等特点。

在市场经济的作用下，包装产业绿色发展的经济性更大程度体现在绿色发展的前沿性和可持续性。在关注效益的同时也关注生态，并坚持绿色文明战略基本要求，是包装产业绿色发展持续蓬勃的内在核心。

本 章 小 结

基于现代包装技术的提升和国家对绿色发展的重视、扶持，包装产业绿色发展战略得以稳步前进。立足于时代，绿色发展贯穿产业生产的整个生命周期，但每个阶段均有局限和不足，还有很大的进步空间。随着国内外对环境保护的重视，产业生产无节制、无制约的时代已经过去，各种质量标准、生产规定、资源限制、排放定额成为包装产业建设和运营的必要考虑。国内绿色试点的覆盖范围也日趋增加，尤其在国内的大中型城市中，受政府部门的要求，绿色发展已成为产业发展的首要考虑因素。为了提高国际竞争力和市场份额，企业在技术研发和技术引进上比以往投入的力度更大，还出现了企业联盟，以有效发挥产业规模经济和共享技术成果，联盟企业之间的竞争与合作对立统一更明显。不管怎样，绿色发展都是现今乃至未来将长期存在并完善的战略方针，对包装产业而言，更是一种不能忽视的发展要求。

第 **8** 章

中国包装产业循环发展新战略实施

　　包装产业作为"朝阳产业"，其生产流程主要包括采购包装材料、设计并制造产品，还包括包装印刷、包装机械及机器制造等多项活动。其包装制品渗透到各行各业以及流通领域的每一个环节。包装产业所承担的最重大的社会责任便是对使用后的包装产品进行循环利用。要想更好地实现人类与自然环境的和谐共处，注重包装产业的可持续性发展是必不可少的，绿色包装产业则是其坚持可持续发展的必然结果。循环经济是包装产业贯穿于产品整个生命周期的绿色发展理念。无论是在前期的包装设计、中期包装材料的选取还是工艺制作过程，以及末端废弃物处理等任何一个过程都坚持发展循环经济的原则，其实施是一个系统工程。就实现我国包装产业的可持续发展来看，需要抓住我国包装产业现存的问题，在生产活动中对产品的包装要坚持材料的节约原则，以二次使用为考量和节约资源为标准进行优选。采用"资源—产品—再生资源"的发展模式，运用包装产业发达的经营理念和国外学者的成熟理论，以我国生态文明建设的战略目标为导向，立足于现阶段包装产业发展循环经济的实际需求创新产业发展。其具体的措施主要可以从绿色包装体系的建立和保障平台的搭建着手。值得注意的是在构建这一体系时要动员政府、企业和公众的共同合作，并协调好各自的主导、主体和参与作用，而保障平台要能够确保循环发展新战略的有效实施。

8.1　政府是我国包装产业循环发展新战略的推动者

　　循环经济是一种具有生态理念的新型经济，是市场经济的高级形式，其最终目标追求是经济发展速度和质量的同步提升。它需要建立一个完善而健全的市场体系和一套高效的技术支撑体系及健全的法律体系来确保这一理念的落实。因此，在建设新型的经济发展方式时，政府不论是在政策的制定还是在实施上都要承担起主导责任，率领各行各业转变经济发展方式。包装产业实施循环经济需要建立一个包括立法、监管、合作、实施、支持、广泛参与在内的运行有效的包装发展体系。为了保证这一过程的系统性，国家、行业、企业、科研机构乃至公众需要共同参与。其中，政府所采取的措施对于推动包装产业循环经济发展具有决定性意义。在促进该产业朝着这一方向发展的过程中，要积极发挥法律法规的规范和约束作用，依靠制度保障产业生态园区的建设，通过结构的优化践行循环发展。政府采取的行为越有效，我国就能尽快建立与国情相符的循环经济和绿色包装法律体系，进而加强同世界各国在该领域的经济、科技合作。

8.1.1　建立包装产业发展循环经济法规体系

1. 制定循环经济要求下的包装行业规范、行业标准

（1）政府应积极向包装产业倡导循环经济这一发展理念，及时颁布类似于《中华人民共和国产品包装法》等能够推进绿色包装发展的行业法律法规。

（2）通过 ISO 14000 制度的宣传，强化企业的环保意识，强烈建立企业朝着标准化认证制度发展，利用国际的合作进一步缩小与先进国家的发展差距，也能客观地帮助企业完成合法认证。

（3）借鉴工业发达国家的经验，建立起包装产品的"3R"规范标准，高度重视包装产业发展的全过程，利用已经建立的标准，对包装材料进行优质选用，本着节约、环保的原则，尽量选择那些可以降解的、轻量化和环保的玻璃制品，并对这一过程实施监督。

（4）制定评价包装工业实施循环经济的指标体系。循环经济指标的建立应当包含包装产业的方方面面，无论是和生产相关的，还是同产品有联系的指标都应该纳入评价指标体系。任何企业的发展都是为了最后的产出，所以最终的效果是根本性指标。从发展水平靠前的先进国家借鉴标准，加大对包装产业循环发展的评估，严格控制那些不合标的企业的进入率。使我国包装产业在走

向循环经济的路途中少一些牵绊。

2. 建立合理的绿色包装评价指标体系

国家应该积极主动地承担起建立健全绿色包装规定的职责。加强与包装企业协会的协作关系来共同建设该行业的绿色发展。因此，建议国家标准化管理委员会组织制定并健全涵盖全行业的绿色包装标准。只有建立对应实施的法律法规才能起到对企业主体的规范和引导。而企业应该发挥其宣传作用，在企业内部、企业之间加大对绿色发展的宣传教育，促进企业整体和整个行业的绿色发展意识的提高。

绿色包装评价体系可以在对企业进行评估、审核的时候，加大对企业发展在环保方面的要求。这里面的指标不仅仅是那些量化的经济指标，更侧重地是对环境是否得到保护、资源是否有节约的一个监督。它要求企业生产的产品在其整个生命周期内不对环境产生污染破坏，对产品进行包装的材料不仅仅是方便运输、储存、美观的，更重要的是它的建立在不污染环境的同时，还能够提高资源的利用率，回收和再利用该包装材料。为达到对这些层面的考量，企业就需要采用环保指标、资源节约指标和能源节约指标构建起绿色包装评价体系——一个包括环境保护、资源节约和能源节约等指标在内的绿色包装评价体系。

8.1.2　建设包装产业集群及生态工业园区

1. 着力构建绿色包装产业群

我国包装企业数量众多，其中以规模小、设备落后的个体民营企业为主体。企业体制的改革也促进部分企业向现代化包装企业发展，但是以这些具有一定规模的大企业成长为主体还比较困难。这些个体民营企业生产的产品大多数不符合技术要求、在生产过程中会带来很高的资源和能源浪费，他们没有绿色包装的发展意识，很难进行这一发展模式的实践。本着全民协调发展的原则，应当根据市场的发展规律，对那些还有进步空间的企业进行整合，在不浪费其有效资源的前提下，对其进行整合，推动他们的规模化发展。而那些没有发展潜力的企业，应当被及时被淘汰，否则不但不会为社会带来效益还会阻碍社会的发展进步。而企业在这种时候要想获得生存，就必须积极应对挑战，在观察外部环境的同时，扬长避短，依托政府政策的支持作用，建立包装产业绿色发展集群。在任何一个包装产业群中，研究院、设计公司、材料公司、废弃物回收公司都必须贯彻落实简单方便、灵活高效的原则，进行公司内部的资源整合。从而使包装产业集聚群的资源利用率高，重视生产过程中的二次回收利用。

2. 适当建设包装生态工业园区

结合包装产业结构调整优化、产业集群升级，适当建设包装生态工业园区。循环经济将工业生产中一开始的废物排放量降到最低，其次再对这些排放的废物进行循环利用，使其对自然环境的破坏进一步减小。对于生产过程中那些不宜就地处理的废料，可以采取将这一行业的废料用作另一行业原料的跨行业、跨企业的合作方式。这样，就可以在各企业之间形成一个以生态链、闭路循环为支撑的生态工业园区。要想获得更进一步的发展，我国在建设包装工业园区的时候要发展循环经济的模式，尽量采用各个企业之间合作生产的形式，这样就可以实现资源之间的循环交换使用，减少资源浪费。形成像"纸浆—造纸—制箱""油（天然气）—塑料—塑料包装制品""甘蔗—制糖—蔗渣造纸"等模式的共生互补系统。

8.1.3 大力推动包装产业结构优化升级

我国开始有发展包装企业的意识比较晚，在发展的初期难以拥有较高的水平，再加上工业发展的落后，企业拥有的设备和技术不先进，各包装企业的发展由于资金和地区的差异也难以平衡。主要体现为那些层次高、规模大、效益良好的企业多集聚于沿海经济带，这里拥有着浓厚的经济氛围，对周边的企业起着思想启蒙和经济便利的作用。但是我国很大一部分企业采用的是家庭小作坊式的生产模式，他们多集中在远离沿海的不发达地区。首先他们在观念上没有保护环境的意识，其次也没有先进的技术支持，因此很难发展壮大起来。同世界上包装行业发展水平排在前列的国家而言，其发展水平由于缺乏经济和技术上的支持提升缓慢。政府应当对环境管理严格把关，将包装产品的技术和环境标准提高到世界先进国家的水平，对中小型企业进行资源的有效整合、利用，促进其朝着规模化发展，在有序整改市场竞争秩序的同时，达到产品类型和产业结构的优化升级。对于不利于包装产业循环发展的企业，应当及时整改甚至是关停，鼓励发展前景好的企业对效益不佳的企业进行兼并，这样不仅仅能够避免资源的浪费，还能促进这些企业的发展壮大。利用好大型企业的牵引作用，将中小型包装企业的发展和大企业联系起来，通过共同的发展进步，从整体上提升包装行业的水平。

（1）加强对企业包装生产过程的管理和约束，改进上生产的工艺，在包装上尽量采用环保节约的包装材料，鼓励企业进行清洁生产。

（2）进行产品设计和生产工艺的优化，从而降低资源、能源消耗。如通过生产工艺的优化将瓦楞纸板的边角余料从 15% 降低到 10%，就能使纸板的重量减轻 $25g/m^2$，进而直接减少碳排放量，减小对空气的污染。对于原料成分有 1000 万吨非木材浆的纸质包装材料来说，它们很多都是焚烧稻秆、麦秆等农业产生的废弃物，如果对它们进行直接燃烧，则会产生大量的二氧化碳，污染空气。但假使将它们用作生产包装用品的制浆原料，就可以将二氧化碳的排放量降至一半，起到保护森林资源的有力作用。因此对于包装企业而言，它在进行低碳化生产上面还有很大的潜力有待我们去挖掘。

在对造成资源浪费大、环境污染严重的原因调查中，我们发现产业结构不合理是其中一个重要的原因。发展循环经济可以促进产业结构和产业布局的联系与互动，最大化循环利用物质、能量。第一，要从宏观层面加强对那些资源消耗大的包装企业的建设，避免一些低水平企业的重复建设和不理智投资。通过环境的影响作用来对区域产业进行规划、布局及能源结构调整进行指导。第二，顺应世界新兴产业的发展潮流，对产业结构进行战略调整，具体可采取强化政策导向的措施引导战略目标，也可以通过传统产业的优化升级来发展战略新兴产业，将战略新兴产业改造和提升传统产业结合起来，以新兴产业为标准对那些落后的工艺、技术和设备进行淘汰，将原先的生产体系打造成节能、节水、节电的节约型生产体系。第三，认识到发展第三产业的重要性，重点开发绿色包装产业，通过产业链的延长，对废弃物实现循环利用和资源化，建设生态产业链条，并进一步发挥优势特色产业的优势。第四，根据生态环境状况，对那些污染性质相近的产业进行工业企业的空间聚集布局，围绕该工业企业的核心资源，延长产业链条，发展相关产业，促进资源循环利用。

产业结构的优化是我国转变经济增长方式必然要走的道路，通过调整产业结构，一方面，可以将那些不合理的产业进行淘汰或者重组，使其朝着现代工业化企业的经营模式迈进，将发展的理念由速度的追求转变成对质量的追求。另一方面，我国包装产业的结构升级优化，可以使产业改进不足，朝着进步的方向前进。这中间要避免走过去的老路，开辟包装产业的新型发展道路，利用技术产业的发展和支撑改进生产工艺，从而获得发展。我们要充分利用好市场这一"看不见的手"对包装产业进行调节，由市场机制决定淘汰或发展哪些企业。同时还要发挥法律法规的规范作用，严惩那些肆意浪费、破坏环境的落后企业，及时淘汰那些生产力低下的企业，从而促进中国包装产业向现代工业化生产经营方式转变。

8.1.4　大力开展绿色消费的政策宣传

1. 政府通过政策扶持引导公众树立绿色消费观念

我国政府拥有较大的话语权，应该利用这一手段对企业和社会公众进行教育宣传工作，提高他们对可持续发展意识和对消费文化的理解。政府可以从以下几个方面入手。

（1）强化企业和社会公众的绿色消费理念，提倡适度包装、简约包装。

（2）发挥消费税的制约功能。加大消费税的征收范围，如将一次性碗、塑料袋和饮料瓶罐等造成资源严重浪费的物品都进行税收征收，加大对它们的消费税征收力度。

（3）向社会公众和企业进行绿色包装教育。大部分的企业和公众都不重视环境问题，对绿色包装的了解更是少之又少。为此，政府应加大对企业和公众的教育工作，发挥网络通信工具和纸媒的影响力以及政府报告等各种听证会的宣传作用向社会大众进行环境保护和绿色包装等方面的理论宣传和教育，使人们建立起对绿色包装的认知，进而促进其进步与发展。

（4）在政策上给予对企业绿色包装的支持。对于那些进行环保生产的企业实施企业所得税减免政策，在贷款贴息和环保技术、产品的开发和研制上，推行税收优惠政策。政府应调整各项财政税收政策，对绿色技术及产品研发提供支持，使我国包装企业获得更进一步的发展。

2. 发挥企业推动绿色消费的引导作用，提高绿色包装需求

在将产品推向市场和消费者的时候，企业可以利用绿色包装这一卖点进行营销宣传。在获得收益的同时，还能引起消费者对该类产品的注意，久而久之就建立起他们绿色消费的环保消费观。

我国企业可以做好以下工作来提高绿色包装需求。

（1）根据消费水平所处的不同阶段进行消费偏好的调整。明确绿色包装对非绿色包装的替代作用，根据不同时期的消费发展水平，调整绿色包装进入消费领域的顺序，在消费者可接受的范围和价格下提倡绿色包装。切不可不顾发展的阶段性，盲目推销绿色包装。

（2）加大绿色包装产品的研发和生产。包装企业应该立足于消费的需要，根据他们的消费偏好来推出不同类型和功能的包装产品。在保证包装材料无污染的同时，要有针对性地进行包装产品的研发和生产，丰富其品种和数量，这样才能形成对消费者的吸引力。

（3）企业可通过电视、报纸、杂志、网络媒介加大对绿色包装的宣传，加快这一理念进入人们的脑海，利用网络的影响力，提高消费者绿色意识，引导绿色消费。只有意识上的觉醒才能带动消费者行为的转变，进而决定这一市场的发展。

（4）实现供需关系的合理化。资源供给永远也无法跟上人们需求的发展速度，它的供给具有绝对稀缺性。企业在了解供求关系的前提下，要有条件地生产出满足顾客需要的产品。在资源稀缺的情况下，即使某一产品需求具有弹性，也首先不应该将这类资源供给那些需求弹性小或没有需求的消费者。

8.2　企业是我国包装产业循环发展新战略的执行者

与世界发达国家一样，我国在加快经济发展的同时，必然会导致环境的污染。当前对于废弃物的处理办法，除了依靠个体劳动者对产品和包装进行回收和分拣，其余的废弃物都只能填埋处理。然而在自然光照和腐蚀的过程中，这些被填埋的废弃物会对土壤和水源产生严重的污染和破坏。我们应当以发达国家作为前车之鉴，不能在饱受生态破坏的惨痛经历后，才意识到走可持续发展道路的必要性，必须在发展经济的同时也要保护环境。这就要求企业把清洁生产、资源整合利用、生态设计和绿色消费等程序融合在生产的全过程，重视资源的地位和价值，遵循生态学的发展规律，指导企业在经营过程中规范生产，达到外部环境的经济性，让企业主动成为环境责任的主体承担者。

8.2.1 强化清洁生产

1. 全程控制

包装的全程控制是指清洁生产要贯穿到企业包装生产的全过程，要监测产品包装的生命周期，提高资源的利用率，在产品的设计、制造、包装、运输、销售、服务和回收的整个过程中采用绿色生态评价指标对其实施控制。

2. 大力倡导清洁生产

"清洁生产"是尚未被熟知的一种新型理念，不同于"末端治理"对最终结果的"治"，它强调环境保护，主要采取"防"的策略。在产品生产的一开始，就做好对全过程的计划控制，在每一个环节都竭力减少甚至消除污染物的产生。清洁生产的"防"不是在某一个过程进行污染物的防治，它与生产的每一过程相联系，在每一个环节都要求减小生产中的操作对环境的危害，环环相扣，综合治理，从而降低因此带来的风险性。就拿纸包装的生产来说，在其制浆造纸、粘接纸板、打磨边角和铝塑复合等干燥工艺的生产活动中，会产生对自然环境破坏极大和严重危害人类身体健康的废气、废水、废渣。因此，推行清洁生产是发展绿色包装的必要措施，主要进行以下工作。

（1）积极展开对水力资源、太阳能、风能、潮汐能、地热能、生物质能等清洁能源和可再生能源的开发和利用；加强对节能技术的使用。

（2）禁止使用有毒有害的原材料，择优选择低污染、无污染的原材料。

（3）循环利用废弃物，尽量使它们高效转化为另一企业的产品，提高资源利用率。

（4）优化生产工艺，减少副产品和降低中间产品的伤害，真正达到"无废或少废"。

（5）对危险性因素进行监测，尤其防止温度、压力大小的过高和过低，禁止使用并远离那些会带来强烈震动、噪声，容易燃烧和爆炸的材料物品。

（6）尽量高效利用二次资源，少用昂贵原材料。

8.2.2　推广包装生态设计

1. 提倡绿色包装设计

对包装进行绿色设计是指在对产品进行包装设计的过程中，考量其整个生命周期对环境和资源产生的影响。首先，采用的包装材料应该经济节约，减少企业的成本投入；其次，进行包装过后的产品要方便顾客使用，不能使其丧失原有的功能性；最后，优化相关可能会影响和破坏环境的因素，在提供质量保障的同时降低对环境的负面影响。绿色包装设计的核心是"Reduce""Reuse""Recycle"，即"3R"原则。在满足包装的基础功能这一前提下，尽量减少对包装材料的过度使用，采取适度包装；另外包装的设计应该追求二次使用，这样可以降低资源和能源消耗；回收再生也是发展绿色包装的要求，通过回收利用废弃物，进行再生制品的生产，焚烧废弃物利用热能以及污泥堆积等方式改善土壤的举措，实现废弃物的再利用。这种减量化、重复使用和回收再生的方式既不会污染环境，又能充分利用资源。因此，企业在大力发展绿色包装的一开始，就要做好绿色包装设计。作为绿色包装的源头，在进行包装设计的时候严格把关，把绿色包装标准落到实处，贯彻实施。只有把握好源头，严格把好绿色包装设计这一关，才能在真正意义上实现绿色包装。

要想更好地进行绿色包装设计，其重点就是要禁止对产品的过度包装，提倡适当包装。许多国家都在适度包装上面制定了严格的法律法规，严格把控技术标准。在德国，国家大力提倡对产品进行简单包装甚至是不包装；在韩国，有关法律明确规定过度包装是一种违法行为，凡是有过度包装行为的企业都要按照法律的规定上交罚款，用物质的方式对其进行严惩；在日本，则制定了《商品礼盒包装适当化细要》，严格控制商品之间的间隙，细化了对包装容器的规定。

我国应该树立开放意识，从国外一些发达国家的包装设计中吸收经验，加强这方面的技术引进。在对包装产品进行设计时，要将废弃物的循环利用纳入到产品生命周期。在包装设计过程中，要顾及各方的利益，实现经济、生态和社会效益的同步发展。在设计上要遵循合理便捷的原则，尽量采用可拆卸式设计。在发展的同时向全球市场经济的方向迈进，更好地与世界先进国家接轨，吸收高新技术。

2. 推行包装的生态化设计

生态设计是一种又名绿色设计的新理念，它采用的是还未被熟知的设计方法，它是依据产品生命周期中的生态问题提出来的。它的目标是产品的环境特性，以生命周期评价为工具，设计出既能满足人类基本需要，又不会破坏环境的新产品。这一方法坚持采用低能耗、可回收、便利的指标对包装生态的整个过程进行设计。其次，优选材料是包装生态设计中很重要的，在包装物的选择上坚持环保要求，可以增强包装物的回收再利用率，从而降低对环境的危害程度。在对包装进行生态设计时，尽量选择同类材料，方便对废弃产品的回收再利用。如 Whirlpool 公司的包装工程师在企业活动中就主张减少包装材料的使用量，不仅没有影响到其基本功能的发挥，还降低了包装材料的成本。充分发挥可回收包装设计的益处，需要企业在选择包装材料和进行设计的过程中将其对环境的影响作为一个重要的考量因素，即产品的包装必须遵循在其废弃后不对环境造成污染的原则。其主要可以进行直接重用、废弃物再生、可修复等设计方式，并注意废弃物的降解。例如，瑞典贯彻包装生态设计的理念，开发出一种能使 PET 饮料瓶和 PE 奶瓶的重复使用的灭菌洗涤技术，其次数可达 20 次以上。对产品包装进行生态化设计可以有效解决包装废弃物如何处理的难题，进行材料来源的优选，降低对环境的污染。

8.2.3 推进包装减量化

要想实现包装工业的可持续发展，可以采用包装减量化这一重要途径。我们可以通过在包装生产过程中选配重量较轻的材料、对材料结构进行优化、实施薄壁化技术、降低包装物层数和体积等不同的包装减量化方法。

减量化包装采用的是一种节省资源的技术，它在确保产品在运输过程中是安全的同时，发挥好其储藏、销售功能的前提下，减少过度包装产生的废弃物对环境的污染。这种方法可以大大减少包装过程中的垃圾量，减少包装垃圾对环境的污染，需要好好利用该技术。减量化包装设计的核心要求是包装材料的选取应当具备"轻、小、薄"的特征，坚持使用绿色包装这一原则。在具体的实践中，主要可以通过择优选择那些环保的天然材料的方式。我国物产和自然资源都很丰富，树木、藤枝、草叶、竹、茎等甚至是植物的壳、秆，动物的毛、皮都可以经过加工，成为耐用又受欢迎的包装物。这些用天然材料制成的包装物对环境的破坏力极小，因为它们在使用后容易被降解和回收。对包装材料进行轻量化设计在真正意义上做到了资源的高效利用和节约，不仅可以减轻运输的负担和成本压力，还减少了包装废弃物的排放数量，回收利用的过程也变得轻松简单，从而减轻环境的负荷。如"低定量、高强度"瓦楞纸板的研制，生产商就是通过改进原纸配方、工艺方法使原承受强度为 90g 左右的瓦楞纸板提高了 501g 左右的强度，其原纸定量每增加 $1g/m^2$，两面箱板纸可降低 $1g/m^2$，在改进工艺流程中减少 70% 的瓦楞纸板质量。包装材料中常利用的另一种技术就是包装材料的薄壁化处理。这一技术能够确保包装功能的实现的同时，其对包装材料的节约是通过减少其厚度来进行的，如北京奥瑞金制罐有限公司始终坚持在改进工艺的时候贯彻减量化原则，使得 1 亿个番茄罐节约马口铁薄板 412 吨，山东、广东等地也引进新技术，使得玻璃瓶壁减少 $1 \sim 1.5\text{mm}$，瓶身重量降低 30% ~ 40% 。为了满足消费者使用方便的需要，大大小小的企业都实行产品的独立小包装形式。采用产品包装集装化，可以克服独立包装的复杂化和高成本缺陷，减少资源的消耗。包装集装化是为了组成一个更大的包装单位，将若干不同包装单位组合在一起，这样就可以减少包装单位的数量，减少独立包装单位在运输过程中的时间损耗，提高运输效率，并且在打包的过程中使包装箱的数量减少，节约了包装材料的成本费用。在对日用品进行"家庭装""组合装"推销和对饮料的集装包装时，促进产品包装沿着标准化、规格化和系列化发展。

8.2.4　制定产品责任制

早在 2016 年 8 月，就通过国家发展和改革委员会向社会公众公开征求颁布《循环发展引领计划》的意见。这一计划的主要内容是加强生产者在产品生命周期内的责任，其中不单单是产品的生产责任，更包含企业在产品包装后期所承担的职责。据此，国家将推行生产者责任延伸制度，建立健全这方面的法律法规，而《生产者责任延伸制度推行方案》（以下简称《方案》）的制定是首要目标。这一制度的建立主要起源于生产者责任延伸（Extended Producer Responsibility，EPR）。在产品的整个生命周期内，生产者都承担重要责任，这是这一概念的主要立足点。很多企业都只是在产品的生产过程中明确表示自己的责任和立场，在产品被消费完以后的阶段特别是产品消费后的回收处理和再生阶段，便不再承担职责。

《方案》明确提出，施行生产者责任延伸制度，亟须企业生产者自觉树立在产品后期的责任意识，自觉对最终的废弃物进行回收处理、流通消费。《方案》中明确规定，我国在这一制度建立方面的相关政策体系在2020年要初步建成，加强在产品生态设计上面的技术投入，推动它的进一步发展。另外，还要有目的地对重点产品进行循环回收利用，提高其平均利用率，严格规范废弃产品。在下一个五年，对这一制度进行法律法规方面的基本完善，不断扩大产品生态设计理念的普及度，使行业内对产品包装的绿色设计得到确确实实的贯彻落实。将核心产品使用的再生原料进一步提高，扩大其比例，确保废弃产品规范回收与循环利用率平均达到一半的水平。

《方案》强调，要不断加大保障措施的建立和完善，在电子电器、汽车制造、铅酸蓄电池，以及包装物这四类产品的重点生产企业中建立生产者责任延伸情况的报告和公示制度，利用外部机构对企业展开评价，对不遵守规范的失信企业实施跨部门联合打击惩戒。未来《方案》的贯彻执行将更广泛地提高再生资源产业的影响力，国家通过建立起政府政策体系为再生资源企业的资源回收提供制度保障。正是由于生产者在后期承担起自己的责任，加强对废弃物的积极处理，例如对电子废弃物的回收利用，在汽车拆解等细分领域的废气、废渣的分类排放。我们可以从格林美、启迪桑德、中再资环，以及东江环保等龙头企业中发现这些方案给企业带来的高效益。

1. 实行包装生产者责任制度

我国虽然正在积极回收包装废弃物，但是由于回收技术的欠缺，使得其回收效率低下、渠道单一。很多企业只是形式上对包装废物进行再利用，能真正将这一理念付诸行动的少之又少。我国在采纳国外处理包装废弃物回收利用方面的建议后，不断地完善包装废弃物回收体系，果断地推行生产者责任制度，这对我国包装产业的发展有着重要的进步意义。

加强包装生产者责任制度建设，要从源头进行调控。这一制度将对包装废弃物的回收处理交给生产者，其实施结果的好坏也是由生产企业的实际行动来决定的。这一制度要求包装制造商承担起对产品在其整个生命周期内的无偿回收责任，根据这一制度的核心原则，由于企业是产品的生产者，所以与产品有关的后期责任也归他们。并对企业回收利用率作出严格规定。在明确生产者责任这一点上，国家必须依靠立法和执法部门合作。首先，要颁布相关的法律对制造商的制品进行监管，凡是不符合环保要求的制品都应该禁止使用，类似于一次性塑料制品的材料需向环卫主管部门进行申报，在获得批准的情况下，才能进行产品制造。另外，建立起产销联单制度，对回收处理费的征收要视具体情况而定，产销量不同的企业，需要缴纳的费用也不同。这一过程既可以全额自行回收，也可以委托外部机构进行。想要销往市场的产品，必须是经过环卫主管部门同意的。《中华人民共和国循环经济法》中明确列入强制回收名录的产品或是包装制品的生产企业，必须回收利用包装废弃物。为了避免资源的浪费，要区别处理这样的废弃物，不可以什么都不要或者什么都要，而是对那些还有用的进行回收利用，没有利用价值的就采取无害化的方式处置。一些实力雄厚或有资金支持的企业，可以将回收处理的权利交给销售商或者其他组织，要想更大化地提高回收率，生产者可以委托专门进行废弃物回收的机构对产品生产、包装产生的废弃物进行处理。为了提高回收能力，他们应当自觉地对包装废弃物进行回收处理，这样才可以在行动的过程中了解企业在该方面的不足。对于自己无法完成的回收，可以与其他企业进行合作，通过联合的方式使彼此的回收处理效率提高。借鉴德国的 DSD 双向回收系统，我国包装企业也要建立和完善这样的先进体系，使对包装废弃物的回收变成企业主体自觉履行的义务。生产者责任制度的推行与实践，对加强我国包装企业主体的责任意识具有重要意义，它利用法律的强制性严厉要求企业对包装废弃物进行回收处理，提高了企业在这一过程的主体地位。

2. 加强企业生产责任延伸

企业生产责任延伸是在包装物的流动、处理和回收阶段也要贯彻的循环经济理念。一方面，产品的使用寿命就延长了，在后期阶段的物质材料使用也得到减少，资源流动的速度更是大大降低；另一方面，通过对废旧包装进行循环使用，将包装的功能分解利用，在给顾客带来功能享受的同时，建立起企业的品牌效应，提高他们的忠诚度，进一步扩大企业的声誉。

8.3 公众是我国包装产业循环发展新战略的参与者

循环经济与绿色包装的推行和实施是一个系统性的大工程。它不仅是理念的宣传，更为重要的是实际行动的参与。我国包装产业发展循环经济的新战略需要政府、企业、公众这三方的全力配合。政府是其中的主导者，在政策制定和法律规范的实施和执行上起着导向作用；而企业是战略实施的主体，在实行什么样的发展规划和建立怎样的发展文化上具有决定意义，只有企业生产者自觉从自身做起，实行循环经济发展，企业其他人员甚至整个行业才能顺着这样的风气继续发展；而公众往往将自身排除在这一战略的实施之外，他们首先是没能理解循环经济的内涵，其次是没有畅通的渠道获得这方面的信息，社会在这方面对他们的认知教育又相当缺乏。这些都容易造成公众对循环发展新战略参与的缺席。因此，我们要清晰地认识到公众的地位，打造一个信息完备、渠道畅通、社会认知、全民参与的配套服务平台，并建立相应的体系。由于落后意识的长期存在，我国的这一体系建设相当薄弱。很多都是打着公众参与的口号，表面上制造出实行循环经济发展和已树立绿色包装的假象，而真正承担起责任和义务兵采取实际行动的甚少。我国还应向德国、日本等国家学习，加大对社会公众进行宣传教育工作提高其环保节约意识的同时，将这一理念落实到生活的每一处。

我国经济建设和改革发展的实践证明，每一个计划和战略的成功落实都需要广大人民的参与。他们可以汇聚力量，每个人的一小步都能推动社会发展的一大步。因此，国家要集聚社会公众的力量，通过各种形式的广告宣传和组织活动，把循环经济和绿色包装推向居民生活，也可以组织培训教育，加深他们对这一新战略意义的理解和认同，促使他们在每个行为中都贯彻环保理念，自觉主动地扩大宣传。

8.3.1 培养公众包装循环经济公众参与能力

1. 加大宣传力度，提高公众包装环保意识

我国对公众进行发展循环经济的教育宣传工作做得还不到位，企业和国家

可以采取多样化的宣传方式深入，让社会公众意识到发展循环经济的必要性和紧迫性。培养公众自觉践行环保健康的生活方式和消费方式。主要可以从以下几个方面着手。

（1）定期对政府官员进行培训。政府官员对循环经济的认识理解以及宣传教育在很大程度上影响着公众的参与力度。通过对他们的培训教育，可以使政府官员的自身素质得到提高，各式各样的讲座和研讨会也能够进一步加强他们的理论知识学习，积累丰富的实践经验。另外，提高政府官员收集、整理、分类，以及发送信息的能力对于提高公众参与度也至关重要。只有全面地收集和整理信息，才能将循环经济的有关信息及时传达给社会大众，并且要提高他们输送信息的效率。虽然在建立一些致力于包装环保事业发展的机构方面，我国已有"中华环保世纪行""节能减排我行动"等非政府组织的存在，但是，发展循环经济始终是一项任重而道远的任务，国家还需要发展同国际组织的合作，在经费有限的情况下，向国际组织请求援助，依托他们的资金支持，在我国生产力较为落后偏远地区开展节约资源、循环利用的宣传，引导他们树立起理性的经济发展理念和生产生活方式，并付诸实践。

（2）定期对企业进行培训。尤其是包装企业要定期组织企业员工进行有关循环经济、清洁生产的知识学习，加强对这一系列新型理念的理解，具体可以采取小组学习的方式进行。另外，企业负责人可以实行清洁生产效益和员工待遇挂钩的方式，激励员工在生产活动中进行清洁生产，调动他们自觉节约、循环利用资源的积极性。具体可以采取形成对这方面的细则规定的措施，并定期发放给员工学习。

（3）大力提高宣传力度。企业应当在一些特殊的日期组织企业员工走出工作场所，向广大群众进行循环经济的宣传，通过报纸和网络工具等方式，介绍循环经济是如何运作的，在各种活动日、活动周，向公众宣传企业的绿色发展文化，在帮助企业宣传的同时，使他们更加了解什么是生态城市、清洁生产，逐步提高全社会的循环经济意识。无论是电视节目中的广告还是专题片，抑或是报纸的文字和图片内容都可以围绕循环经济加大社会各界对这方面的关注和重视。

2. 培养节俭的生活方式

推动包装产业循环经济发展新战略的实施，要从其在每个公民生活中的落实开始。他们只有在生活中将内化的循环经济理念通过外在的形式付诸实践，才能真正推动该战略的实施。每位公民的一个小小举动都会对环境产生影响。如果公众不配合这一战略，而是在生活中铺张浪费，做再多的努力都不可能推动循环经济和绿色包装的发展。只有他们养成可持续的消费方式，整个行业才能将这一发展模式发展壮大。我国人口众多，只要每位公民都为循环经济的建设作出努力，积极参与到其中，那么建设循环经济的力量将是巨大的。首先，培养居民健康的生活习惯，尽量用碗、盒、碟代替对保鲜袋的使用来保存食品；在商场禁止提供塑料购物袋的使用和购买，提倡顾客自带布袋或篮子进行采购；商家对商品进行包装的时候，要本着绿色、环保的原则，谨慎选择包装物。通过这一系列的行为促进公民正确的生活方式的建立，发挥我国勤俭节约的优良传统，不能在经济获得发展的时刻放松警惕，杜绝奢侈浪费等行为的出现，在消费水平升级的同时，优化消费结构，倡导理性消费和绿色消费，广泛宣传节约型社会消费模式，通过每一个细节的改变，推动循环经济的大发展。

3. 推动建立良好的环境文化氛围

打造一个稳定的外部良好环境氛围是循环经济与绿色包装得以发展的一个必不可少的条件。我国应当意识到环境文化建设的重要性，它可以促使循环经济这一理念扎根于公众的生活习惯和自觉意识中。比较前期的阶段，进步发达国家就已经重视环境文化的建设作用，我国若想获得循环经济和绿色包装的持续发展，一定要加强对环境文化的基础建设。文化作为上层建筑，具有特定的先导作用，也是循环经济成长的基础。对这一意识形态的建设，具体可采取以下方法：利用网络媒介开展对环境保护的公益宣传和教育，倡导公众进行绿色消费；教育部可以在发展前景较好的高等学校设立循环经济理论的课程，大力发展绿色包装研究，对重视、支持并践行环保理念的企业和个人进行奖励。

8.3.2 倡导公众绿色消费，增强绿色包装需求

绿色消费文化的提出具有新颖性，它在倡导一种新的消费哲学理念的同时，积极引导人们培养绿色消费价值取向进而改变传统的消费行为方式。具体而言，它涵盖以下含义：第一，在消费者进行产品购买的时候，引导其选择有益于公众健康的绿色产品；第二，消费者在完成消费行为后应本着环保的原

则，合理有效地处理包装废弃物；第三，引导消费者转变消费观念，在满足基本消费需求的同时，注重节约资源和环境保护，实现低碳生活。大力提倡绿色的消费方式，顺利实现消费观念转变，提高公众资源节约和环境保护的自觉性、主动性以及创造性。具体表现是：在食品消费上，提倡购买绿色、有机食品；在建材使用上，提高绿色建材的使用率；在生活日用品上，鼓励购买经过环境标志认证的商品与耐用性商品。此外，可通过以下三种途径来倡导绿色消费：一是扩大宣传的广度和深度，进行全民思想教育，逐步提高社会对绿色消费的重视，逐步实现消费观念的转变；二是在宣传内容上，不仅要将进行绿色消费作用的普适性宣传，更包括宣传绿色产品标志等，从而使消费者更好地进行理性、低碳消费；三是充分利用消费理论，深化对居民消费结构与居民收入对消费影响程度的研究，进而预测消费的未来变化形势，真正助力于绿色产业的发展。

8.3.3 充分发挥非政府组织的作用

从各个国家循环经济发展的情况来看，可以利用非政府组织的作用推动循环经济又好又快发展。我国可以借鉴美国在这一方面的经验，立足循环经济发展的现状，加强环境保护局的职能，成立专门的物质循环利用联合会，将涉及废弃物回收利用的企业都联合在一起，在获得高销售额的同时，解决失业人员的就业问题。美国在这方面的贡献尤为突出，它成立了专门的"回收利用日"，通过联合会和环境保护局的合作开设大量网点。德国则通过建立 DSD 组织，对废弃物进行回收分类，这一非政府组织由各个生产厂家组成，涉及产品生产、包装物生产、商业企业以及垃圾回收部门。它在企业的委托下，对于需要回收的废弃物进行处理和分类，再组织相关机构人员将分类好的废弃物送至相应的厂家，对其进行处理以便再利用，而那些不需要经过特定技术处理就能够直接回用的就直接送返至制造商。实践表明，这一组织的建立大大提高了德国废弃物的回收利用，不仅仅在数量上达到 560 万吨，其能源回收率也提高了不少。仅仅一年的时间，该国的包装材料消耗量就降低了 13.4%。

由此可见，非政府组织对循环经济的促进不是一小步。我国应该加大非政府组织的建立和建设。积极鼓励这些社会组织和民间团体参与到循环经济的建设中来，并开辟更多的参与渠道对其提供支持。获得全体公民对这一战略的理解与支持，在他们自觉践行绿色发展，重视环境保护和节约资源的行动中，推动我国循环经济一步步走向正轨，朝着良性、可持续的方向发展。

8.4 促进我国包装产业循环发展新战略的保障措施

8.4.1 经济杠杆调节

国外发达国家证实，税收调节是国家在企业层面开展绿色包装和可持续发展过程中十分奏效的经济调节手段。惩罚性政策和奖励性政策共同构成了税收杠杆这一手段，其主要表现在以下几个方面。

（1）通过整合和调整现行的生态化的税种，进行税制的绿色化改造。

（2）扩大税收种类，加大对大气污染、生态破坏等不良行为的征税力度，形成一些生态化专项新税种。

（3）制定具有适应性的税收标准，不同的污染程度会有相应的征税大小，并采取累进的方式逐级调高征税比例，提高该类包装产品的费用支出，使其失去价格上的竞争优势，倒逼企业改变原有的生产方式或最终被市场淘汰。

（4）建立指标不同，税种和税率也相应变化的生态税体系，并将生态税收条款纳入企业所得税和个人所得税中。

（5）政府应加大对于环保企业的政策倾斜力度，比如在企业进入市场的其他规定上，进行项目审批时、税收信贷，以及购置环保设备等方面免收生态税、税收减免、增值税抵扣。

通过原材料和产成品的进出口关税和配额优惠政策等税收优惠与税收减免等政策，不仅能够降低企业产品成本，推动企业广泛实施清洁生产，对肆意进行排污的行为收取费用，还有利用排污许可权交易等方式，增加企业因环境污染导致的成本，使环境成本也占据着企业成本的一部分。

利用资源税的环保功能限制企业的不良污染行为。加大对那些严重污染环境、肆意浪费资源的企业的征税力度；相反，对于开展环保生产、节约资源的企业视情况进行税收减免。将资源税打造成促进环境保护的税种，为推动回收利用废弃、二次使用旧资源的正确行为进行这方面的税收优惠政策制定。

政府应根据"谁治理、谁受益；谁污染、谁付费"的原则，制定合理的激励机制和有效的约束制度。利用经济杠杆调整公共利益与企业利益的关系，促进包装产业实行循环经济。

（1）对垃圾税进行征收。物质惩罚是刺激循环经济发展的最奏效的刺激措施，我国可以根据企业生产过程中的垃圾排放量进行收费。调查国外的研究，我们发现物质惩罚手段具有良好的效果。现在，欧洲许多国家都制定了垃圾收费政策，美国也有 200 多个城市征收垃圾税，同时，在社区和公共场所专门设置了废弃物回收箱，如果人们没有将包装废弃物投入回收专用箱而是将其当作垃圾投入垃圾袋则要付费，这一手段极大地促进了包装废弃物的回收利用率。

（2）对包装税进行征收。对包装企业之前生产使用或者进口的包装物总量与最终回收的数量进行对比，对差额部分征收包装税，差额越大征收的税率越高。这种做法在国外早有先例，早在 1990 年意大利就颁布了包装废弃物回收管理法令，该法令指出回收组织承担着包装废弃物回收处理的责任，对于尚未进行降解的塑料征收 100 里拉的回收处理税，对未完成年度回收利用指标的企业额外征收附加税。

（3）对包装进行押金收取。这一措施主要是对可重复使用的包装而采取的。通过押金在生产商、销售商和顾客三者之间的前后利益驱动，促进包装废弃物的回收利用。

（4）对发展循环经济的包装企业进行税收政策倾斜，包括进出口关税减免和配额优惠等；鼓励开展循环经济的包装企业在证券市场上挂牌上市，拓宽包装企业的融资渠道。

（5）设立绿色包装研发专项基金，政府应加大对绿色包装企业的财政扶持力度，大力支持包装产业进行技术创新，鼓励学校、科研院所和生产企业进行绿色包装、低碳包装等的先进技术研发和推广。

8.4.2 确立包装产业循环经济立法

包装产业发展循环经济是以贯穿于产品包装设计、中期材料选取、工艺制作以及回收利用废弃物处理等整个生命周期的循环经济概念为发展基础的。国外实施包装循环发展的成功经验表明：实行立法是实现生态文明和资源友好发展的有效途径，即通过运用法律的强制性优化整合包装资源。

目前，我国已陆续颁布了《中华人民共和国环境保护法》《中华人民共和国清洁生产促进法》《中华人民共和国固体废物污染环境防治法》等一些促进包装产业发展循环经济的法律法规，此外，《限制商品过度包装通则》《中华人民共和国循环经济法（草案）》等也已提请相关部委进行审议。这些律法构建了我国环境保护领域的基本法律框架，对规范包装产业和促进包装工业实施循环经济提供了强有力的法律保证。就目前而言，我国现有的法规与这些法律的配套程度及行业实际结合度还不够完善，以致不能对包装行业的生产、流通和使用进行有效规范的管理。因此，要想实现对包装产品从"源头"到"末端"进行全过程的规范，就必须尽早出台专业的《中华人民共和国产品包装法》，为包装产业发展循环经济发展奠定强有力的法律基础。

（1）强化清洁生产，实行源头控制。清洁生产作为企业实施循环经济的核心内容，追求生产过程中污染物的"零排放"和产品制造的绿色化是其根本目的。在包装领域中，需要将循环经济中的"3R"原则深入贯彻到产品生命周期的全过程，降低包装生产过程中废弃物的排放量，从而减小对环境的破坏程度。在《中华人民共和国产品包装法》中，对生产包装产品的能源和原料进行了明确的规定，提倡清洁能源的使用，并通过国家立法严厉打击有害包装材料的使用，同时对不能再次回收或者循环使用的包装材料也明令禁止使用；禁止使用一次性包装，提倡适度包装。只有严格规范过度包装的"度"量化标准，才能在经济活动的源头节约资源和降低污染物的排放量。

（2）加强回收与再利用，实现包装废弃物的生态化循环。从德国和日本的实践中，我们可以发现：包装法律法规的建立在我国包装废弃物回收利用体系中的作用不言而喻，国家应加强立法，利用这一制度基础作用推动体系的成功运作。《中华人民共和国产品包装法》应坚持"降低污染物对环境的不利影响"为宗旨，将生产者责任制贯彻到产品全生命周期过程中。首先，要规定企业在生产过程中尽量减少废弃物产生的毒性和污染，避免废弃物的无序排放；其次，企业要自觉担负起回收和有效利用包装废弃物的责任，并当包装产品与社会环境无法相容时，应禁止产品在市场上的流通；最后，企业生产者不只对产品质量负责，还要承担起其在包装物整个生命周期的职责，延伸生产者责任。

8.4.3 强化包装企业生态化科技创新和制度创新

贯穿循环经济始终的"3R"原则，对于企业的绿色发展极为重要。无论是在企业的清洁生产还是生态工业园区的建立，抑或是产品包装物的回收再利用环节，都需要这一原则的指导。对他们的技术要求从企业层面、区域层面扩展到产品消费环节，分别是追求废弃物排放量的减少、企业间进行废弃物的物质交换、促进物质能量的循环使用。从而形成了"减量化排放→产品→资源再生"的物料闭路式循环运动。在企业、区域、产品这三个层次中，建立区域化生态工业区已经成为了核心的循环经济实践形式。生态工业区是根据循环经济理念与生态学原理相结合而构成的一种新型工业组织形态，它的实践路径是"生产者—消费者—分解者"，该路径是模拟自然系统而形成的，实现了闭环的循环运动。最典型的生态工业区是丹麦的卡伦堡生态区，发电厂、炼油厂、制药厂，以及石膏制板是这一园区的关键，该园区循环利用其他企业的生产废料，将其作为自己企业的生产原料，所形成的产业链是生态的，以期实现园区的零污染。这种生态工业园区生态链关系相对于末端治理更优越，末端治理是在产生了污染以后才采取治理的措施，即使治理效果较好，也是需要耗费大量的人力财力物力等，且将废弃物变成可使用资源的成本较高，对技术创新的要求更为严苛，既抵消了部分经济增长的收益，又对环境造成了不可逆的污染。落后的末端治理思想已经不适合现代化的发展，它停留在过去的技术水平上，缺乏技术创新，不符合生态化发展理念。

将技术升级和知识积累看作经济增长的重要因素是现代经济增长理论的观点。在推动技术创新的同时，又会有建立新的制度的需要，因此我们要实现创新和制度的协调发展。在科技创新上也追求生态化需要建立在制度创新基础上，"因为技术这一社会产物是由创造和使用它的条件所产生的，人们最终会选择哪种技术不是随意的行为，而是通过不同社会利益与价值取向的博弈结果所决定的，它并不是按照内在的单项技术逻辑发展形成的，而是由组织、制度、习惯、价值、思想和风俗等社会性的前提条件塑造的。"因此，应通过制度创新形成的制度激励加大生态化科技创新力度。建立循环经济的重点是协调好政府、技术与市场三者之间的关系，将各自的引导、支持和推进作用发挥到最大，因此这三个方面也应该在制度创新中得以体现。目前，我国已经建立的生态工业区的循环经济体系中，科技创新与制度创新的地位同等重要，它们之间协同发展。从企业内部来看，在不断发展壮大的过程中，企业的技术创新需要有服务体系的支撑。因此，建立合理的制度创新有利于为企业提供更优质的技术创新氛围和帮助。从企业外部角度分析，创造有利于循环经济发展的良好氛围十分重要，但是这必须需要政府的支持，他们颁布实施的多种措施能够深化改革，创造有利的制度和政策环境。政府可以制定相关的法律法规，引导我国包装产业技术体系朝着生态化方向发展，将包装企业实施循环经济的目标真正落实。其中，在制度框架设计中，应明确生态环境的产权关系和交易机制，将循环经济作为重要的生态要素"流入"市场。在我国建立合理的绿色制度政策，对符合绿色包装的产品制定相应的优惠价格，为企业提供绿色资源，树立保护生态环境的企业文化，并使绿色包装企业产品具有价格优势，通过对定价的调控来支持绿色包装产业的发展。生态化科技创新需要的资金数额庞大，若要使得生态区的经济效益有着较稳定的发展，则需要微观和宏观政策相结合，同时采用科技推动与市场需求协同发展，制定出规章制度对企业整个生产过程进行规范，通过资金、技术和制度支持支撑循环经济的发展。要想获得循环经济的长足发展，就需要政府、企业、社会各界以及群众的支持和参与。实现"产、学、研"相结合的局面，需要国家的支持、鼓励高校科技创新、科研单位与企业的共同努力付出，改变科技创新与应用实践相脱离的现状，加强技术科研成果转为生产力的能力。对科技资源、生态环境和人文环境进行有效整合；利用有限的资金重点攻克技术突破口，在"有所为有所不为"这一原则的指导下、抓住重点，将人力、物力、财力集中到重要环节的建设上，利用新技术和生态化的工艺方法综合利用并整合这些资源，为下一个新的经济增长点的培育提供基础。这一方法同时会推动我国包装产业生态成果朝着产业化，经济朝着规模化发展。

生态工业园区的经验表明，推进绿色发展，建立绿色低碳循环发展的经济体系，是实现生态文明建设的重要举措。首先，大力推进科技和制度创新，以实现包装产业的技术进步和经济增长方式的转变，加快包装产业循环经济的发展，建成我国生态文明社会。发展循环经济是制度创新和科技创新向生态化转化的方式，既符合我国国情和包装产业的实际发展需求，也是我国包装产业向绿色低碳循环发展的主要模式。

8.4.4 营造良性市场竞争环境

对于企业来说，推动绿色包装的实现，是建立在对经济利益追求的基础上的，特别是目前我国大部分企业还在成长阶段，这个问题也就更加不可避免。我国中小型企业的比例高达90%，绿色包装实施的最大阻碍源于企业对成本效益的追逐。因此，仅依靠企业自身无法实现绿色包装时，企业外部的助推就要发挥其作用了。只有企业承担起应负的社会责任带来的效益高于成本时，企业才会有实现绿色包装的动力。对于企业来说而将外在的压力转化为内在的经济动力也是一个从不自觉向自觉转变的过程，企业的社会责任感也就真正地开始体现出来。我国首次以法律的方式确定企业在生产经营的过程中要承担相应的社会责任是在2006年1月1日修订并实施《中华人民共和国公司法》，但是参照国际标准，我国现状与之相差甚远。从目前的情况来看，绿色包装存在的问题主要有：大众的环境保护意识不够，"白色垃圾"仍然十分常见；绿色包装产品价位稍高也造成该类产品受欢迎程度远低于功能相同的其他非绿色包装产品，这些都是生态社会责任缺失的表现。一般而言，合理的包装是企业依据包装的目的赋予产品的包装，但人们盲目追求包装高档、装潢过度的产品，认为精美的包装才能体现身份和地位，正是这种生产企业经济利益的驱动和消费者不健康消费心理的驱使，导致目前市场上过度包装现象凸显。同时也造成了包装废弃物污染严重，不易降解的包装废弃物过多，这也是一种社会责任的缺失。因此，为了推动包装企业实现绿色低碳循环发展，使其承担建设生态文明的社会责任，不仅需要通过政府政策约束和政策激励加以引导，而且需要企业自身积极开展清洁生产、推广包装设计、建立废弃物回收利用体系，此外，还需要公众参与和监督。

政府作为企业社会责任的监管者、公众监护人，以及协调企业利益与社会公益的仲裁者，应站在更加宏观的角度对企业进行引导与规范，促使包装企业向绿色、低碳、循环可持续方向发展。一方面，通过建立包装产业循环经济法规体系，为促使企业承担社会责任提供法制的保证；另一方面，对于企业逃避社会责任甚至违反法律的行为，政府可以通过经济制裁、社会管制、反不正当竞争等方式加以约束。例如在企业对产品进行包装时，若只注重对自身利益的追求，忽视在这过程中造成的环境破坏，就会造成用环境成本来换取经济利益。政府在这个时候应该挺身而出，充分发挥社会责任管制角色的能力，果断向企业实施"污染者付费"和"环境有偿使用"等政策。

8.4.5 健全与完善废弃物品的回收体系

根据发达国家包装产业的有关经验，包装产业循环发展中包装废弃物的回收利用在包装产业中占据了较大比例，包装废弃物的循环使用在自然资源和保护生态环境等方面发挥着重要作用。近年来，国外高度重视包装废弃物的循环利用，并将其作为产业发展中的重点项目，全球再生资源循环使用总额已超出2500 亿美元/年，如德国在进行包装废弃物的循环使用中以 132 万吨/年的速度大幅度减少了 CO_2 等温室气体排放量。我国也可参照西方国家，对我国包装废弃物的循环利用体系进行完善。大力发展包装废弃物的回收再利用，不仅能够直接减少废弃物的排放，节约资源能源，还能弥补包装产业可回收再利用资源的不足。如可通过回收废纸制浆方式节约 50% ~70% 的水资源和能源；利用废塑料制造包装容器，可相对减少 85% ~96% 的能源；采用回收的铝罐制造新铝罐可节约能源 95%；利用废旧铁桶和玻璃容器制造新包装可减少50% ~75% 的能耗。综上所述，包装废弃物的回收与包装产业的低碳化息息相关，包装废弃物的回收体系在减少资源能源消耗的同时能降低废弃物的总量。

1. 建立包装废弃物回收利用体系

包装废弃物循环利用体系的构建不仅能优化包装企业传统生产模式，保障包装产业循环发展新战略的实现，还能有效推动包装产业沿着可持续化的健康发展道路前进。目前，我国的废弃物循环利用体系不完善，但根据我国的发展实际，亟须建立起包装废弃物的回收循环利用体系，对废弃物进行科学有效的回收再利用。

（1）包装企业应形成废弃物处置的闭环互联网络，针对废弃物回收、拆解使用和无害化处理等各个环节进行规划设计，明确各部门的责权分配，重点研发包装废弃物循环利用技术，以达到废弃物高效利用的目的。

（2）建立废弃物回收利用协同共生网络，包装企业与社区回收站、城区集散中心以及上下游企业保持密切合作，确立良好的供需关系。如公众将包装废弃物按包装材料类别放到指定的社区垃圾站点，再由专门回收垃圾的企业进行废弃物预处理后送包装企业循环再利用。

（3）建设废弃物回收利用的信息集成建设。结合物联网技术与包装废弃物回收体系，利用互联网、智能回收机、数据中心等先进科技，对包装废弃物进行一级回收和分拣，并通过企业的闭环互联网络，确保废弃物安全回收和循环利用。

2. 完善包装法规体系并加大执行力度

根据科学发展观的相关要求，结合我国包装产业的现实发展情况，发挥《中华人民共和国产品包装法》所具有的制约作用，建立健全绿色包装法律调控体系，需从包装的设计、原材料的选取、包装产品的消费与循环使用和包装废弃物的循环使用等方面确定包装法的基本框架，制定包装生产者、销售商和使用者等的行为规范，确立其在包装物的循环利用体系中的关键主体地位以及应尽的责任和义务，建立健全绿色包装认证标准和环保标识制度。绿色包装的认证标准和环保制度是衡量有助于规范包装产品从初始设计研发、生产、销售和最后的包装废弃物的循环利用等相关利益主体的行为。

3. 加强包装回收利用技术的研发

包装废弃物的有效利用，有效的回收处理技术是关键。根据我国包装物回收处理现状，我国一年回收纸箱 $14 \times 10^4 t$，可节约用于造纸的煤炭量 $8 \times 10^4 t$、电 $4900 \times 10^4 kW/h$、水浆和稻草 $23.8 t$、烧碱 $1.1 \times 10^4 t$；一年内可回收的玻璃瓶的数量是 10 亿只，相当于减少生产了 $4.9 \times 10^4 t$ 的煤、电 $3850 \times 10^4 kW/h$、石英石 $4.9 \times 10^4 t$、纯碱 $1.57 \times 10^4 t$，上述几项累加总值计数亿元。因此，加大对废弃物循环使用技术的研发投入，对减少包装企业污染物的排放量，增大包装企业的资源使用效率，促进包装产业的绿色发展意义非凡。通过对收集、清洗、分类、破碎等各类包装废弃物的预处理技术进行针对性的研发，提高塑料、纸类、玻璃等的分色技术；重点研发消毒灭菌等方面的循环利用技术，提高各类饮料、食品和包装容器的再使用率。

本 章 小 结

包装产业循环经济是建立在前期包装设计、中期包装材料选取、工艺制作过程以及末端废弃物处理等全生命周期绿色发展理念的基础上，其实施是一项系统工程。本章借鉴国外包装产业发达国家的成功经验与国内外学者的前沿理论，结合我国生态文明建设的战略目标，立足我国包装产业现阶段的发展需求，推动我国包装产业实现绿色可持续发展和循环发展，需构建以政府为主导、企业为主体、公众共同参与的绿色包装发展体系，使政府推动成为包装产业循环发展的有力保障，企业执行成为包装产业循环发展的动力源泉，公众参与成为包装产业循环发展的坚实后盾。同时，运用经济杠杆调节、确立包装产业立法、加强包装企业生态化创新、营造良好的市场竞争环境等措施，健全和保障包装产业循环发展新战略。

附　录

附录 A　常用聚合物英文缩写代号

HDPE	高密度聚乙烯
PE	聚乙烯
PS	聚苯乙烯
PP	聚丙烯
HMWPE	高分子量聚乙烯
LDPE	低密度聚乙烯
LLDPE	线型分子量聚乙烯
MDPE	中密度聚乙烯
NC	硝基纤维素
LMPE	低分子量聚乙烯
PVA	聚乙烯醇
PVAC	聚醋酸乙烯酯
PVC	聚氯乙烯
PET	聚对苯二甲酸乙二醇酯
PA	聚酰胺（尼龙）
PAA	聚丙烯酰胺
PAN	聚丙烯腈

PC	聚碳酸酯
PF	酚醛树脂
POM	聚甲醛
PU	聚氨酯
PTFE	聚四氟乙烯
TPE	热塑弹性体
ABS	丙烯腈 – 丁二烯 – 苯乙烯共聚物
SBS	苯乙烯 – 丁二烯 – 苯乙烯嵌段共聚物
PB – 1	聚 1 – 丁烯
EVA	乙烯乙酸乙烯共聚物
APP	无规聚丙烯
HIPS	高冲击强度聚苯乙烯
EPS	可发性聚苯乙烯
AAS	丙烯腈 – 丙烯

附录 B　中华人民共和国固体废物污染环境防治法

（2016 最新修订版）

　　（1995 年 10 月 30 日第八届全国人民代表大会常务委员会第十六次会议通过 2004 年 12 月 29 日第十届全国人民代表大会常务委员会第十三次会议修订。根据 2013 年 6 月 29 日第十二届全国人民代表大会常务委员会第三次会议，《关于修改〈中华人民共和国文物保护法〉等十二部法律的决定》第一次修正。根据 2015 年 4 月 24 日第十二届全国人民代表大会常务委员会第十四次会议，《关于修改〈中华人民共和国港口法〉等七部法律的决定》第二次修正。根据 2016 年 11 月 7 日第十二届全国人民代表大会常务委员会第二十四次会议，关于《修改中华人民共和国对外贸易法等十二部法律的决定》第三次修正。）

第一章　总　　则

　　第一条　为了防治固体废物污染环境，保障人体健康，维护生态安全，促进经济社会可持续发展，制定本法。

　　第二条　本法适用于中华人民共和国境内固体废物污染环境的防治。固体废物污染海洋环境的防治和放射性固体废物污染环境的防治不适用本法。

　　第三条　国家对固体废物污染环境的防治，实行减少固体废物的产生量和危害性、充分合理利用固体废物和无害化处置固体废物的原则，促进清洁生产和循环经济发展。国家采取有利于固体废物综合利用活动的经济、技术政策和措施，对固体废物实行充分回收和合理利用。国家鼓励、支持采取有利于保护环境的集中处置固体废物的措施，促进固体废物污染环境防治产业发展。

第四条　县级以上人民政府应当将固体废物污染环境防治工作纳入国民经济和社会发展计划，并采取有利于固体废物污染环境防治的经济、技术政策和措施。国务院有关部门、县级以上地方人民政府及其有关部门组织编制城乡建设、土地利用、区域开发、产业发展等规划，应当统筹考虑减少固体废物的产生量和危害性、促进固体废物的综合利用和无害化处置。

第五条　国家对固体废物污染环境防治实行污染者依法负责的原则。产品的生产者、销售者、进口者、使用者对其产生的固体废物依法承担污染防治责任。

第六条　国家鼓励、支持固体废物污染环境防治的科学研究、技术开发、推广先进的防治技术和普及固体废物污染环境防治的科学知识。各级人民政府应当加强防治固体废物污染环境的宣传教育，倡导有利于环境保护的生产方式和生活方式。

第七条　国家鼓励单位和个人购买、使用再生产品和可重复利用产品。

第八条　各级人民政府对在固体废物污染环境防治工作以及相关的综合利用活动中作出显著成绩的单位和个人给予奖励。

第九条　任何单位和个人都有保护环境的义务，并有权对造成固体废物污染环境的单位和个人进行检举和控告。

第十条　国务院环境保护行政主管部门对全国固体废物污染环境的防治工作实施统一监督管理。国务院有关部门在各自的职责范围内负责固体废物污染环境防治的监督管理工作。县级以上地方人民政府环境保护行政主管部门对本行政区域内固体废物污染环境的防治工作实施统一监督管理。县级以上地方人民政府有关部门在各自的职责范围内负责固体废物污染环境防治的监督管理工作。国务院建设行政主管部门和县级以上地方人民政府环境卫生行政主管部门负责生活垃圾清扫、收集、贮存、运输和处置的监督管理工作。

第二章　固体废物污染环境防治的监督管理

第十一条　国务院环境保护行政主管部门会同国务院有关行政主管部门根据国家环境质量标准和国家经济、技术条件，制定国家固体废物污染环境防治技术标准。

第十二条　国务院环境保护行政主管部门建立固体废物污染环境监测制度，制定统一的监测规范，并会同有关部门组织监测网络。大、中城市人民政府环境保护行政主管部门应当定期发布固体废物的种类、产生量、处置状况等信息。

第十三条　建设产生固体废物的项目以及建设贮存、利用、处置固体废物的项目，必须依法进行环境影响评价，并遵守国家有关建设项目环境保护管理的规定。

第十四条　建设项目的环境影响评价文件，确定需要配套建设的固体废物污染环境防治设施，必须与主体工程同时设计、同时施工、同时投入使用。固体废物污染环境防治设施必须经原审批环境影响评价文件的环境保护行政主管部门验收合格后，该建设项目方可投入生产或者使用。对固体废物污染环境防治设施的验收应当与对主体工程的验收同时进行。

第十五条　县级以上人民政府环境保护行政主管部门和其他固体废物污染环境防治工作的监督管理部门，有权依据各自的职责对管辖范围内与固体废物污染环境防治有关的单位进行现场检查。被检察的单位应当如实反映情况，提供必要的资料。检察机关应当为被检查的单位保守技术秘密和业务秘密。检察机关进行现场检查时，可以采取现场监测、采集样品、查阅或者复制与固体废物污染环境防治相关的资料等措施。检查人员进行现场检查，应当出示证件。

第三章　固体废物污染环境的防治

第一节　一 般 规 定

第十六条　产生固体废物的单位和个人，应当采取措施，防止或者减少固体废物对环境的污染。

第十七条　收集、贮存、运输、利用、处置固体废物的单位和个人，必须采取防扬散、防流失、防渗漏或者其他防止污染环境的措施；不得擅自倾倒、堆放、丢弃、遗撒固体废物。禁止任何单位或者个人向江河、湖泊、运河、渠道、水库及其最高水位线以下的滩地和岸坡等法律、法规规定禁止倾倒、堆放废弃物的地点倾倒、堆放固体废物。

第十八条　产品和包装物的设计、制造，应当遵守国家有关清洁生产的规定。国务院标准化行政主管部门应当根据国家经济和技术条件、固体废物污染环境防治状况以及产品的技术要求，组织制定有关标准，防止过度包装造成环境污染。生产、销售、进口依法被列入强制回收目录的产品和包装物的企业，必须按照国家有关规定对该产品和包装物进行回收。

第十九条 国家鼓励科研、生产单位研究、生产易回收利用、易处置或者在环境中可降解的薄膜覆盖物和商品包装物。使用农用薄膜的单位和个人，应当采取回收利用等措施，防止或者减少农用薄膜对环境的污染。

第二十条 从事畜禽规模养殖应当按照国家有关规定收集、贮存、利用或者处置养殖过程中产生的畜禽粪便，防止污染环境。禁止在人口集中地区、机场周围、交通干线附近以及当地人民政府划定的区域露天焚烧秸秆。

第二十一条 对收集、贮存、运输、处置固体废物的设施、设备和场所，应当加强管理和维护，保证其正常运行和使用。

第二十二条 在国务院和国务院有关主管部门及省、自治区、直辖市人民政府划定的自然保护区、风景名胜区、饮用水水源保护区、基本农田保护区和其他需要特别保护的区域内，禁止建设工业固体废物集中贮存、处置的设施、场所和生活垃圾填埋场。

第二十三条 转移固体废物出省、自治区、直辖市行政区域贮存、处置的，应当向固体废物移出地的省、自治区、直辖市人民政府环境保护行政主管部门提出申请。移出地的省、自治区、直辖市人民政府环境保护行政主管部门应当在经接受地的省、自治区、直辖市人民政府环境保护行政主管部门同意后，方可批准转移该固体废物出省、自治区、直辖市行政区域。未经批准的，不得转移。

第二十四条 禁止中华人民共和国境外的固体废物进境倾倒、堆放、处置。

第二十五条 禁止进口不能用作原料或者不能以无害化方式利用的固体废物；对可以用作原料的固体废物实行限制进口和非限制进口分类管理。国务院环境保护行政主管部门会同国务院对外贸易主管部门、国务院经济综合宏观调控部门、海关总署、国务院质量监督检验检疫部门制定、调整并公布禁止进口、限制进口和非限制进口的固体废物目录。禁止进口列入该目录的固体废物。进口列入限制进口目录的固体废物，应当经国务院环境保护行政主管部门以及国务院对外贸易主管部门审查许可。进口的固体废物必须符合国家环境保护标准，并经质量监督检验检疫部门检验合格。进口固体废物的具体管理办法，由国务院环境保护行政主管部门会同国务院对外贸易主管部门、国务院经济综合宏观调控部门、海关总署、国务院质量监督检验检疫部门制定。

第二十六条　进口者对海关将其所进口的货物纳入固体废物管理范围不服的，可以依法申请行政复议，也可以向人民法院提起行政诉讼。

第二节　工业固体废物污染环境的防治

第二十七条　国务院环境保护行政主管部门应当会同国务院经济综合宏观调控部门和其他有关部门对工业固体废物对环境的污染作出界定，制定防治工业固体废物污染环境的技术政策，组织推广先进的防治工业固体废物污染环境的生产工艺和设备。

第二十八条　国务院经济综合宏观调控部门应当会同国务院有关部门组织研究、开发和推广减少工业固体废物产生量和危害性的生产工艺和设备，公布限期淘汰产生严重污染环境的工业固体废物的落后生产工艺、落后设备的名录。生产者、销售者、进口者、使用者必须在国务院经济综合宏观调控部门会同国务院有关部门规定的期限内分别停止生产、销售、进口或者使用列入前款规定的名录中的设备。生产工艺的采用者必须在国务院经济综合宏观调控部门会同国务院有关部门规定的期限内停止采用列入前款规定的名录中的工艺。列入限期淘汰名录被淘汰的设备，不得转让给他人使用。

第二十九条　县级以上人民政府有关部门应当制定工业固体废物污染环境防治工作规划，推广能够减少工业固体废物产生量和危害性的先进生产工艺和设备，推动工业固体废物污染环境防治工作进行。

第三十条　产生工业固体废物的单位应当建立、健全污染环境防治责任制度，采取防治工业固体废物污染环境的措施。

第三十一条　企业事业单位应当合理选择和利用原材料、能源和其他资源，采用先进的生产工艺和设备，减少工业固体废物产生量，降低工业固体废物的危害性。

第三十二条　国家实行工业固体废物申报登记制度。产生工业固体废物的单位必须按照国务院环境保护行政主管部门的规定，向所在地县级以上地方人民政府环境保护行政主管部门提供工业固体废物的种类、产生量、流向、贮存、处置等有关资料。前款规定的申报事项有重大改变的，应当及时申报。

第三十三条　企业事业单位应当根据经济、技术条件对其产生的工业固体废物加以利用；对暂时不利用或者不能利用的，必须按照国务院环境保护行政主管部门的规定建设贮存设施、场所，安全分类存放，或者采取无害化处置措施。建设工业固体废物贮存、处置的设施、场所，必须符合国家环境保护标准。

第三十四条　禁止擅自关闭、闲置或者拆除工业固体废物污染环境防治设施、场所；确有必要关闭、闲置或者拆除的，必须经所在地县级以上地方人民政府环境保护行政主管部门核准，并采取措施，防止污染环境。

第三十五条　产生工业固体废物的单位需要终止的，应当事先对工业固体废物的贮存、处置的设施、场所采取污染防治措施，并对未处置的工业固体废物作出妥善处置，防止污染环境。产生工业固体废物的单位发生变更的，变更后的单位应当按照国家有关环境保护的规定对未处置的工业固体废物及其贮存、处置的设施、场所进行安全处置或者采取措施保证该设施、场所安全运行。变更前当事人对工业固体废物及其贮存、处置的设施、场所的污染防治责任另有约定的，从其约定，但是，不得免除当事人的污染防治义务。对本法施行前已经终止的单位未处置的工业固体废物及其贮存、处置的设施、场所进行安全处置的费用，由有关人民政府承担，但是，该单位享有的土地使用权依法转让的，应当由土地使用权受让人承担处置费用。当事人另有约定的，从其约定，但是，不得免除当事人的污染防治义务。

第三十六条　矿山企业应当采取科学的开采方法和选矿工艺，减少尾矿、矸石、废石等矿业固体废物的产生量和贮存量。尾矿、矸石、废石等矿业固体废物贮存设施停止使用后，矿山企业应当按照国家有关环境保护规定进行封场，防止造成环境污染和生态破坏。

第三十七条　拆解、利用、处置废弃电器产品和废弃机动车船，应当遵守有关法律、法规的规定，采取措施，防止污染环境。

第三节　生活垃圾污染环境的防治

第三十八条　县级以上人民政府应当统筹安排建设城乡生活垃圾收集、运输、处置设施，提高生活垃圾的利用率和无害化处置率，促进生活垃圾收集、处置的产业化发展，逐步建立和完善生活垃圾污染环境防治的社会服务体系。

第三十九条　县级以上地方人民政府环境卫生行政主管部门应当组织对城市生活垃圾进行清扫、收集、运输和处置，可以通过招标等方式选择具备条件的单位从事生活垃圾的清扫、收集、运输和处置。

　　第四十条　对城市生活垃圾应当按照环境卫生行政主管部门的规定，在指定的地点放置，不得随意倾倒、抛撒或者堆放。

　　第四十一条　清扫、收集、运输、处置城市生活垃圾，应当遵守国家有关环境保护和环境卫生管理的规定，防止污染环境。

　　第四十二条　对城市生活垃圾应当及时清运，逐步做到分类收集和运输，并积极开展合理利用和实施无害化处置。

　　第四十三条　城市人民政府应当有计划地改进燃料结构，发展城市煤气、天然气、液化气和其他清洁能源。城市人民政府有关部门应当组织净菜进城，减少城市生活垃圾。城市人民政府有关部门应当统筹规划，合理安排收购网点，促进生活垃圾的回收利用工作。

　　第四十四条　建设生活垃圾处置的设施、场所，必须符合国务院环境保护行政主管部门和国务院建设行政主管部门规定的环境保护和环境卫生标准。

　　禁止擅自关闭、闲置或者拆除生活垃圾处置的设施、场所；确有必要关闭、闲置或者拆除的，必须经所在地的市、县级人民政府环境卫生行政主管部门商所在地的环境保护行政主管部门同意后核准，并采取措施，防止污染环境。

　　第四十五条　从生活垃圾中回收的物质必须按照国家规定的用途或者标准使用，不得用于生产可能危害人体健康的产品。

　　第四十六条　工程施工单位应当及时清运工程施工过程中产生的固体废物，并按照环境卫生行政主管部门的规定进行利用或者处置。

　　第四十七条　从事公共交通运输的经营单位，应当按照国家有关规定，清扫、收集运输过程中产生的生活垃圾。

　　第四十八条　从事城市新区开发、旧区改建和住宅小区开发建设的单位，以及机场、码头、车站、公园、商店等公共设施、场所的经营管理单位，应当按照国家有关环境卫生的规定，配套建设生活垃圾收集设施。

　　第四十九条　农村生活垃圾污染环境防治的具体办法，由地方性法规规定。

第四章　危险废物污染环境防治的特别规定

　　第五十条　危险废物污染环境的防治，适用本章规定；本章未作规定的，适用本法其他有关规定。

第五十一条　国务院环境保护行政主管部门应当会同国务院有关部门制定国家危险废物名录，规定统一的危险废物鉴别标准、鉴别方法和识别标志。

第五十二条　对危险废物的容器和包装物以及收集、贮存、运输、处置危险废物的设施、场所，必须设置危险废物识别标志。

第五十三条　产生危险废物的单位，必须按照国家有关规定制定危险废物管理计划，并向所在地县级以上地方人民政府环境保护行政主管部门申报危险废物的种类、产生量、流向、贮存、处置等有关资料。前款所称危险废物管理计划应当包括减少危险废物产生量和危害性的措施以及危险废物贮存、利用、处置措施。危险废物管理计划应当报产生危险废物的单位所在地县级以上地方人民政府环境保护行政主管部门备案。本条规定的申报事项或者危险废物管理计划内容有重大改变的，应当及时申报。

第五十四条　国务院环境保护行政主管部门会同国务院经济综合宏观调控部门组织编制危险废物集中处置设施、场所的建设规划，报国务院批准后实施。县级以上地方人民政府应当依据危险废物集中处置设施、场所的建设规划组织建设危险废物集中处置设施、场所。

第五十五条　产生危险废物的单位，必须按照国家有关规定处置危险废物，不得擅自倾倒、堆放；不处置的，由所在地县级以上地方人民政府环境保护行政主管部门责令限期改正；逾期不处置或者处置不符合国家有关规定的，由所在地县级以上地方人民政府环境保护行政主管部门指定单位按照国家有关规定代为处置，处置费用由产生危险废物的单位承担。

第五十六条　以填埋方式处置危险废物不符合国务院环境保护行政主管部门规定的，应当缴纳危险废物排污费。危险废物排污费征收的具体办法由国务院规定。危险废物排污费用于污染环境的防治，不得挪作他用。

第五十七条　从事收集、贮存、处置危险废物经营活动的单位，必须向县级以上人民政府环境保护行政主管部门申请领取经营许可证；从事利用危险废物经营活动的单位，必须向国务院环境保护行政主管部门或者省、自治区、直辖市人民政府环境保护行政主管部门申请领取经营许可证，具体管理办法由国务院规定。禁止无经营许可证或者不按照经营许可证规定从事危险废物收集、贮存、利用、处置的经营活动。禁止将危险废物提供或者委托给无经营许可证的单位从事收集、贮存、利用、处置的经营活动。

　　第五十八条　收集、贮存危险废物，必须按照危险废物特性分类进行。禁止混合收集、贮存、运输、处置性质不相容而未经安全性处置的危险废物。贮存危险废物必须采取符合国家环境保护标准的防护措施，并不得超过一年；确需延长期限的，必须报经原批准经营许可证的环境保护行政主管部门批准；法律、行政法规另有规定的除外。禁止将危险废物混入非危险废物中贮存。

　　第五十九条　转移危险废物的，必须按照国家有关规定填写危险废物转移联单。跨省、自治区、直辖市转移危险废物的，应当向危险废物移出地省、自治区、直辖市人民政府环境保护行政主管部门申请。移出地省、自治区、直辖市人民政府环境保护行政主管部门应当在经接受地省、自治区、直辖市人民政府环境保护行政主管部门同意后，方可批准转移该危险废物。未经批准的，不得转移。

　　转移危险废物途经移出地、接受地以外行政区域的，危险废物移出地设区的市级以上地方人民政府环境保护行政主管部门应当及时通知沿途经过的设区的市级以上地方人民政府环境保护行政主管部门。

　　第六十条　运输危险废物，必须采取防止污染环境的措施，并遵守国家有关危险货物运输管理的规定。禁止将危险废物与旅客在同一运输工具上载运。

　　第六十一条　收集、贮存、运输、处置危险废物的场所、设施、设备和容器、包装物及其他物品转作他用时，必须经过消除污染的处理，方可使用。

　　第六十二条　产生、收集、贮存、运输、利用、处置危险废物的单位，应当制定意外事故的防范措施和应急预案，并向所在地县级以上地方人民政府环境保护行政主管部门备案，环境保护行政主管部门应当进行检查。

　　第六十三条　因发生事故或者其他突发性事件，造成危险废物严重污染环境的单位，必须立即采取措施消除或者减轻对环境的污染危害，及时通报可能受到污染危害的单位和居民，并向所在地县级以上地方人民政府环境保护行政主管部门和有关部门报告，接受调查处理。

　　第六十四条　在发生或者有证据证明可能发生危险废物严重污染环境、威胁居民生命财产安全时，县级以上地方人民政府环境保护行政主管部门或者其他固体废物污染环境防治工作的监督管理部门必须立即向本级人民政府和上一级人民政府有关行政主管部门报告，由人民政府采取防止或者减轻危害的有效措施。有关人民政府可以根据需要责令停止导致或者可能导致环境污染事故的作业。

第六十五条 重点危险废物集中处置设施、场所的退役费用应当预提，列入投资概算或者经营成本。具体提取和管理办法，由国务院财政部门、价格主管部门会同国务院环境保护行政主管部门规定。

第六十六条 禁止经中华人民共和国过境转移危险废物。

第五章 法律责任

第六十七条 县级以上人民政府环境保护行政主管部门或者其他固体废物污染环境防治工作的监督管理部门违反本法规定，有下列行为之一的，由本级人民政府或者上级人民政府有关行政主管部门责令改正，对负有责任的主管人员和其他直接责任人员依法给予行政处分；构成犯罪的，依法追究刑事责任：（一）不依法作出行政许可或者办理批准文件的；（二）发现违法行为或者接到对违法行为的举报后不予查处的；（三）有不依法履行监督管理职责的其他行为的。

第六十八条 违反本法规定，有下列行为之一的，由县级以上人民政府环境保护行政主管部门责令停止违法行为，限期改正，处以罚款：（一）不按照国家规定申报登记工业固体废物，或者在申报登记时弄虚作假的；（二）对暂时不利用或者不能利用的工业固体废物未建设贮存的设施、场所安全分类存放，或者未采取无害化处置措施的；（三）将列入限期淘汰名录被淘汰的设备转让给他人使用的；（四）擅自关闭、闲置或者拆除工业固体废物污染环境防治设施、场所的；（五）在自然保护区、风景名胜区、饮用水水源保护区、基本农田保护区和其他需要特别保护的区域内，建设工业固体废物集中贮存、处置的设施、场所和生活垃圾填埋场的；（六）擅自转移固体废物出省、自治区、直辖市行政区域贮存、处置的；（七）未采取相应防范措施，造成工业固体废物扬散、流失、渗漏或者造成其他环境污染的；（八）在运输过程中沿途丢弃、遗撒工业固体废物的。有前款第一项、第八项行为之一的，处五千元以上五万元以下的罚款；有前款第二项、第三项、第四项、第五项、第六项、第七项行为之一的，处一万元以上十万元以下的罚款。

第六十九条 违反本法规定，建设项目需要配套建设的固体废物污染环境防治设施未建成、未经验收或者验收不合格，主体工程即投入生产或者使用的，由审批该建设项目环境影响评价文件的环境保护行政主管部门责令停止生产或者使用，可以并处十万元以下的罚款。

第七十条　违反本法规定，拒绝县级以上人民政府环境保护行政主管部门或者其他固体废物污染环境防治工作的监督管理部门现场检查的，由执行现场检查的部门责令限期改正；拒不改正或者在检查时弄虚作假的，处二千元以上二万元以下的罚款。

第七十一条　从事畜禽规模养殖未按照国家有关规定收集、贮存、处置畜禽粪便，造成环境污染的，由县级以上地方人民政府环境保护行政主管部门责令限期改正，可以处五万元以下的罚款。

第七十二条　违反本法规定，生产、销售、进口或者使用淘汰的设备，或者采用淘汰的生产工艺的，由县级以上人民政府经济综合宏观调控部门责令改正；情节严重的，由县级以上人民政府经济综合宏观调控部门提出意见，报请同级人民政府按照国务院规定的权限决定停业或者关闭。

第七十三条　尾矿、矸石、废石等矿业固体废物贮存设施停止使用后，未按照国家有关环境保护规定进行封场的，由县级以上地方人民政府环境保护行政主管部门责令限期改正，可以处五万元以上二十万元以下的罚款。

第七十四条　违反本法有关城市生活垃圾污染环境防治的规定，有下列行为之一的，由县级以上地方人民政府环境卫生行政主管部门责令停止违法行为，限期改正，处以罚款：（一）随意倾倒、抛撒或者堆放生活垃圾的；（二）擅自关闭、闲置或者拆除生活垃圾处置设施、场所的；（三）工程施工单位不及时清运施工过程中产生的固体废物，造成环境污染的；（四）工程施工单位不按照环境卫生行政主管部门的规定对施工过程中产生的固体废物进行利用或者处置的；（五）在运输过程中沿途丢弃、遗撒生活垃圾的。单位有前款第一项、第三项、第五项行为之一的，处五千元以上五万元以下的罚款；有前款第二项、第四项行为之一的，处一万元以上十万元以下的罚款。个人有前款第一项、第五项行为之一的，处二百元以下的罚款。

第七十五条　违反本法有关危险废物污染环境防治的规定，有下列行为之一的，由县级以上人民政府环境保护行政主管部门责令停止违法行为，限期改正，处以罚款：（一）不设置危险废物识别标志的；（二）不按照国家规定申报登记危险废物，或者在申报登记时弄虚作假的；（三）擅自关闭、闲置或者拆除危险废物集中处置设施、场所的；（四）不按照国家规定缴纳危险废物排污费的；（五）将危险废物提供或者委托给无经营许可证的单位从事经营活动的；（六）不按照国家规定填写危险废物转移联单或者未经批准擅自转移危险废物的；（七）将危险废物混入非危险废物中贮存的；（八）未经安全性处置，混合收集、贮存、运输、处置具有不相容性质的危险废物的；（九）将危险废物与旅客在同一运输工具上载运的；（十）未经消除污染的处理将收集、贮存、运输、处置危险废物的场所、设施、设备和容器、包装物及其他物品转作他用的；（十一）未采取相应防范措施，造成危险废物扬散、流失、渗漏或者造成其他环境污染的；（十二）在运输过程中沿途丢弃、遗撒危险废物的；（十三）未制定危险废物意外事故防范措施和应急预案的。有前款第一项、第二项、第七项、第八项、第九项、第十项、第十一项、第十二项、第十三项行为之一的，处一万元以上十万元以下的罚款；有前款第三项、第五项、第六项行为之一的，处二万元以上二十万元以下的罚款；有前款第四项行为的，限期缴纳，逾期不缴纳的，处应缴纳危险废物排污费金额一倍以上三倍以下的罚款。

第七十六条　违反本法规定，危险废物产生者不处置其产生的危险废物又不承担依法应当承担的处置费用的，由县级以上地方人民政府环境保护行政主管部门责令限期改正，处代为处置费用一倍以上三倍以下的罚款。

第七十七条　无经营许可证或者不按照经营许可证规定从事收集、贮存、利用、处置危险废物经营活动的，由县级以上人民政府环境保护行政主管部门责令停止违法行为，没收违法所得，可以并处违法所得三倍以下的罚款。不按照经营许可证规定从事前款活动的，还可以由发证机关吊销经营许可证。

第七十八条　违反本法规定，将中华人民共和国境外的固体废物进境倾倒、堆放、处置的，进口属于禁止进口的固体废物或者未经许可擅自进口属于限制进口的固体废物用作原料的，由海关责令退运该固体废物，可以并处十万元以上一百万元以下的罚款；构成犯罪的，依法追究刑事责任。进口者不明的，由承运人承担退运该固体废物的责任，或者承担该固体废物的处置费用。逃避海关监管将中华人民共和国境外的固体废物运输进境，构成犯罪的，依法追究刑事责任。

第七十九条　违反本法规定，经中华人民共和国过境转移危险废物的，由海关责令退运该危险废物，可以并处五万元以上五十万元以下的罚款。

第八十条　对已经非法入境的固体废物，由省级以上人民政府环境保护行政主管部门依法向海关提出处理意见，海关应当依照本法第七十八条的规定作出处罚决定；已经造成环境污染的，由省级以上人民政府环境保护行政主管部门责令进口者消除污染。

第八十一条　违反本法规定，造成固体废物严重污染环境的，由县级以上人民政府环境保护行政主管部门按照国务院规定的权限决定限期治理；逾期未完成治理任务的，由本级人民政府决定停业或者关闭。

第八十二条　违反本法规定，造成固体废物污染环境事故的，由县级以上人民政府环境保护行政主管部门处二万元以上二十万元以下的罚款；造成重大损失的，按照直接损失的百分之三十计算罚款，但是最高不超过一百万元，对负有责任的主管人员和其他直接责任人员，依法给予行政处分；造成固体废物污染环境重大事故的，并由县级以上人民政府按照国务院规定的权限决定停业或者关闭。

第八十三条　违反本法规定，收集、贮存、利用、处置危险废物，造成重大环境污染事故，构成犯罪的，依法追究刑事责任。

第八十四条　受到固体废物污染损害的单位和个人，有权要求依法赔偿损失。赔偿责任和赔偿金额的纠纷，可以根据当事人的请求，由环境保护行政主管部门或者其他固体废物污染环境防治工作的监督管理部门调解处理；调解不成的，当事人可以向人民法院提起诉讼。当事人也可以直接向人民法院提起诉讼。国家鼓励法律服务机构对固体废物污染环境诉讼中的受害人提供法律援助。

第八十五条　造成固体废物污染环境的，应当排除危害，依法赔偿损失，并采取措施恢复环境原状。

第八十六条　因固体废物污染环境引起的损害赔偿诉讼，由加害人就法律规定的免责事由及其行为与损害结果之间不存在因果关系承担举证责任。

第八十七条　固体废物污染环境的损害赔偿责任和赔偿金额的纠纷，当事人可以委托环境监测机构提供监测数据。环境监测机构应当接受委托，如实提供有关监测数据。

第六章　附　　则

第八十八条　本法下列用语的含义：（一）固体废物，是指在生产、生活和其他活动中产生的丧失原有利用价值或者虽未丧失利用价值但被抛弃或者放弃的固态、半固态和置于容器中的气态的物品、物质以及法律、行政法规规定纳入固体废物管理的物品、物质。（二）工业固体废物，是指在工业生产活动中产生的固体废物。（三）生活垃圾，是指在日常生活中或者为日常生活提供服务的活动中产生的固体废物以及法律、行政法规规定视为生活垃圾的固体废物。（四）危险废物，是指列入国家危险废物名录或者根据国家规定的危险废物鉴别标准和鉴别方法认定的具有危险特性的固体废物。（五）贮存，是指将固体废物临时置于特定设施或者场所中的活动。（六）处置，是指将固体废物焚烧和用其他改变固体废物的物理、化学、生物特性的方法，达到减少已产生的固体废物数量、缩小固体废物体积、减少或消除其危险成分的活动，或者将固体废物最终置于符合环境保护规定要求的填埋场的活动。（七）利用，是指从固体废物中提取物质作为原材料或者燃料的活动。

第八十九条　液态废物的污染防治，适用本法；但是，排入水体的废水的污染防治适用有关法律，不适用本法。

第九十条　中华人民共和国缔结或者参加的与固体废物污染环境防治有关的国际条约与本法有不同规定的，适用国际条约的规定；但是，中华人民共和国声明保留的条款除外。

第九十一条　本法自 2005 年 4 月 1 日起实施。

参 考 文 献

［1］［澳］爱德华·丹尼森，广裕仁. 绿色包装设计［M］. 冀晓红，译.
上海：上海人民美术出版社，2004.

［2］蔡红飞. 我国包装工业实现可持续发展之战略［J］. 中国包装，
2007，27（5）：38 – 44.

［3］曹孜，鲁芳，彭怀生. 我国循环经济效率及影响因素分析［J］. 统计
与决策，2013（11）：141 – 144.

［4］陈璧辉，周飞敏，吴旭英. 基于循环经济的中国包装业的发展探讨
［J］. 经济论坛，2008（2）：55 – 57.

［5］陈德敏，谭志雄. 循环经济：产业发展方式转变的新路径［J］. 经济
问题探索，2011（03）：161 – 164.

［6］陈敏佳. 包装可持续发展在 BBY 公司的应用研究［D］. 上海：东华
大学，2015.

［7］陈敏佳. 包装企业的创新模式与发展［J］. 建筑工程技术与设计，
2015（6）：1692 – 1577.

［8］陈翔，肖序. 中国工业产业循环经济效率区域差异动态演化研究与
影响因素分析——来自造纸及纸制品业的实证研究［J］. 中国软科学，2015
（1）：160 – 171.

［9］陈晓丹，王斌会. 基于 DEA 模型的中国循环经济效率评价［J］. 商
业经济研究，2015（5）：55 – 58.

［10］陈雅兰，李必强，胡继灵. 原始性创新的协同理论观［J］. 科学学
与科学技术管理，2005，26（1）：59 – 62.

［11］迟懿瑶. 物联网环境下企业间信息共享的合作模型研究［D］. 合
肥：合肥工业大学，2015.

［12］戴宏民，戴佩华. 包装循环经济的形成及实施［J］. 包装工程，

2004, 25 (4): 5 - 7.

[13] 戴洪民. 绿色包装的理论、标准及制造模式 [J]. 渝州大学学报, 2001, 12 (2): 1 - 6.

[14] 戴铁军, 高新昕. 包装工业可持续发展与循环经济 [J] 生态经济 (中文版), 2014, 30 (2): 13 - 17.

[15] [德] 恩格斯. 自然辩证法 [M]. 北京: 人民出版社, 1971.

[16] 丁伟妃. 循环经济视角下包装工业发展的政府路径 [J]. 环境保护, 2008 (6): 20 - 22.

[17] 董翔宇. 辽宁省高技术产业自主创新与产业集群协同发展研究 [D]. 沈阳: 沈阳大学, 2014.

[18] 杜春丽, 成金华. 我国钢铁产业循环经济效率评价: 2003—2006 [J]. 产业经济研究, 2009 (5): 7 - 14.

[19] 杜群. 中外环境行政管制之比较 [J]. 太平洋学报, 1997 (3): 13.

[20] 段树国, 龚新蜀. 基于熵值法的地区循环经济发展综合评价——以新疆为例 [J]. 中国科技论坛, 2012 (11): 98 - 103.

[21] 冯博, 王雪青. 中国建筑业能源经济效率与能源环境效率研究——基于 SBM 模型和面板 Tobit 模型的两阶段分析 [J]. 北京理工大学学报 (社会科学版), 2015, 17 (1): 14 - 22.

[22] 葛兵, 莫光政. 产业集群及其竞争优势研究 [J]. 广西财经学院学报, 2006 (6): 55 - 58.

[23] 葛锐, 马洪娟. 我国电子商务快递绿色包装策略研究 [J]. 电子商务, 2017 (2): 9 - 10.

[24] 工业和信息化部, 商务部. 关于加快我国包装产业转型发展的指导意见 [J]. 中国印刷, 2017 (5): 9.

[25] 郭彦峰, 付云岗. 创新驱动发展战略对包装教育与科技的指导作用分析 [J]. 绿色包装, 2016 (03): 41 - 43.

[26] 国家邮政局. 2016 年《中国快递领域绿色包装发展现状及趋势报告》[J]. 绿色包装, 2016 (9): 9.

[27] 韩景平, 王渝珠. 国际标准中的绿色包装新概念 [J]. 中国包装, 1997 (4): 58 - 60.

[28] 韩子寅. 科技创新的影响因素分析 [J]. 科学管理研究, 2006, 24

（1）：21 – 24.

［29］何燕子，岳喜优.包装产业集群发展与循环经济要素耦合研究［J］.再生资源与循环经济，2017，10（6）：12 – 15.

［30］侯清麟，刘文良.自我超越：建设包装强国之路［J］.开放导报，2013（2）：61 – 64.

［31］胡蓓，陈建安.西部地区科技创新战略研究［J］.管理现代化，2001（2）：24 – 26.

［32］胡东凡.商品学概论［M］.大连：东北财经大学出版社，2011.

［33］胡玲.基于循环经济的服装产业集群发展对策研究［J］.生产力研究，2015（4）：93 – 96.

［34］胡运权.运筹学基础与应用［M］.北京：高等教育出版社，2005.

［35］黄洁，白捷伊，王小腾.云南省物流效率及其影响因素——基于DEA模型和Tobit回归模型的实证分析［J］.经营与管理，2015（11）：107 – 111.

［36］黄娟.科技创新与绿色发展的关系——兼论中国特色绿色科技创新之路［J］.新疆师范大学学报，2017（2）：33 – 41.

［37］黄文青.金融支持、科技创新与循环经济发展的理论与实证研究［J］.科技管理研究，2010，30（11）：29 – 31.

［38］计纲.加强包装废弃物回收利用努力创建节约型社会［N］.中国包装报，2007 – 01 – 18.

［39］芶在坪.国外包装业发展循环经济的做法［J］.再生资源与循环经济，2008，01（12）：14 – 20.

［40］贾国柱，刘圣国，孟楷越.基于改进DEA模型的建筑业循环经济效率评价研究［J］.管理评论，2014，26（4）：14 – 21.

［41］贾康，刘薇.论支持科技创新的税收政策［J］.财政论坛，2015，359（1）：16 – 20.

［42］蒋小花.基于循环经济的绿色包装制度研究［J］.中国包装工业，2013（24）：13 – 44.

［43］蒋智毅.绿色包装产业发展对策探讨［J］.商场现代化，2009（27）：57 – 58.

［44］金晶.国有大型包装企业战略重组与发展战略分析［D］.北京：首

都经济贸易大学，2012.

［45］雷宇．以科技创新推动经济增长方式转变［J］．河北经贸大学学报，2014，35（4）：108-111.

［46］李碧茹，田朋飞．基于商品流通中的包装人性化设计研究［J］．包装工程，2014，5（4）：1-4.

［47］李炳武．发展绿色包装，推进循环经济［J］．湖南商学院学报，2005，12（3）：24-26.

［48］李芳．我国中小包装企业战略联盟：基于价值链的分析［J］．中国包装工业，2006，27（3）：190-191.

［49］李琳．我国包装产业集群化发展趋势和政府应给与的政策指导［J］．中国包装，2014（6）：56-59.

［50］李青松，徐国劲，邓素君，孙江伟，孟庆香．基于DEA-Malmquist-Tobit模型的河南省生态效率研究［J］．环境科学与技术，2016（4）：194-199.

［51］李顺才，常荔，邹珊刚．基于知识链的知识扩散影响因素分析［J］．科技进步与对策，2001，18（6）：110-112.

［52］李文博．企业集成创新系统的深层耦合机理及其复杂性涌现［J］．科技进步与对策，2009（5）：73-76.

［53］李小燕．信息技术在汽车零件产品包装中的应用研究［J］．中国包装工业，2016（2）：33-35.

［54］李翼，祝圣训．基于循环经济视角的我国绿色包装发展前景展望［J］．物流工程与管理，2006，26（3）：35-37.

［55］李银兴．绿色包装设计的可持续发展［J］．包装工程，2014，35（22）：73-76+80.

［56］李正军．包装生产企业创新文化研究［J］．包装世界，2008（5）：56-57.

［57］连飞．基于DEA的循环经济效率评价［J］．中国国情国力，2008（11）：48-50.

［58］梁晶．基于循环经济的我国绿色包装发展模式研究［D］．保定：河北大学，2007.

［59］梁美华，吴若梅．基于一体化包装设计的包装循环经济的研究与探讨［J］．包装工程，2007，28（8）：198-199.

[60] 梁文静. 包装产业低碳化的政府支持研究 [D]. 长沙: 湖南大学, 2012.

[61] 梁燕君. 试论我国绿色包装的现状及可持续发展方向 [J]. 塑料包装, 2011, 21 (5): 1-3.

[62] 刘会齐. 整合绿色包装的循环经济建设 [J]. 生态经济, 2011 (4): 149-153.

[63] 刘林, 王凯丽, 谭海湖, 谢勇. 中国绿色包装材料研究与应用现状 [J]. 包装工程, 2016 (5): 24-30.

[64] 刘梦旗. 快递绿色包装的现状分析和解决对策 [J]. 物流工程与管理, 2017, 39 (04): 41-42, 56.

[65] 刘庆国. 中国特色循环经济发展问题研究 [D]. 济南: 山东轻工业学院, 2012.

[66] 刘一博. 循环经济与产业集群关系的理论与实证分析 [J]. 北方经贸, 2013 (11): 33-34.

[67] 刘运材. 低碳经济背景下绿色包装产业发展对策研究 [J]. 生态经济, 2012, 248 (1): 144-146.

[68] 刘运材, 张公武. 包装企业打造核心竞争力的途径探析 [J]. 包装工程, 2009, 30 (4): 162-164.

[69] 楼前飞. 发展绿色包装, 促进循环经济 [J]. 商业经济, 2009 (22): 29-30.

[70] 楼前飞. 发展绿色包装, 促进循环经济 [J]. 商业经济, 2009 (22): 60-61.

[71] 陆辉, 赵敏. 产业生态观视阈下产业集群生态化对策研究 [J]. 科技管理研究, 2013 (7): 189-194.

[72] 马桃林, 余晕, 欧冠男. 包装技术 [M]. 武汉: 武汉大学出版社, 2009.

[73] [美] 丹尼斯·米都斯. 增长的极限 [M]. 李宝恒, 译. 长春: 吉林人民出版社, 1997.

[74] [美] 罗伯特·E·史蒂文斯. 营销规则 [M]. 北京: 机械工业出版社, 2000.

[75] 聂荣, 李森. 我国省域工业循环经济效率评价及其影响因素研究

[J]. 生态经济, 2016 (4): 89-92.

[76] 潘晓东. 印刷业需要供应侧改革 [J]. 中国印刷, 2016 (2): 25-26, 28.

[77] 潘晓东. 印刷业需要供应侧改革 [N]. 中国印刷, 2016-02-15.

[78] 彭辉. 基于循环经济的包装的再生设计研究 [J]. 包装工程, 2012 (2): 92-95.

[79] 彭希林. 基于钻石模型的我国绿色包装产业要素研究 [J]. 湖南社会科学, 2016 (1): 131-133.

[80] 彭自成. 以技术研究院的方式推动印刷包装产业绿色发展——论北京绿色印刷包装产业技术研究院的创新探索 [J]. 北京印刷学院学报, 2013, 21 (2): 1-4.

[81] 齐振宏, 齐振彪. 实现工业可持续发展的循环经济模式探讨 [J]. 现代经济探讨, 2003 (9): 28-30.

[82] 钱平凡. 基于产业集群的我国科技创新战略研究 [J]. 中国科技论坛, 2004 (2): 1-30.

[83] [日] 南云治嘉. 色彩战略——色彩设计的商业应用 [M]. 黄文娟, 译. 北京: 中国青年出版社, 2006.

[84] 若尘: 广阔的绿色市场是推动绿色包装发展的动力 [N]. 中国包装报, 2011-08-11.

[85] 邵留国, 何莹莹, 张仕璟, 丰超. 基于网络 DEA 的中国火电行业循环经济效率及影响因素研究 [J]. 资源科学, 2016, 38 (10): 1975-1987.

[86] 申作兰. 基于循环经济的绿色包装产业发展对策研究 [J]. 企业改革与管理, 2015 (21): 173-173.

[87] 石万鹏. 中国包装工业的发展战略 [J]. 中国包装工业, 2006, 26 (5): 3-5.

[88] 舒新城. 辞海 [M]. 6 版. 上海: 上海辞书出版社, 2009.

[89] 宋成龙. 中国绿色印刷产业发展战略研究 [D]. 北京: 北京印刷学院, 2013.

[90] 苏亚民, 胡晓东. 论发展循环经济的急迫性和思路 [J]. 当代经济, 2005 (6): 54-55.

[91] 孙凤茹, 李佳凝. 新型工业化与包装产业结构的优化升级探讨 [J].

中国包装工业，2014（24）：111.

[92] 孙荣海．科技创新与包装产业的发展 [J]．包装世界，2009（5）：11－14.

[93] 孙欣，韩伟伟，宋马林．中国省域节能减排效率评价及其影响因素 [J]．西北农林科技大学学报（社会科学版），2014，14（4）：137－143.

[94] 宛燕．论科技创新与包装产业的协调发展 [J]．包装世界，2015（4）：103－104.

[95] 王会争．绿色包装势在必行 [J]．边疆经济与文化，2007（5）：12－13.

[96] 王俊岭，戴淑芬．基于 DEA－Malquist 指数的我国钢铁行业循环经济效率评价 [J]．河北经贸大学学报，2014（2）：78－82.

[97] 王润球，范华锋，徐彦儒．包装行业要走循环经济之路 [J]．中国科技投资，2008（9）：34－36.

[98] 王润球．关于推进我国包装产业绿色化的思考 [J]．商业时代，2012（36）：99－100.

[99] 王润球，黄燕．从系统的观点看我国经济的低碳模式转型 [J]．湖南工业大学学报（社会科学版），2010，15（06）：30－33.

[100] 王润球，李元初，彭金平．关于推进我国包装产业绿色化的思考 [J]．商业时代，2012（36）：99－100.

[101] 王晓冬．国外循环经济发展经验——一种制度经济学的分析 [D]．长春：吉林大学，2010.

[102] 王佑华．依靠科技创新推动西部印刷包装产业发展 [J]．环境保护，2008（6）：20－22.

[103] 王云岭．用科技创新走循环经济发展之路 [J]．中国经济导刊，2009（15）：57.

[104] 吴若梅，梁军，刘玉生，罗亚明．基于循环经济模式的包装工程绿色循环系统研究 [J]．中国包装，2006，26（3）：50－52.

[105] 吴振铎．绿色包装——包装业的可持续发展之路 [J]．商品储运与养护，2003（01）：44－47.

[106] 武军，李和平．绿色包装 [M]．北京：中国轻工业出版社，2007.

[107] 夏敏敏．京津冀电子信息产业集群协同发展研究 [D]．保定：河

北大学，2015.

[108] 徐登科，熊春. 长株潭包装企业自主创新体系研究 [J]. 包装学报，2011，3 (2)：72-77.

[109] 徐惠忠，王德义，赵鸣. 固体废弃物资源化技术 [M]. 北京：化学工业出版社，2004.

[110] 徐伟敏. 德国废物管理立法的制度特色与启示 [J]. 中国人口·资源与环境，2007，17 (5)：143-147.

[111] 杨朝丽. 包装产业开展循环经济发展模式的探索 [J]. 昆明大学学报，2007，18 (1)：47-49.

[112] 杨洋. 青岛蓝色经济区建设中产业集群协同发展机理及对策 [D]. 青岛：山东科技大学，2011.

[113] 杨祖彬，李文涛. 包装印刷绿色化发展研究——关于环保油墨、回收处理、循环经济、法制建设 [J]. 包装工程，2007，29 (9)：164-167.

[114] 姚庆荣. 试论科技创新和包装产业发展 [J]. 中国包装工业，2013，14 (8)：69-70.

[115] 余来文，孟鹰. 基于生态经济学理念的循环经济实践模式研究 [J]. 现代管理科学，2011 (9)：68-70.

[116] 俞大丽. 低碳经济背景下绿色包装发展之路探析 [J]. 江西社会科学，2011 (12)：225-229.

[117] 喻登科，涂国平，陈华. 战略性新兴产业集群协同发展的路径与模式研究 [J]. 科学学与科学技术管理，2012，33 (4)：114-120.

[118] 袁静丽. 基于技术创新的循环经济投入产出分析——以钢铁行业为例 [J]. 财经问题研究，2012 (7)：29-37.

[119] 袁学英，颉茂华. 资源型城市循环经济效率综合比较评价 [J]. 宏观经济研究，2015 (10)：94-101.

[120] 再协. 生产责任延伸制度印发利好再生资源 [J]. 中国资源综合利用，2017，35 (2)：86.

[121] 曾敏. 市场实现. 包装设计 [M]. 重庆：重庆大学出版社，2011.

[122] 曾欧. 循环经济视角下的绿色包装发展研究 [D]. 株洲：湖南工业大学，2013.

[123] 占绍文，冯全，郭紫红. 区域工业循环经济效率研究——以陕西

省为例 [J]. 科技管理研究, 2014, 310 (12): 228 - 231.

[124] 张国亭. 产业集群持续竞争优势研究 [D]. 济南: 山东大学, 2009.

[125] 张国友. 论包装产业的绿色化发展战略 [J]. 中国包装, 2006 (2): 57 - 58

[126] 张虹. 探究2015年我国包装行业发展趋势 [J]. 工程机械, 2015 (5): 207 - 211.

[127] 张虹. 引导产业发展 推动技术创新 中国绿色包装产业技术创新战略联盟在京成立 [J]. 中国包装工业, 2013 (11): 13 - 18.

[128] 张辉. 全球价值链理论与我国产业发展研究 [J]. 中国工业经济, 2004 (5): 38 - 46.

[129] 张坤民. 可持续发展逐步由被动走向自觉 [J]. 低碳世界, 2012 (4): 52 - 53.

[130] 张坤. 循环经济理论与实践 [M]. 北京: 中国环境科学出版社, 2003.

[131] 张丽芳, 张福进, 尚洁. 知识扩散、集群创新与集群网络的扩张——基于物联网产业的研究 [J]. 软科学, 2014, 28 (10): 11 - 17.

[132] 张维迎, 柯荣住. 信任及其解释: 来自中国的跨省调查分析 [J]. 经济研究, 2002 (10): 59 - 70, 96.

[133] 张文丽, 戴铁军. 浅议包装工业的可持续发展 [J]. 再生资源与循环经济, 2013, 6 (10): 14 - 17.

[134] 张小兰. 对技术创新与循环经济关系的分析 [J]. 科学管理研究, 2005, 23 (2): 24 - 26.

[135] 张晓琪, 王润球. 中国包装产业发展战略研究 [J]. 湖南工业大学学报, 2004, 18 (6): 64 - 66.

[136] 张艳纯, 黎熹. 国外财政政策支持循环经济的比较与启示 [J]. 科技管理研究, 2007, 27 (11): 44 - 46.

[137] 张耀权. 科技创新与包装产业的发展 [J]. 包装世界, 2008 (1): 16 - 20.

[138] 赵娜, 程茜, 徐晓云, 潘思轶, 王鲁峰. 食品轻质包装材料的发展现状与前景 [J]. 食品工业科技, 2014, 35 (01): 363 - 367.

［139］赵云君. 基于循环经济模式的产业集群生态化转型研究 ［J］. 经济纵横, 2012 （2）：28 - 33.

［140］郑同社. 技术创新过程的关键因素研究 ［J］. 山西财经大学学报, 2011 （s3）：10 - 11.

［141］郑湘明. 论循环经济与中国包装工业的可持续发展 ［J］. 包装工程, 2006, 27 （5）：262 - 264.

［142］郑元景. 论科技创新与发展循环型经济 ［J］. 科学经济社会, 2005, 23 （3）：78 - 81.

［143］中国包装联合会.《中国包装工业发展规划 （2016—2020 年）》明晰 "十三五" 方向 ［J］. 绿色包装, 2017 （1）：60 - 65.

［144］周继祥, 刘安民. 循环发展理念下包装产业发展对策研究 ［J］. 包装工程, 2017, 38 （17）：227 - 232.

［145］朱鹏. 基于 "物料流—价值流" 企业循环经济效率评价研究 ［J］. 财经理论与实践, 2016 （3）：117 - 122.

［146］邹筱, 李玉琴. 基于循环经济理论的快递包装回收体系构建 ［J］. 包装学报, 2016, 8 （4）：60 - 66.

［147］邹祖烨. 论包装行业在发展循环经济中的典型意义 ［J］. 北京印刷学院学报, 2006, 14 （6）：1.

［148］Charnes A, Cooper W W, Rhodes E. *Measuring the Efficiency of Decision Making Units* ［J］. *European Journal of Operation Research*, 1978 （2）：429 - 444.

［149］Banker R D, Charnes A, Cooper W W. *Some Models for Estimating Technical and Scale Inefficiencies in Data Envelopment Analysis* ［J］. *Management Science*, 1984 （30）：1078 - 1092.

［150］Golany B, Roll Y, Rybak D. *Measuring efficiency of power plants in Israel by data envelopment analysis* ［J］. *IEEE Transactions on Engineering Management*, 1994, 41 （3）：291 - 301.

［151］Basset - Mens C, Ledgard S, Boyes M. *Eco-efficiency of intensification scenarios for milk production in New Zealand* ［J］. *Ecological Economics*, 2009, 68 （6）：1615 - 1625.

［152］Pomper D. Recycling Philadelphia v. *New Jersey*：*The Dormant Com-*

merce Clause, Postindustrial "Natural" Resources, and the Solid Waste Crisis [J].
University of Pennsylvania Law Review, 1989, 137 (4): 1309 – 1349.

[153] Shonnard D R, Kicherer A, Saling P. *Industrial applications using
BASF eco-efficiency analysis: perspectives on green engineering principles* [J]. *Environmental Science & Technology*, 2003, 37 (23): 340 – 348.

[154] Meyers J P. *Confronting the Garbage Crisis: Increased Federal Involvement as a Means of Addressing Municipal Solid Waste Disposal* [J]. *Geo. LJ*, 1991, 79 (3): 567 – 590.

[155] Skumatz L A. *Variable rates for municipal solid waste: Implementation experience, economics and legislation* [J]. *Policy*, 1993.

[156] Pagotto M, Halog A. *Towards a Circular Economy in Australian Agrifood Industry* [J]. *Journal of industrial Ecology*, 2016, 20 (5): 1176 – 1186.

[157] Rachid M S. *The circular economy concept applied to non-productive structures: Case of the wastewater processing Station of a Tannery Algeria* [J]. *Linguistics*, 2012, 50 (5): 991 – 1013.

[158] Korhonen P J, Luptacik M. *Eco-efficiency analysis of power plants: An extension of data envelopment analysis* [J]. *European Journal of Operational Research*, 2004, 154 (2): 437 – 446.

[159] Meske P J. *The Solid Waste Dilemma: Municipal Liability and Household Hazardous Waste Management* [J]. *Environmental Law*, 1993.

[160] Färe R, Grosskopf S, Tyteca D. *An activity analysis model of the environmental performance of firms-application to fossil-fuel-fired electric utilities* [J]. *Ecological Economics*, 1996, 18 (2): 161 – 175.

[161] Wilkins R J. *Eco-efficient approaches to land management: a case for increased integration of crop and animal production systems* [J]. *Philosophical Transactions of the Royal Society of London*, 2008, 363 (1491): 517.

[162] Kovacs W L and Klucsik J F. *The new federal role in solid waste management: the resource conservation and recovery act of 1976* [J]. *Colum. Envtl. L. 205
(1976 – 1977)*, 1976.

后　记

　　《循环经济视角下的中国包装产业发展新战略研究》一书是我们对现今中国包装产业循环发展战略进行探索研究的初步成果。在多年的教学和科研中，我们感到"基于循环经济的中国包装经济发展新战略研究"是一个值得研究的主题。一方面，这一主题具有很强的理论意义。包装经济循环发展涉及诸多经济学、管理学等相关理论问题，该主题有深入挖掘的潜力和广阔的研究空间。另外，该主题的研究更有助于学术界将此问题进一步深化研究，从而丰富包装经济循环发展的理论。另一方面，这一课题有着很高的实践指导意义。在党的十八大、十九大报告相继提出推动生态文明、建设"美丽中国"的背景下，"创新、协调、绿色、开放、共享"新发展理念在各行业不断推进和贯彻实施。同时，《中国包装工业发展规划（2016—2020 年)》中提出大力推进包装循环利用的发展战略，"绿色、智能、安全、可持续"的新包装理念在包装产业中不断推广应用，对改善我国包装生态环境起到了重要的推动作用。

　　我国包装产业作为基础关联产业对国民经济的发展发挥着不可或缺的作用。近几年，包装产业的快速发展对我国经济增长推动作用明显。但与此同时，大量的资源消耗和包装废弃物造成的环境问题却日益严重。研究中国包装产业经济循环发展的新战略，不仅能为政府相关政策的制定提供一定的理论指导，而且能带动企业实施循环经济，提高包装工业资源、能源利用效率，降低生产制造等过程的环境负荷，促进包装经济发展提速。但同时，我们也深深地感到，基于循环经济的中国包装经济发展新战略这一主题研究具有一定的难度，因为它不仅要求研究者要具备比较扎实的理论基础，也要有一定的物流管理、财务管理、经济管理、战略管理等方面的经济学和管理学专业知识。所以，选择研究这一主题，对我们来说是一个考验和挑战。

　　湖南工业大学党委书记唐未兵教授、校长谭益民教授、副校长张昌凡教授、社科处处长田定湘教授、规划处处长刘安民教授、副处长彭建平教授，商学院党委书记欧绍华教授、刘中艳教授、邹筱教授、胡立和教授等领导和专家多次对本书的编撰给予极大的关怀与支持，并提出了许多高屋建瓴的真知灼见，在此一并致以崇高的敬意和诚挚的感谢！该书是集体研究、集体努力、精诚合作的成果，凝聚了课题组所有成员的汗水与心血。该书共由八章组成，项目组成员李密、岳喜优、李慧琳、唐荣、张幸、丁琳曦、张伟康、崔扬、陈惠、庾雪和马全成等分别撰写了有关章节。中国包装联合会、湖南工业大学社科处、科技处、产学研处、包装与材料工程学院、包装设计艺术学院、档案馆等部门提供了大量的材料支持，在此一并表示感谢。此外，我们吸收和引用了国内外大量的相关研究成果，还有诸多给予本书关心、帮助、支持，并付出辛勤劳动的同志恕不能一一列述，在此一并致谢。

　　包装产业的循环可持续发展是实现人类与环境和谐发展的组成部分。实现包装经济循环发展不仅有助于优化产业经济发展结构，实现产业发展和生态保护的和谐统一，促进建立现代化的循环经济体系，更有助于学术界将此问题进一步深化研究。

　　最后需要说明的是，由于我们学术功底尚浅，研究能力有限，书中难免有诸多疏漏甚至错误之处，诚望大家一如既往，提出批评及改进的宝贵意见。

作　者

2018 年 8 月